家学术成长资料采集工程

工程院院士传记丛书

望岐黄六十春

培根传

汤国星 付 洁 丹 阳 许利嘉◎著

1932 年 出生于上海

1948 年 考入厦门大学生物系

1953 年 厦门大学毕业分配到中央卫生研究院

1958 年 领导全国第一次中药资源普查并开始编纂《中药志》

1977 年 宣告药用植物亲缘学诞生

1983 年 任药用植物研究所首任所长

1986 年 当选世界卫生组织传统医学合作中心主任

1994 年 当选中国工程院院士

1998 年 被国务院任命为中药攀登计划首席科学家

老科学家学术成长资料采集工程丛书

中国工程院院士传记

守望岐黄六十春

肖培根传

汤国星　付　洁
丹　阳　许利嘉　◎著

中国科学技术出版社
·北　京·

图书在版编目（CIP）数据

守望岐黄六十春：肖培根传 / 汤国星等著 .
北京：中国科学技术出版社，2025. 5. --（老科学家学术成长资料采集工程丛书）（中国工程院院士传记丛书）.
ISBN 978-7-5236-1399-3

Ⅰ. K826.2

中国国家版本馆 CIP 数据核字第 2025UQ5807 号

责任编辑	彭慧元
封面设计	中文天地
正文设计	中文天地
责任校对	吕传新
责任印制	徐 飞

出　　版	中国科学技术出版社
发　　行	中国科学技术出版社有限公司
地　　址	北京市海淀区中关村南大街 16 号
邮　　编	100081
发行电话	010-62173865
传　　真	010-62173081
网　　址	http://www.cspbooks.com.cn

开　　本	710mm × 1000mm　1/16
字　　数	301 千字
印　　张	20
版　　次	2025 年 5 月第 1 版
印　　次	2025 年 5 月第 1 次印刷
印　　刷	北京顶佳世纪印刷有限公司
书　　号	ISBN 978-7-5236-1399-3 / K · 484
定　　价	138.00 元

老科学家学术成长资料采集工程
专家委员会

老科学家学术成长资料采集工程
丛书组织机构

老科学家学术成长资料采集工程简介

老科学家学术成长资料采集工程（以下简称“采集工程”）是根据国务院领导同志的指示精神，由国家科教领导小组于2010年正式启动，中国科协牵头，联合中组部、教育部、科技部、工信部、财政部、文化部、国资委、解放军总政治部、中国科学院、中国工程院、国家自然科学基金委员会等11部委共同实施的一项抢救性工程，旨在通过实物采集、口述访谈、录音录像等方法，把反映老科学家学术成长历程的关键事件、重要节点、师承关系等各方面的资料保存下来，为深入研究科技人才成长规律，宣传优秀科技人物提供第一手资料和原始素材。

采集工程是一项开创性工作。为确保采集工作规范科学，启动之初即成立了由中国科协主要领导任组长、12个部委分管领导任成员的领导小组，负责采集工程的宏观指导和重要政策措施制定，同时成立领导小组专家委员会负责采集原则确定、采集名单审定和学术咨询，委托科学史学者承担学术指导与组织工作，建立专门的馆藏基地确保采集资料的永久性收藏和提供使用，并研究制定了《采集工作流程》《采集工作规范》等一系列基础文件，作为采集人员的工作指南。截至2021年8月，采集工程已启动592位科学家的学术成长资料采集项目，获得实物原件资料132922件、数字化资料318092件、视频资料443783分钟、音频资料527093分钟，具有重要的史料价值。

采集工程的成果目前主要有三种体现形式，一是建设“中国科学家博物馆网络版”，提供学术研究和弘扬科学精神、宣传科学家之用；二是编辑制作科学家专题资料片系列，以视频形式播出；三是研究撰写客观反映老科学家学术成长经历的研究报告，以学术传记的形式，与中国科学院、中国工程院联合出版。随着采集工程的不断拓展和深入，将有更多形式的采集成果问世，为社会公众了解老科学家的感人事迹，探索科技人才成长规律，研究中国科技事业的发展历程提供客观翔实的史料支撑。

总序一

中国科学技术协会主席　韩启德

老科学家是共和国建设的重要参与者，也是新中国科技发展历史的亲历者和见证者，他们的学术成长历程生动反映了近现代中国科技事业与科技教育的进展，本身就是新中国科技发展历史的重要组成部分。针对近年来老科学家相继辞世、学术成长资料大量散失的突出问题，中国科协于2009年向国务院提出抢救老科学家学术成长资料的建议，受到国务院领导同志的高度重视和充分肯定，并明确责成中国科协牵头，联合相关部门共同组织实施。根据国务院批复的《老科学家学术成长资料采集工程实施方案》，中国科协联合中组部、教育部、科技部、工业和信息化部、财政部、文化部、国资委、解放军总政治部、中国科学院、中国工程院、国家自然科学基金委员会等11部委共同组成领导小组，从2010年开始组织实施老科学家学术成长资料采集工程。

老科学家学术成长资料采集是一项系统工程，通过文献与口述资料的搜集和整理、录音录像、实物采集等形式，把反映老科学家求学历程、师承关系、科研活动、学术成就等学术成长中关键节点和重要事件的口述资料、实物资料和音像资料完整系统地保存下来，对于充实新中国科技发展的历史文献，理清我国科技界学术传承脉络，探索我国科技发展规律和科技人才成长规律，弘扬我国科技工作者求真务实、无私奉献的精神，在全社会营造爱科学、学科学、用科学的良好氛围，是一件很有意义的事情。采集工程把重点放在年龄在 80 岁以上、学术成长经历丰富的两院院士，以及虽然不是两院院士、但在我国科技事业发展中作出突出贡献的老科技工作者，充分体现了党和国家对老科学家的关心和爱护。

自 2010 年启动实施以来，采集工程以对历史负责、对国家负责、对科技事业负责的精神，开展了一系列工作，获得大量反映老科学家学术成长历程的文字资料、实物资料和音视频资料，其中有一些资料具有很高的史料价值和学术价值，弥足珍贵。

以传记丛书的形式把采集工程的成果展现给社会公众，是采集工程的目标之一，也是社会各界的共同期待。在我看来，这些传记丛书大都是在充分挖掘档案和书信等各种文献资料、与口述访谈相互印证校核、严密考证的基础之上形成的，内中还有许多很有价值的照片、手稿影印件等珍贵图片，基本做到了图文并茂，语言生动，既体现了历史的鲜活，又立体化地刻画了人物，较好地实现了真实性、专业性、可读性的有机统一。通过这套传记丛书，学者能够获得更加丰富扎实的文献依据，公众能够更加系统深入地了解老一辈科学家的成就、贡献、经历和品格，青少年可以更真实地了解科学家、了解科技活动，进而充分激发对科学家职业的浓厚兴趣。

借此机会，向所有接受采集的老科学家及其亲属朋友，向参与采集工程的工作人员和单位，表示衷心感谢。真诚希望这套丛书能够得到学术界的认可和读者的喜爱，希望采集工程能够得到更广泛的关注和支持。我期待并相信，随着时间的流逝，采集工程的成果将以更加丰富多样的形式呈现给社会公众，采集工程的意义也将越来越彰显于天下。

是为序。

总序二

中国科学院院长　白春礼

由国家科教领导小组直接启动，中国科学技术协会和中国科学院等 12 个部门和单位共同组织实施的老科学家学术成长资料采集工程，是国务院交办的一项重要任务，也是中国科技界的一件大事。值此采集工程传记丛书出版之际，我向采集工程的顺利实施表示热烈祝贺，向参与采集工程的老科学家和工作人员表示衷心感谢！

按照国务院批准实施的《老科学家学术成长资料采集工程实施方案》，开展这一工作的主要目的就是要通过录音录像、实物采集等多种方式，把反映老科学家学术成长历史的重要资料保存下来，丰富新中国科技发展的历史资料，推动形成新中国的学术传统，激发科技工作者的创新热情和创造活力，在全社会营造爱科学、学科学、用科学的良好氛围。通过实施采集工程，系统搜集、整理反映这些老科学家学术成长历程的关键事件、重要节点、学术传承关系等的各类文献、实物和音视频资料，并结合不同时期的社会发展和国际相关学科领域的发展背景加以梳理和研究，不仅有利于深入了解新中国科学发展的进程特别是老科学家所在学科的发展脉络，而且有利于发现老科学家成长成才中的关键人物、关键事件、关键因素，探索和把握高层次人才培养规律和创新人才成长规律，更有利于理清我国科技界学术传承脉络，深入了解我国科学传统的形成过程，在全社会范围内宣传弘扬老科学家的科学思想、卓越贡献和高尚品质，推动社会主义科学文化和创新文化建设。从这个意义上说，采集工程不仅是一项文化工程，更是一项严肃认真的学术建设工作。

中国科学院是科技事业的国家队，也是凝聚和团结广大院士的大家庭。早在 1955 年，中国科学院选举产生了第一批学部委员，1993 年国务院决定中国科学院学部委员改称中国科学院院士。半个多世纪以来，从学部委员到院士，经历了一个艰难的制度化进程，在我国科学事业发展史上书写了浓墨重彩的一笔。在目前已接受采集的老科学家中，有很大一部分即是上个世纪 80、90 年代当选的中国科学院学部委员、院士，其中既有学科领域的奠基人和开拓者，也有作出过重大科学成就的著名科学家，更有毕生在专门学科领域默默耕耘的一流学者。作为声誉卓著的学术带头人，他们以发展科技、服务国家、造福人民为己任，求真务实、开拓创新，为我国经济建设、社会发展、科技进步和国家安全作出了重要贡献；作为杰出的科学教育家，他们着力培养、大力提携青年人才，在弘扬科学精神、倡树科学理念方面书写了可歌可泣的光辉篇章。他们的学术成就和成长经历既是新中国科技发展的一个缩影，也是国家和社会的宝贵财富。通过采集工程为老科学家树碑立传，不仅对老科学家们的成就和贡献是一份肯定和安慰，也使我们多年的夙愿得偿！

鲁迅说过，“跨过那站着的前人”。过去的辉煌历史是老一辈科学家铸就的，新的历史篇章需要我们来谱写。衷心希望广大科技工作者能够通过“采集工程”的这套老科学家传记丛书和院士丛书等类似著作，深入具体地了解和学习老一辈科学家学术成长历程中的感人事迹和优秀品质；继承和弘扬老一辈科学家求真务实、勇于创新的科学精神，不畏艰险、勇攀高峰的探索精神，团结协作、淡泊名利的团队精神，报效祖国、服务社会的奉献精神，在推动科技发展和创新型国家建设的广阔道路上取得更辉煌的成绩。

总序三

中国工程院院长　周　济

由中国科协联合相关部门共同组织实施的老科学家学术成长资料采集工程，是一项经国务院批准开展的弘扬老一辈科技专家崇高精神、加强科学道德建设的重要工作，也是我国科技界的共同责任。中国工程院作为采集工程领导小组的成员单位，能够直接参与此项工作，深感责任重大、意义非凡。

在新的历史时期，科学技术作为第一生产力，已经日益成为经济社会发展的主要驱动力。科技工作者作为先进生产力的开拓者和先进文化的传播者，在推动科学技术进步和科技事业发展方面发挥着关键的决定的作用。

新中国成立以来，特别是改革开放30多年来，我们国家的工程科技取得了伟大的历史性成就，为祖国的现代化事业作出了巨大的历史性贡献。两弹一星、三峡工程、高速铁路、载人航天、杂交水稻、载人深潜、超级计算机……一项项重大工程为社会主义事业的蓬勃发展和祖国富强书写了浓墨重彩的篇章。

这些伟大的重大工程成就，凝聚和倾注了以钱学森、朱光亚、周光召、侯祥麟、袁隆平等为代表的一代又一代科技专家们的心血和智慧。他们克服重重困难，攻克无数技术难关，潜心开展科技研究，致力推动创新发展，为实现我国工程科技水平大幅提升和国家综合实力显著增强作出了杰出贡献。他们热爱祖国，忠于人民，自觉把个人事业融入到国家建设大局之中，为实现国家富强而不断奋斗；他们求真务实，勇于创新，用科技为中华民族的伟大复兴铸就了辉煌；他们治学严谨，鞠躬尽瘁，具有崇高的科学精神和科学道德，是我们后代学习的楷模。科学家们的一生是一本珍贵的教科书，他们坚定的理想信念和淡泊名利的崇高品格是中华民族自强不息精神的宝贵财富，永远值得后人铭记和敬仰。

通过实施采集工程，把反映老科学家学术成长经历的重要文字资料、实物资料和音像资料保存下来，把他们卓越的技术成就和可贵的精神品质记录下来，并编辑出版他们的学术传记，对于进一步宣传他们为我国科技发展和民族进步作出的不朽功勋，引导青年科技工作者学习继承他们的可贵精神和优秀品质，不断攀登世界科技高峰，推动在全社会弘扬科学精神，营造爱科学、讲科学、学科学、用科学的良好氛围，无疑有着十分重要的意义。

中国工程院是我国工程科技界的最高荣誉性、咨询性学术机构，集中了一大批成就卓著、德高望重的老科技专家。以各种形式把他们的学术成长经历留存下来，为后人提供启迪，为社会提供借鉴，为共和国的科技发展留下一份珍贵资料。这是我们的愿望和责任，也是科技界和全社会的共同期待。

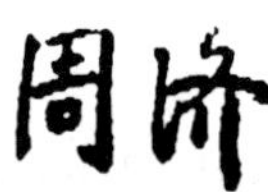

肖培根

肖培根和采集小组部分人员合影
（左起：许利嘉、汤国星、肖培根、肖伟、付洁）

采集小组在武汉六中采访
（左起：冯春、付洁、汤国星、肖伟和六中老师）

自 序

弹指一挥间，我已步入耄耋之年，成为“九零后”的一名成员了。

回首往事，犹历历在目，我把过往大致划分为四个阶段。

第一阶段为 1932 年至 1948 年。从我出生到高中毕业，时局动荡，生活艰辛。用迷茫和朦胧来形容这段时光，应该再确切不过了。

第二阶段为 1949 年至 1982 年。1949 年中华人民共和国成立，我正在厦门大学读大二。新中国的大学教育帮助我树立起正确的人生观。毕业后，我从事药用植物和中药的研究工作，在“干中学”，在“学中干”，从一个“无知者”变成了“践行者”。经历了全国第一次中药资源普查,《中药志》的组织和编写，进口药替代品的寻找,“五七干校”和韶关科研小分队的磨炼，藏医藏药的调查，等等。这一阶段，我调查研究的足迹遍及世界五大洲，成为新中国首个在 WHO 的技术顾问。在前进的方向上，我不断茁壮成长。

第三阶段为 1983 年至 2006 年。中国医学科学院药用植物研究所成立，中国药用植物事业全面进步，我也致力于药用植物及其利用和可持续发展的研究。我除了关注北京总所发展，同时还关注各分所的发展，特别是促成了广西分所与中国工程院合作，共建了广西药用植物园，该所成功举办第九届国际传统药物学大会。全国药用植物园网络体系有了雏形。

在对外合作方面我也不遗余力。加强与 WHO 的合作，促进了与加纳南－南药用植物的协助，发展与欧洲国家、美国、加拿大、泰国、日本、韩国、菲律宾、印度、印度尼西亚、澳大利亚等的合作交流。同时，加强与港澳台的合作，携手港澳台共同整理我国传统中草药，并编制了《中国本草图录》。1986 年 WHO 总干事中岛宏，亲临药植所参加传统药物合作中心的揭牌仪式。1988 年 12 月泰国小公主朱拉蓬教授造访药植所。1994 年在京成功举办第三届国际传统药物学大会，该领域国际著名专家 Farnsworth、Wagner、Phillipson 等被聘为药植所的客座教授。药用植物研究所已经名副其实地成为国际上有影响的知名药用植物研究机构。

第四阶段为 2007 年至今，我也基本卸下了各种兼职，但尽力去做一些力所能及的事，如继续培养博士生，提供一些咨询和建议。

回首往事，对“人生”和“人生价值”更有所感悟。

我是时代的“幸运儿”！

我亲身经历了中华民族从卑贱、屈辱，通过斗争，到自强，再到强大。

作为“幸运儿”，我更应该在生命的长宽高上下功夫！

所谓“长”即是“自然生命”，这个长度极限也仅仅是 120 年左右。“人”是生活在“社会”之中，对社会作出的贡献，组成了生命的宽度。这种“社会生命”，使生命的价值和内容变得更加充实、丰富。再就是目前不断在倡导的“精神生命”组成了生命的高度。人的“生命”有了长、宽、高的内涵和诠释，将会变得更加充实、具体和有意义！

夕阳无限好，黄昏会更美。我将珍惜这段美好时光，为实现中华民族伟大复兴继续奋斗！

回首往事，我最想说的一句话就是：“吾生足矣！”

肖培根

2024 年 11 月 8 日

目　录

图片目录

导　言

60 年前，在杨振宁和李政道获得诺贝尔奖之后，根据学科基础、国家重视程度与研发进步速度，不断有人预测在自然科学领域，新中国最有可能率先在中医药学科获得诺奖。果然，生药学家屠呦呦摘取了 2015 年度的诺贝尔生理学或医学奖。颁奖典礼上，屠呦呦用中文做了“青蒿素的发现：传统中医献给世界的礼物”的演讲。她最后说：“中国医药学是一个伟大的宝库，应当努力发掘、加以提高。青蒿素正是从这一宝库中发掘出来的。”此刻，大屏幕向现场观众展示了半个世纪前毛泽东主席的亲笔批示：“中国医药学是一个伟大的宝库，应当努力发掘、加以提高。”

20 世纪 50 年代至 70 年代，凡是与中医药有关的单位都在醒目的位置，张贴着毛泽东主席的这段话。回溯近现代历史应当确信，新中国是中医药地位最高的时期，她从落寞偏安，到迅速壮大，并走向世界。在中医药事业波澜壮阔的历史发展大潮中，肖培根先生为推动新中国药用植物研究与发展，大踏步走向科学化、现代化、国际化，立下了汗马功劳。

肖培根是中国工程院院士，国际著名药用植物学家和传统药物学家，我国药用植物及中药研究的主要奠基人和学术带头人，开创了我国中药资源系统调查整理的先河，是我国民族医药的开拓者之一，被誉为“中草药活字典”。现任中国医学科学院药用植物研究所名誉所长，教育部中草药物质基础与资源利用重点实验室学术委员会主任委员，兼任世界卫生组织传统医学咨询团顾问，《中草药（英文版）》（*Chinese Herbal Medicines*）名誉主编，《中国中药杂志》名誉主编，以及多家国际知名传统药物学期刊编委等职。

1932年2月2日，肖培根出生于上海市一个高级知识分子家庭，家里住洋房有司机有汽车。父亲肖贺昌早年留学德国，回国后曾任政府高级职员、大学教授。母亲张英志曾就读于浙江大学，当过小学教师和会计。肖培根的童年和少年，正值日寇侵华、民族危亡的时代。父亲因不肯为伪政权做事而失业。但是不论生活如何拮据，父母没有让一个孩子辍学，兄妹五人皆大学毕业。

1953年春，肖培根提前半年修满学分，以优秀成绩毕业于厦门大学生物系，分配到中央卫生研究院（医科院前身）。历任中国医学科学院药物研究所药用植物室主任，世界卫生组织传统医学咨询团顾问，中国医学科学院药用植物研究所首任所长，联合国工业发展组织临时顾问，世界卫生组织传统医学合作中心主任，国际传统药物学会第三任主席，中国中医药学会中药学会副主任委员等职。主持编写了《中药志》《新编中药志》《中国本草图录》《当代药用植物典》等著作，创立了植物学、化学、疗效和计算机技术等多学科融合的新学科药用植物亲缘学，提出并实践了药材原料、药品制剂、新药三级开发战略理论。他曾荣获第三届立夫中医药学术奖，地奥药学科技一等奖，求是基金会中医药研究集体奖，国家杰出专业技术人才荣誉称号，国家级、省部级成果奖10余项，发表学术论文870多篇。

本书是肖培根的学术成长传记，更是新中国中医药发展史的缩影，在新中国药用植物研究中，肖培根是许多重大事件的组织者、参与者。真实准确地记录下那段历史，会为中国现代药用植物发展史留下宝贵的史料，也会为药用植物今后乃至长久的发展提供有益的借鉴。本书也是中国医学科学院药物研究所植物研究室、中国医学科学院药用植物研究所发展史的一部分。因此，掌握和挖掘以便获得丰富的科学史资料是必须的；同时，肖培根那一代科学家是创业人、开拓者。他们白手起家、筚路蓝缕、披荆斩棘、砥砺前行，给后来者留下了无比丰厚的精神财富。他们的优良传统与优秀品德值得我们继承与弘扬。

2015 年 12 月，我们获悉肖培根将率多位院士，赴南宁的广西药用植物园考察指导工作，征得他的同意后我们陪同前往。这个药植园 28 年前笔者曾经去过，印象中除了比较大以外并无特殊之处，此次故地重游，却有换了人间之感，变化之大难以描述。该植物园已是全球最大、种类最多的药用植物园，荣登吉尼斯世界纪录！

在这里我们听到了肖培根院士如何用他超凡的睿智，把一个不知名的地方药植园，变成广西走出去的名片、实现了全球第一。一个个故事是那样真真切切，拨动在场所有人的心弦，这一切此前我们居然一无所知！肖院士在此开辟了另一块天地、创造了丰功伟业。

厦门大学是肖培根的母校，其专业的发轫之地，我们代表游子的回归受到了热情的欢迎，厦门大学生命科学院张伟书记，开车几十公里专程从翔安校区赶来，介绍厦门大学生物系的发展概况，带我们参观生物馆、海洋馆，还给我们带来了珍贵的电子版历史资料。肖培根的师弟曾定、师妹张娆挺，都已是耄耋之年，他们特意赶到学校接受采访，给我们介绍当年学习生活的往事。从这里的山间瓦屋，走出了卢嘉锡、陈景润、田昭武、张乾二四位中国科学院院士和肖培根、林鹏两位中国工程院院士。曾定教授还给我们拿来由他编写的《白土岁月》，回忆 1951 年厦门大学理学院内迁福建龙岩白土镇的经历。这本书是 2007 年 7 月他与当年的一些同学重游故地后，写的多篇纪念文章的合集。老先生亲自编辑打印的资料，目录文字照片一应俱全，实为“解渴”的资料。在一张注有“生物系学生行军途中留影”的照片中，我们一眼就认出了前排居中留着大中分、洋溢着青春活力的肖培根。在校方帮助下，我们在厦大图书馆、档案馆、校友会、经济学院和肖培根曾经勤工俭学的厦门二中，搜集了大量资料。徜徉在中国最美校园之中，行走在肖培根当年的教学楼、宿舍楼间，感悟到厦大无处不在的文化魅力，体验出厦大因何卓尔不同、人才辈出。

肖培根家世记载很少，我们只是朦胧地感觉其祖父肖延平非寻常之人，因为网上有所介绍并且至今关注其人其事者不绝。肖培根本人只在一岁时，回过湖北故乡见过祖父一次，因而知之不详。在湖北中医药大学王平校长的热情支持下，我们踏上了寻访之旅，不想收获颇丰。

在湖北图书馆和湖北中医药大学图书馆，我们见到了肖延平校勘的《黄帝内经太素》等多部中医古籍，并发现有肖耀南、周树模等社会贤达为其书亲笔撰写的序。我们找到了肖延平曾经校勘《黄帝内经太素》的武昌医馆所在地“柯逢时公馆”，即现在的“毛泽东武昌农民运动讲习所”；在湖北档案馆，无意间还发现肖延平亲笔记有早年追随张之洞的手迹，进而与零碎信息结合，证实肖延平曾经是张之洞在武汉大兴教育的重要经办人。我们也找到了肖培根父亲曾经就读的德华学堂，那里曾经是武汉地区留学德国的预备学校。我们还访问了武汉的肖家故居，那里曾经是俄租界，不远处就是修葺一新的肖耀南公馆。

我们去了肖培根的故乡，武汉武湖农场的高车畈村。采访得知，这里曾是声震武汉的翰林村，人杰地灵之所。肖氏从江西迁徙于此后，出了六位进士。肖延平是举人出身，曾是民国参议院湖北省的七位参议员之一。刚刚退休的原村党支部书记肖树林与肖培根同辈，非常热情地欢迎我们，他与肖培根的女儿肖伟一见如故，促膝交谈。两个素昧平生之人，音容笑貌之相似，令人感叹基因的神奇，血浓于水……

实物资料的收获来自肖院士自己的“箱子底”和单位的档案资料，为研究报告提供了许多真实准确的史料。

1. **打破西方国家封锁，率先开展了国产资源替代进口药研究**　这项工作，肖培根从1954年开始，断断续续进行到1975年左右。由于保密等原因，过去对外披露不多。此次请肖院士作了详细的介绍，他也把自己珍藏多年的笔记、资料，翻箱倒柜找出来了，准备捐献给国家，主要包括“有关埃及药用植物研究”的文献及资料、“有关香豆素研究内容”的笔记本、“进口药代用品”手稿等，这些资料都是那个历史阶段，我国药用植物研究的重要文献资料。

2. **领导完成我国第一次中药资源普查**　1958年，26岁的肖培根领导了我国第一次中药资源普查。随后他率领团队，编写了我国当代第一部大型药用植物专业著作《中药志》。此次采集中我们得到了一部第一版的《中药志》，以及当年肖培根采集到的植物标本、照片。同时，我们也厘清了中药资源普查，从第一次到第四次，肖院士在其中的角色、发挥的重要作用、取得的主要成就等。

3. **率先用现代科学方法开展西藏药用植物研究** 1960 年，为填补全国中药资源普查唯一省区空白，肖培根主动请缨赴藏科考，前后六次，这是一项开创性的工作，无论学术价值、经济价值、政治意义都十分重大。此次我们收集了一批重要资料：记载藏医中草药的藏经、晶珠本草、藏医常用药物目录、西藏出差记录、尼泊尔植物资源科研笔记、藏医常用药物、手绘西藏草本药形态图、藏医藏药储备调查等。

4. **创建药植所** 1983 年，卫生部批准建立了我国唯一的药用植物研究所。作为首任所长，肖培根在一穷二白的条件下，经过近十年的努力，使其成为中外闻名的国家级研究所。此次采集中，我们收集到了他制定的研究所改革方案手稿、讲话手稿等重要历史资料。

5. **创立药用植物亲缘学** 肖培根创立的药用植物亲缘学，经过几十年的不断完善，终于得到了国内外的广泛认同。此次采集，收集到了一批珍贵资料：药用植物亲缘学导论、药用植物亲缘学讲义手稿、有关《药用植物亲缘学》出版事宜的信件等。

6. **扩大中外友谊、促进与港澳台的交流** 肖培根是名副其实的中国人民友好使者，几十年间走过五大洲几十个国家。他也为祖国统一尽心竭力，成为港澳台公认的我国药学界的领袖。此次采集，收集到了一批珍贵的照片、贺年片等。

7. **外语奇才是如何练成的** 肖培根从未上过外语学校，但是精通英语、俄语、德语、拉丁语。此次采集收集到一批他自学外语的珍贵物品、资料：学习俄语使用的辞典、英语句例笔记、学习英语使用的收放机等。

8. **在“文革”的逆境中，肖培根依然努力工作成绩斐然** 我们采集到一批“文革”时期的珍贵资料：肖培根韶关小分队所做的韶关地区第一、二批中草药制剂初步小结，编写的卫生部“五七干校”药厂产品技术资料，卫生部“五七干校”药厂所产“热可平”注射液药盒标签等。其中军管时期的标签和军管撤离后的标签，都是十分珍贵的历史资料。

更多的收获来自对肖培根本人的访谈。按访谈计划，分期分批地请他谈不同时期的学习工作生活情况，除写入了本传记，还有一篇访谈稿发表在一个重要的期刊上。另外，笔者还多次就不详事宜登门请教，肖院士又谈出许多新的话题。因此，直接访谈远超目前记录的270分钟。我们也找到了肖院士不同工作时期的老同事访谈，虽然时间久远，但是他们仍然提供了许多令人感动的往事资料。

综合访谈和采集到的资料，我们计划以时间为基本主线，按不同时期撰写肖培根的学术传记。全书共十章。

第一章主要围绕肖培根的家世展开。在湖北中医药大学冯春教授和江毅博士的积极帮助下，我们厘清了许多模糊的史实，证实肖培根的祖父肖延平在中医古籍校勘中，做出不可磨灭的贡献。他配合张之洞搞洋务运动，在武汉兴办高等教育中发挥了重要作用；他还是一个思想开明、意识开放之人。他将年幼的四子肖培根父亲，小学毕业就送入德华学堂准备留学，鼓励已经在北京大学毕业的三子肖贞昌留学德国，使他的两个儿子成为中国早期的留学生，随之第三代培养出了以肖培根为代表的一大批高级知识分子，奠定了家族兴盛不衰的基础。

第二章主要写肖培根的小学、中学和大学受教育情况。因年代久远，肖培根曾经读书的小学、中学已不复存在，档案资料也荡然无存，虽经多方寻找，但仍然一无所获。我们根据肖培根本人的访谈、其弟弟妹妹和个别同学的回忆展开。从大家的回忆中可以看出，肖培根在中小学时期是品学兼优、组织能力突出的学生。我们在对肖培根的访谈中获悉，他在高中阶段受生物老师的影响，深深地喜爱上了这个学科，而且历次考试成绩优异。循着这道轨迹他选择了大学的专业，最终确立了一生的事业。我们在厦大得到了学校领导和肖培根同学、故友的大力支持，获得了大量的资料信息，也亲身体验了这所富有传奇色彩的大学的魅力。本章从肖培根的师承关系、兴趣爱好、学业成绩等多方面，展示了肖培根从一个懵懂少年，成为国家栋梁之材的学术成长经历。

第三章主要写肖培根大学毕业到中央卫生研究院（医科院前身）后，从大学生到优秀科技工作者的转变。分七个小节表述。先农坛，主要写肖培根怎样踏入药用植物研究大门的故事，看似偶然，其实必然；身伴名师，主要写在当时大学生稀少的特殊时期，肖培根在众多著名专家的栽培下迅速成长；在来自苏联的专家、野山参小节中，他作为既有专业背景又具外语优势的青年才俊，在“社会主义阵营”的蜜月时期，经历了许多只有那个时代才会发生的事情，也见证了那一时期中国药用植物发展的历程；天降大任和《中药志》，再现了年轻有为的肖培根带领一个国家级的研究室，成功地完成第一次全国中药资源普查，并依据普查的资料和成果，创作完成了大型工具书——《中药志》；在激情燃烧的岁月里，因工作相知相熟，因志趣心心相印，完美姻缘全部浓缩到“收获爱情”的小节之中了。

第四章主要写肖培根 1963 年第一次出国到西非四国。此次对西非四国的科学考察的不寻常之处有几点：一是代表团的另外两位是国内知名学者蔡希陶和陈封怀教授，而肖培根则是连副教授头衔还没有的年轻小伙；二是所到之处均由我驻外大使直接接待，亲自安排任务与行程，可见国家对他们此行的重视；三是代表团除了在非洲考察当地的植物资源和药用植物资源外，还为我国收集了大量的重要经济和药用植物种子，如古柯、毒毛旋花子、萝芙木、猪油果、牛油果、奇异果等大约 200 种，为我国引种热带经济和药用植物，做出了历史性贡献。

第五章重点论述了药用植物亲缘学的创立、发展、完善。20 世纪 50 年代，新中国百废待兴。面对国外封锁，肖培根迎难而上，以“任务带动学科”的精神，开始寻找能够替代进口药的国产资源。当时的思路是“寻找和进口药最接近的，成功的可能性就比较大”。朴素的思路和艰辛的努力，肖培根和同事们首先用国产的萝芙木，替代了治疗高血压的利血平。沿着这个方向，阿拉伯胶、安息香、胡黄连的国产替代资源也相继找到了。总结成功经验，肖培根萌生了药用植物亲缘学的想法，随后将其运用于藏药的研究中。即使是“文革”十年，他也没有止步，“文革”刚一结束，肖培根即有多篇药用植物亲缘学重要论文发表，宣告了一个新学科的诞生。随着这个新学科的发展，在资源的可持续利用与环境保护上发挥着日益重要的作用，得到了国内外的广泛认同。

第六章主要写“文革”十年肖培根的蹉跎岁月。他像大多数的知识分子一样，经历了“下放劳动”“五七干校”“小分队”等种种“锻炼”。他从不彷徨消极，也从不懈怠，依然努力学习和工作。在北京远郊的平谷县东升制药厂“劳动锻炼”时，他从小檗碱废液中，提取出具有很好升高白细胞作用的小檗胺，帮助药厂走出困境。在江西“五七干校”药厂，他带领生产的仿制和研发新药达三十余种。其研发的热可平注射液生产应用至今，并被国家中医药管理局批准为全国中医医院急诊必备的中成药。

第七章主要叙述创建发展壮大药植所。1983 年，肖培根被任命为首任所长时，一个栽培研究室，几排平房和可能不到十万元的仪器设备就是全部家当。他制定“三级开发”“五大开发”的药用植物资源开发战略，为药植所规划出前进的方向；他创办药厂，为科研发展和改善职工福利开辟财路；他“十顾茅庐”的精神，感召了一大批人才与他并肩奋斗；1986 年，药植所被世界卫生组织命名为“传统医学合作中心”；1994 年，第三届国际传统药物学大会在北京友谊宾馆隆重召开，药植所作为承办方登上了国际舞台。

第八章围绕肖培根出色的外事活动展开。肖培根被誉为中国人民友好使者，足迹遍及五大洲。他无论是以专家身份，还是作为世卫组织官员，始终以服务祖国为第一要务，为中医药走向世界、为中外人民友好做出了杰出贡献；为了国家统一大业，增进与港澳台同胞的友谊，他不遗余力地奔忙。20 世纪 90 年代，他被同行们共同推举为海峡两岸医药卫生交流协会的会长并在相关机构荣膺职务。在香港，他被四所大学聘为客座教授，还在香港浸会大学创办了中医药研究所。

第九章主要记录肖培根心系中药未来、退而不休的事迹。延年中药与别样茶概念的提出，既是他几十年科研工作的延伸，也是他面对社会老年化、亚健康化，提出的应对方略。国家药用植物园体系建设与中药持续发展之路，是他作为老药用植物工作者，在中草药迅猛发展的今天，针对只顾经济效益不顾生态效益，盲目发展不顾长远而提出的治理思想和措施，目标是引领我国中药事业走向绿色可持续发展的道路。他积极响应国家西部开发的重大决策，先后在沙棘、枸杞、肉苁蓉等西部特有药用植物的开发利用上贡献自己的才智，被宁夏人民政府聘为顾问。在肖培根的不断倡议和推动下，他的治理方略已经引起全社会的关注，多部委发文贯彻推行。

第十章培养人才是肖培根在药用植物学教育领域对国家的另一大贡献。

我们希望借助本书，展现肖培根生活的时代，客观全面反映肖培根学术成长、学术成就。同时，使读者认识一个真实的肖培根，可作为榜样学习的肖培根，对读者的人生有所启迪。

第一章
黄陂世家

武湖翰林村

说起武汉的湖，耳熟能详的是珞珈山下的东湖，而位于黄陂区内的武湖知者甚少。其实早在东汉时期，武湖就已声震长江南北。那时的武湖，烟波浩渺，南通长江，北连滠水。因江夏太守黄祖在此习练水军，原本的“黄汉湖”，改为“演武湖”，继之改称“武湖”。湖区有七个河口，港汊纵横，湖泊内水生生物资源丰富，是湖北省著名的鱼米之乡。湖泊水域面积约 30.6 平方千米，汇流面积约 750 平方千米。据考证，

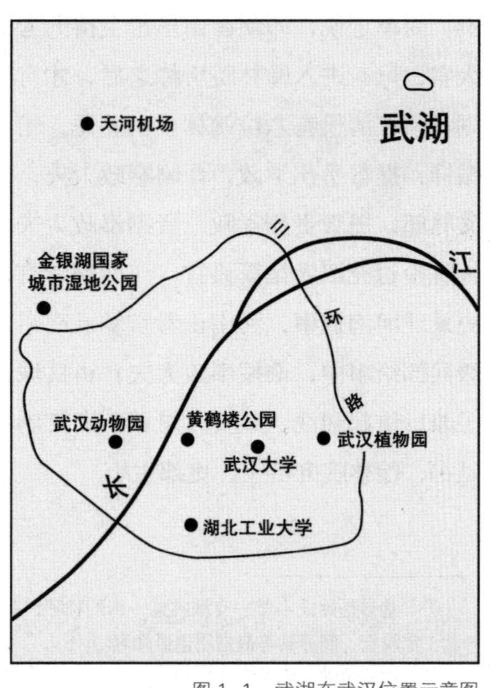

图 1–1　武湖在武汉位置示意图

唐代大诗人崔颢《黄鹤楼》中“日暮乡关何处是？烟波江上使人愁”描述的正是武湖烟涨的美景。

武湖风光旖旎，土地肥沃，水陆通达，可谓风水宝地。明朝初年，为恢复生产，鼓励移民耕垦，朱元璋在两湖地区实行放宽赋税的政策，吸引江西移民。这就是有名的“江西填湖广”的洪武大迁徙。1369 年，即洪武二年，来自江西吉安县的八叶堂[①]肖氏一支（依今惯用，原萧改为肖，以求一致，下同），由肖武訾带领，从江西吉安瓦屑坝一路走到武湖高车畈，见此佳境遂安家落户[②]。据说肖武訾是元至正年间的进士。从此，肖家在此地繁衍生息、开枝散叶，很快成为黄陂县武湖地区的望族。为什么说很快呢？因为仅仅 37 年后，明永乐四年（1406 年），这个移民家族便出了一个进士肖昇，官拜都察院右副都御史，正三品。到了清代，肖氏更是人才辈出，以六位进士、六位翰林，成为武汉三镇闻名遐迩的翰林村。

明清时期有非常严格的科举选拔人才制度，以保障最优秀的人才成为国家栋梁，明中期以后甚至有“非进士不入翰林，非翰林不入内阁”的惯例。简单地说，即使在由皇帝主持的考试（殿试）中进士及第，仍不能做大官，只有进入翰林院历练之后，才有机会出任重要官职。根据家谱，武湖肖家在清代有六位翰林。肖兆龙，翰林院检讨加二级提督贵州学政；肖振铎，提督贵州学政，晋赠奉政大夫，掌云南道监察御史；肖启统，敕赠文林郎，提督贵州学政，晋赠奉政大夫，掌云南道监察御史；肖广运，翰林院检讨充四库馆纂修官，江西副考官，提督贵州学政，掌江南道监察御史兼理河南道事，河南正考官掌云南道监察御史，巡视南城都察院，加一级兵部给事中，诰授奉政大夫；肖良城，翰林院编修，詹事府右春坊右庶子兼日讲起居注，咸安宫总裁，浙江副考官，湖南学政，翰林院侍读；肖延福，翰林院庶吉士，吏部主事。

---

① 堂号是姓氏中某一支派或某一房的称呼。肖姓堂号有二三十个，以河南堂、兰陵堂、八叶堂、定汉堂、制律堂等最常用也最知名。

② 湖北黄陂肖氏凤亭公宗谱。

走出高车

在武湖肖氏知识分子中，对今天仍有影响者要数肖培根的祖父，举人出身的肖延平。

肖延平（1860—1933）字北承，清举人，曾任应城石膏局总办、国会参议院议员。1923年任武昌医学馆馆长，校勘印行唐代抄本《黄帝内经太素》，著有《心学平议》。

图1–2　高车村

湖北中医药大学的冯春教授，曾专门对肖延平先生及其校勘的《黄帝内经太素》做过深入研究[①]。冯春教授评价肖延平先生是一位大儒医，对武汉文化教育事业做出很大贡献，是值得写一本书的人[②]。走进肖延平先生的世界，我们看到一位真正的儒者，“达则兼济天下，穷则独善其身”“为天地立心，为生民立命，为往圣继绝学”的中国传统文人的风范。肖延平先生还洞悉时代潮流，思想豁达超前。

在湖北中医药大学江毅博士的帮助下，在湖北档案馆查找到一份有关肖延平先生的档案资料，其中有这样的一段自述引起我们的关注：“自幼从事儒业，得追随张文襄公及周少朴诸公，之后服务学政两界。数十年来虽鲜劳绩，然自信尚无陨越之处。”

① 冯春：对湖北传统医药文化资源的认识及发展研究。《湖北社会科学》，2007年第9期，第181–183页。

② 冯春访谈，2017年3月30日，武汉。资料存于采集工程数据库。

张文襄公即清末洋务派领袖之一的张之洞[①]，他曾官拜两广总督、湖广总督、两江总督、军机大臣等要职；周少朴即周树模[②]，他曾官至黑龙江巡抚，兼任中俄勘界大臣，辛亥革命后任民国中央政府平政院院长。肖延平先生怎么能在青年时代就“得追随”其间呢？从外因来说，肖延平可能沾了翰林村和族兄吏部主事肖延福的光。虽然肖延平不是进士出身，而且中举时已经 37 岁（光绪丁酉科即 1897 年），但其家学渊源，颇有真才实学，且精明干练，因此深得重才干轻浮名的张之洞赏识，将他一手主办的三所学校，委以肖延平监学、教习等要职。

图 1–3　肖延平武汉故居

张之洞任湖广总督期间功绩卓著，既把武汉打造成了全国最大的重工业基地，又将武汉办成了全国的教育中心。如果说张之洞创办自强学堂（今武汉大学）、农务学堂（今华中农业大学）、工艺学堂（今武汉科技大学）等，为“西学为用”。那么，他创办存古学堂、两湖书院，不惜重金聘请全国的博学鸿儒，则是强化“中学为体”，与今天办“孔子学院”，有异曲同工之妙。肖延平先生被委以存古学堂监学、两湖书院总师范教习[③]，还是张之洞在武汉创办的中国第一个警察学校的监学和教习。肖延平先生在繁忙的教务管理之余，讲授儒家经典，并研究王阳明学说，著成《心学平议》。周树模对此书评价甚高[④]，想见当年颇有影响，可惜今天无处寻觅了。

---

① 张之洞（1837—1909），字孝达，汉族，直隶南皮（今河北南皮）人，清朝洋务派代表人物。

② 周树模（1860—1925），湖北天门人，字少朴。光绪十五年进士，官至黑龙江巡抚，曾任中俄勘界大臣。

③ 郭书愚：开放而不失其故：张之洞兴办湖北存古学堂的努力。《社会科学研究》，2014 年第 6 期。

④ 周树模：《黄帝内经太素》序二。

百代流芳的《黄帝内经太素》校勘

在两湖书院、存古学堂任职时期，肖延平与杨守敬[①]做同事，是他人生重要节点，也成就了他一生的辉煌。在此期间，他将隋杨上善编注的《黄帝内经太素》校勘并刊行。

图 1-4　肖延平校勘的《黄帝内经太素》中的两卷（现存于湖北图书馆）

《黄帝内经》是中医学最基本、最重要的典籍，分《灵枢》和《素问》两部分，建立了中医学的"阴阳五行学说""脉象学说""藏象学说""经络学说""病因学说""病机学说""病症""诊法""论治"及"养生学""运气学"等学说。《黄帝内经》奠定了人体生理、病理、诊断以及治疗的认识基础，被称为医之始祖。在中医学术发展史上，《黄帝内经》具有不可替代的地位。因此，对《黄帝内经》的研究历代不乏其人，集大成者首推隋代杨上善。杨上善是隋唐时代医学家，曾在隋大业年间（605—616）任太医侍御，奉敕注《内经》，取《素问》及《灵枢》的内容，著成《黄帝内经太素》（简称《太素》）三十卷，是分类研究《内经》的第一家。该书珍贵之处在于，杨上善虽将《灵枢》《素问》中的经文进行了分类，但是其中几乎包括了唐代所存《黄帝内经》的全部内容，且对原书文字未加改动，因此是研究《黄帝内经》的可靠资料。宋代著名学者林亿对其评价甚高，

---

① 杨守敬（1839—1915），湖北省宜都市陆城镇人，谱名开科，榜名恺，更名守敬，晚年自号邻苏老人。清末民初杰出的历史地理学家、金石文字学家、目录版本学家、书法艺术家、泉币学家、藏书家。1880—1884年，任中国驻日本大使馆外交官。归国后，先后任黄冈教谕、两湖书院地理教授、存古学堂总教长。

在校正《素问》《甲乙经》《脉经》等医书时，便多借重此书。可惜《太素》一书流传不广，自南宋以后国内就失传了。

1880年，杨守敬作为中国驻日本大使馆官员，在日本彬本仲温处得到仁和寺宫所藏《黄帝内经太素》影抄本。日本仁和寺所藏版本，为仁和三年（相当于唐光启三年，即公元887年）旧抄卷子本。虽然残存二十三卷，杨氏仍如获珍宝，携带回国，成为国内《太素》的祖本。《太素》的再度问世，在国内医学界曾引起轰动。1895年，由袁昶通隐堂校勘的《太素》刊行，世称袁本或通隐堂本。[①]“桐庐袁忠节公得其书，未加详校，即以付刊，伪谬滋多，未为善本。”[②]国内翻刻的《太素》不断问世，流传渐广，研究之风日盛。由于当时科技水平所限，无法出版影印本，所以原来就残缺的旧抄本越传越误，数十年间终无善本问世。[③]

1884年，杨守敬回国后与肖延平先生为同事。目前没有资料记载杨守敬是何时何地，将《太素》交予肖延平的。其实，大概在1905年，肖延平先生鉴于旧抄本越传越误，遂开始了校勘《黄帝内经太素》的工作。[④]

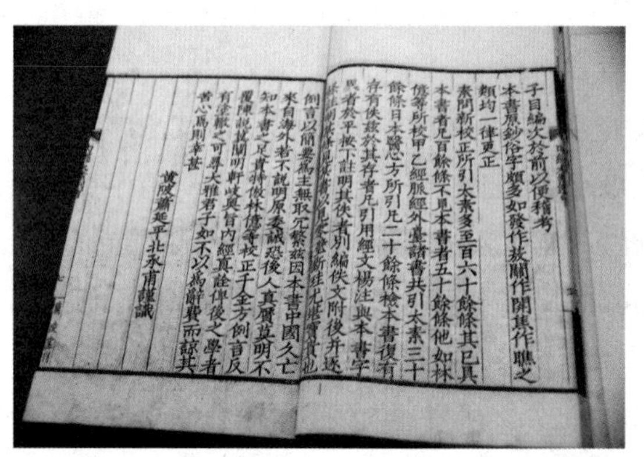
子目編次於前以便稽考
類均一律更正
素問新校正所引太素多至百六十餘條其已具
本書者凡百餘條不見本書者五十餘條他如林
億等所校甲乙經脈經外臺諸書共引太素三十
餘條日本醫心方所引凡二十餘條檢本書復有
存有佚茲於其存者凡引用經文楊注與本書字
異者於平按下註明其佚者別編佚文附後并逐
例言以簡要為主無取冗繁茲因本書中國久亡
來自海外若不說明原委誠恐後人真贋莫明不
知本書之足貴特倣林億等校正千金方例言反
覆陳說其闡明軒岐奧旨內經真詮俾後之學者
之可以大雅君子如不以為辭費而諒其
苦心焉則幸甚
黄陂蕭延平北承甫謹識

图1-5　肖延平关于校勘《太素》的说明（现存于湖北省图书馆）

肖延平有办医学教育之夙愿。在他任职于武汉三校时，曾专门上书张之洞。他仿效日本开办医科的思路，结合国内的实际，制定了一份周密的计划书。可惜时运不济，革命风起云涌，张之洞力挽狂澜不逮，无暇顾及于此。遗憾

① 王玉兴：中日《黄帝内经太素》研究年表。《天津中医学院学报》，2004年第4期：第208-211页。

② 周贞亮：《校正内经太素杨注》后序。

③（唐）杨上善：《黄帝内经太素》（修订版）。王洪图，李云重校。北京：科学技术文献出版社，2013年。

④ 同①。

之余，肖延平以“为往圣继绝学”的精神，一人挑起校勘《太素》的历史重任，“不去手者数十年”。1909 年，张之洞在清朝即将颠覆之时病逝了。在风雨飘摇之际，肖延平仍苦心笃志于《太素》的校勘。这一切被柯逢时[①]看在眼里，聘请肖延平到他创办的武昌医馆任馆长，专事医学古籍的校勘。此时为 1910 年，也是肖延平校勘《太素》的重要历史节点。

柯逢时是晚清有名的理财能臣，张之洞倚重的左右手，委以“督办八省膏捐大臣”的重任。在清政府大厦将倾之际，柯逢时将西南各省重要的烟叶、私土（大烟）税收，源源不断上交朝廷。据说他是帮助朝廷征税最多的官员。他提议用税收结余的一成即十万两，开办了武昌医馆。[②]十万两在当时可以办理修长江大堤的浩大工程，而办个医馆怎么用得了？柯逢时不惜重金收集全国各地的医学古籍，各种孤本善本；所校勘之书全部委托武昌陶子麟[③]雕版刊刻。陶氏为中国雕版界的翘楚，至今凡是陶氏刊刻的书籍都身价不菲。其工价且论字算，非一般人士刻得起。

对于肖延平来说，柯逢时丰富的藏书，为校勘工作提供了极大便利。然好事多磨，命途多舛。1912 年，即辛亥革命的第二年，柯逢时病逝，其子孙不肖，以变卖家产度日，医馆随之关门。

离开柯逢时的武昌医馆，肖延平先生并没有放弃《太素》的校勘。革命风起云涌，军阀内战频仍，

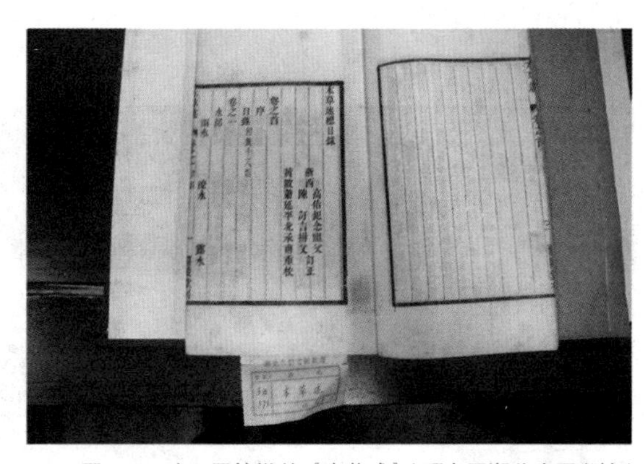

图1-6　肖延平校勘的《本草述》(现存于湖北省图书馆)

① 柯逢时（1845—1912），字懋修，号逊庵，湖北武昌（今鄂州市）人，光绪九年进士。历任江西布政使，贵州巡抚，广西巡抚，土药统税大臣加授尚书衔。晚年办武昌医学馆，辛亥时组织武昌保安社，对武昌起义持观望态度。善理财，喜著书，刻书，藏书。

② 冯春访谈，2017 年 3 月 30 日，武汉。资料存于采集工程数据库。

③ 陶子麟（1857—1928），湖北黄冈人。清末民初四大著名刻工之一。他身兼出版家与刻工双重身份，设书肆于武昌，以其姓名为店号，出版图书并经营发行。同时，他也为当时许多藏书家刊刻图书，以善刻仿宋及软体字闻名于世，有“陶家宋槧传天下”之美誉，其所刻《史记》曾参加国际图书馆会展。

知识分子如浮萍。1924 年，清末著名文献学家周贞亮，在《校正内经太素杨注》后序中评述肖延平说：“北承究心医书，涉览极博，《内经》不去手者盖数十年。其校此书也，据《甲乙经》《灵枢》《素问》，以订经文之异同，据《伤寒论》《巢氏病源论》《千金方》《外台秘要》《医心方》等，以证注义之得失，体例与《素问》王注新校正相近。其穿穴经论，微契圣心，虽未知于仲景诸家奚若，而用汉学治经义之法，于宋贤校医书之中，一义必析其微，一文必求其确，盖自林亿、高保衡以还，数百年无此诣精之作，可断言也。尝自谓生平精力，尽于此书，而决其必传。久客京师，一旦书成，遂即南归，不肯复出，其自信也如此，即其书可知矣。”

国家中医药管理局《内经》重点学科学术带头人、教育部中医基础理论重点学科带头人、北京中医药大学教授、博士生导师王洪图，对肖延平先生的《太素》评价如下：“该书字斟句酌，旁征博引，洋洋四十余万言，成为当时国内最完备、最精审的版本。肖氏以严谨的治学态度，系统整理《太素》，对中医经典研究功莫大焉。肖氏校勘的《太素》在学术界具有不可争议的权威性”。

图 1-7 原武昌医馆设于柯逢时公馆（1927 年 4 月 27 日中共五大在此举行，这里也是毛泽东主持中央农民运动讲习所的旧址）

成都中医药大学基础医学院院长、《黄帝内经》研究的知名学者陈钢，对日本仁和寺本《太素》的研究尤深。他评价道："肖延平以嘉惠后学为己任，竭毕生精力校注整理《太素》，可谓劳苦功高。"不仅如此，肖延平还"由京师专归武昌，谋付剞劂"。

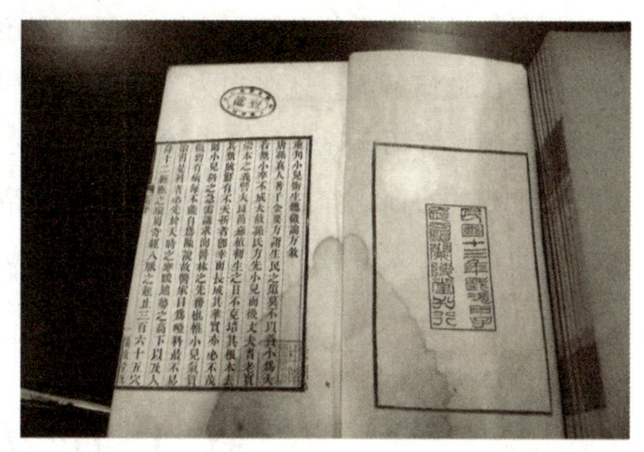

图 1–8　肖延平校勘的重要中医古籍《小儿卫生总微论方》（现存于湖北省图书馆）

当时的两湖巡阅使督军兼湖北省省长肖耀南[①]欣然为之捐资付梓，方使其书得以传世。肖延平兰陵堂《太素》刊印本，底本佳，校勘精，补佚当，刻工精良，堪称精本、善本。故中华人民共和国成立后于 1955 年、1965 年，两次由人民卫生出版社影印、排印出版，并数次重印，成为学习和研究《内经》的重要参考书。[②]

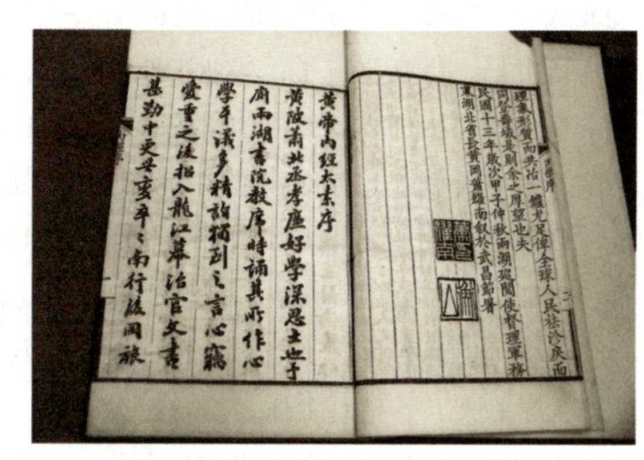

图 1–9　《黄帝内经太素》肖耀南序一（右），周树模序二（左）（现存于湖北省图书馆）

肖延平先生"久客京师，一旦书成，遂即南归"，但是不菲的雕版印刷费用，他囊中羞涩无力承担。此刻肖耀南伸出援手，痛痛快快全部承担下来。虽然肖延平在武汉学界颇有人望，且是第二届国会参议

① 肖耀南（1875—1926），字珩珊、衡山，祖籍浙江兰陵，出生于黄冈县孔埠镇肖家大湾（今武汉市新洲区）。北洋政府时期，历任第二十五师师长、湖北督军、两湖巡阅使、湖北省省长等职。肖姓堂号有二三十个，以河南堂、兰陵堂、八叶堂、定汉堂、制律堂等最知名。肖耀南家族堂号为兰陵堂，故常以肖兰陵自称，他还将武汉的一条大街命名为"兰陵路"。

② 陈钢：肖延平校注整理《黄帝内经太素》的功绩。《中医文献杂志》，1998 年 3 期，第 9–11 页。

院的议员，湖北省七位参议员之一，但此事还与两人同姓同乡有关。因为肖耀南不仅慷慨解囊，还亲自为《太素》撰写序言，而且特别提及“适吾宗北承孝廉”等语，显然是要告知读者，肖延平与他同宗同族。

几十年的心血之作，终于在肖耀南倾力帮助下得以付梓刊行。肖延平感念于此，将《太素》命名为兰陵堂本而非八叶堂本。

教子有方

大动荡时代往往也是一个人或一个家族大起大落的时期。武汉黄陂区人物志网站载现当代人士中，肖姓共计十三位，肖延平与他的儿孙占了六位。他们分别是：

肖赘昌，肖延平长子，毕业于湖北法政学堂，历任山东茌平县知事，湖北咸宁、蕲春、黄梅等县的县长；

肖贞昌，肖延平三子，毕业于北京大学，后留学德国莱比锡大学并获经济学博士，历任省立武昌中学校长，福建省政府会计处长，东北大学商学院、中央大学、上海商学院等校教授，后任厦门大学教授、经济系主任；

肖贺昌，肖延平四子，毕业于德国德累斯顿工业大学，获特许工程师，历任上海市公用局技正，京沪沪杭两路局副处长；

肖树旭，肖延平孙女、肖贞昌之女，毕业于厦门大学生物系，任上海水产大学教授、养殖系主任；

肖培根，肖延平之孙、肖贺昌之子，毕业于厦门大学生物系，曾任中国医学科学院药物研究所室主任、中国医学科学院药用植物研究所所长，教授，博士生导师，中国工程院院士。

肖延平先生育才之道与众不同。民国时期大学毕业生的身价很高。三子肖贞昌在拿到北京大学毕业证后，肖延平先生让他去德国留学。四子肖贺昌在中学时期就送进德文学校，直接送到德国德累斯顿工业大学学习工程技术。

在一个春雨初霁的下午，由冯春教授带领走进了武汉第六中学，曾经的武汉德文学校，德国人一百年前修建的老校舍还有一部分在，且保存得很好。红砖与水泥拉毛饰面的三层楼，庄重典雅、气度不凡，在簇新的现代教学大楼映衬下，愈显历史感。这既是德国建筑工艺精湛的物证，也是武汉人民爱护保护文物的范例。我们走进德文学校原来的教学和宿舍楼，现在的校史展览馆。

图 1-10　原德华学堂宿舍楼，现为武汉第六中学校史馆

校史上记载了学校的如下变迁：1903 年，德国传教士在汉口西郊后湖地区（今汉口球场路 64 号的校址所在地）买下一片土地建校。1908 年，开始招收学生，初名德华学堂。1914 年，第一次世界大战爆发，德侨纷纷回国。1917 年，中国加入协约国对德宣战，学校遂告停办。1918 年，汉口的德租界被收回，同时租界外的德华学堂也被接管，改名为湖北省立汉口中学。1933 年，湖北省天主教总主教希贤，从德国东方学会买得学校的全部产权。1938 年，奉准成立高中部，校名定为“私立汉口上智中学”。1952 年，由原上智校董会具文呈报市教育局请求接办。1953 年，由市教育局接管并定名为“武汉市第六中学”。

图 1-11　由武汉市政府颁布的“优秀历史建筑”标志牌

德华学堂从招生到停办只有十年左右的时间，停办距今已经百年，详细的资料

档案已无从查起，只有两个传说比较一致：一是当年的德华学堂属于贵族学校，学费昂贵；二是学校停办后，约有 20 名中国学生随校长去了德国，肖延平的四子肖贺昌应在其中。

图 1-12　1931 年，肖贺昌、张英志于上海南京饭店的结婚照（肖培根提供）

1930 年留学十年的肖贺昌回国。他获得了德国德累斯顿工业大学工科硕士学位和金字招牌的特许工程师证书[①]并落户上海，美好前程就在眼前。

1931 年春，肖贺昌与浙江大学学生张英志喜结良缘。小儿子的婚礼，成为肖延平古稀之年的最大慰藉，孩子们终于成了国家的栋梁、学界的翘楚！刚刚开张的现代风格的南京饭店，高朋满座，群贤毕至。

斑驳的照片上的这对新人是领时代新风的现代知识青年，婚礼服饰不是长袍马褂与凤冠霞帔。新娘张英志披婚纱，戴花冠，白色手套，手捧玫瑰；新郎肖贺昌打领结，穿西装礼服。英俊的新郎右手挽着自己的爱人，左手攥着洁白的手套。

今天，人民广场附近的南京饭店仍在营业。它始建于 1929 年，1931 年开张。南京饭店除了是上海市优秀历史建筑，还以“中国青年新闻记者协会成立会址”，被定为黄浦区文物保护单位。

① 特许工程师证书是英国和欧洲各国乃至世界公认的工程师最高级别资格证之一。

第二章
求学路漫漫

三易小学校

1932 年 1 月 28 日，上海爆发了震惊中外的一·二八抗战，2 月 2 日，在隆隆的枪炮声中一个男孩出生了。他是肖家第一个孩子，树字辈，名树德，小名培根。培根是妈妈给他起的名字，从小叫惯了，沿用至今。肖培根聪明早慧，妈妈常常说，培根还抱在怀里的时候，看到挂在客厅墙上的对联就喃喃发声，当时妈妈笑称他好像识得似的。① 肖培根出生时，父亲是上海市公用局技正，家住洋房，还有汽车和司机。然而，都被日寇摧毁了。因为时局动荡，父亲沦为无业游民，全家顿失经济来源。肖培根记得，1935 年的年夜饭，就是

图 2-1　肖培根两岁（肖培根提供）

---

① 肖培源：追忆幼年补遗。2016 年，未刊稿。资料存于采集工程数据库。

“大米粥拌牛肉末和青菜”。可能是许久没有吃肉的缘故吧，这顿“盛宴”让一个不到四岁的孩子刻骨铭心。

1937 年，七七事变不久，长达三个月的八一三淞沪会战爆发。肖贺昌夫妇带着两儿两女，逃难到妻子张英志的故乡浙江湖州。肖贺昌的岳父母家境况不错，岳父是秀才出身，跟陈立夫是同学，也懂一点中医。虽然不是正儿八经的医生，但治疗一般的小病没有问题。[①]

外婆给第一次到来的肖培根一家做了湖州名吃八宝鸭款待他们，但是好景不长，全家被迫继续向南逃难。父亲与有孕在身的母亲，带着肖培根和大弟南下福建。1938 年，在福建沙县母亲生下了小弟培榕。在福建住了不久，兄弟三个因水土不服，疾病连连，不得不回返回上海。几经颠沛，在湖州外婆家又接回两个妹妹，全家终于在沪团圆。一家人起初住在上海公共租界的新闸路西园寺，1940 年迁至当时的法租界格罗希路（现延庆路）。[②]

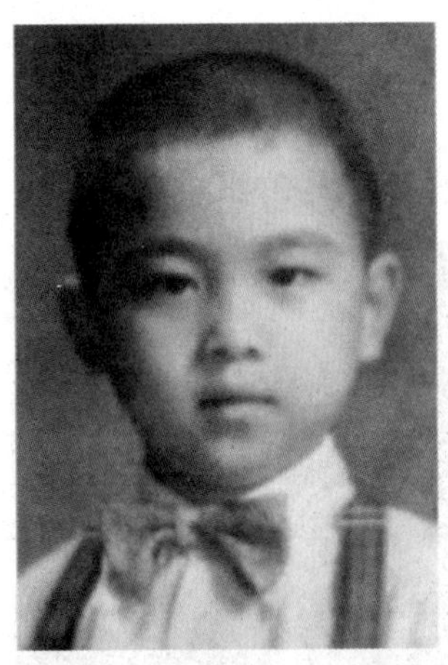

图 2-2 肖培根五岁（肖培根提供）

在颠沛流离的逃难路上，父母想方设法让肖培根上学。1938 年 8 月，让他借读于福建沙县小学。返回上海后，1939 年 8 月，父母安排他就读于新闸路西园寺附近的上海夏光小学。1940 年 8 月，因为全家搬到法租界格罗希路，肖培根又转学到附近的树德小学读三年级。

回忆八十年前的小学时光，肖培根笑呵呵地说，那会主要是玩，尽情地玩，什么都玩，跟现在的小孩可不一样：

树德小学是离家最近的小学，有 5～10 分钟路程。在学校除了上课就是玩，放学以后一般就是几个同学到我家来。那个时候我家外面

① 肖培根访谈，2016 年 4 月 6 日，北京。资料存于采集工程数据库。

② 肖培源：追忆幼年补遗。2016 年，未刊稿。资料存于采集工程数据库。

有一个很大的院子，像操场一样大，用编好的竹篱笆围着。有好多坏的木箱，我们把木箱翻过来绑成一个船，就在这个船里头讲故事。院子里有一棵桑树，我们也经常爬在桑树上讲故事，小孩子想象力丰富嘛，同学们想象着怎么变成仙人。那时候神仙最吃香，长生不老，找到仙药，因为常听八仙过海的故事嘛。另外印象很深的就是弹玻璃球。我弹得不错，弹得比较准，老赢。羽毛球我打得也不错，因为院子大常常打羽毛球。①

家境的败落，让肖培根从小恨日本鬼子，因此讨厌学日语，多次受到日本督学的惩罚。学校里日语是必修课，上这门课的老师都是日本人，他们不会讲中文，肖培根不爱学还经常开小差，有时提问答不上来，就被日本老师打板子。这样的日子一直挨到小学毕业。②

虽然贪玩，但是聪明、功课很好，作文是他的强项。大弟记得肖培根从小作文就写得好，小学三年级时的作文，老师批的段落都是双圈。③

图 2–3　肖培根父子合影（肖培根提供）

少年不知愁滋味。日寇侵略使肖家落入衣食无着的境地，拥有德国特许工程师证书的父亲却没有工作，无法养家糊口，头发全秃，脾气也变得异常暴躁，不知何时无名之火就会突然爆发。每当此刻，全家沉寂无声，肖培根往往躲出去。他常常想：那个会开汽车，对着电话筒说外国话，绅士般的爸爸怎么变了？多亏了不辞辛劳温良淑娴的母亲，苦苦支撑着七口之家，让五个孩子有

---

① 肖培根访谈，2016 年 4 月 6 日，北京。资料存于采集工程数据库。

② 同①。

③ 肖培源：追忆幼年补遗。2016 年，未刊稿。资料存于采集工程数据库。

衣穿有饭吃有学上。

大弟肖培源回忆道：“有两件事我记忆深刻。一是日本统治时期，母亲用保存下来的洋缝纫机，除了给五个孩子改制衣裤外，还自己设计制作童装挂在附近小服装店里售卖，补贴家用。二是当时家里经常断米缺粮。一次我看到母亲把一只高脚铜痰盂卖给旧货贩子，随即叫来街上的米贩子买了一斗米。”①

南光中学

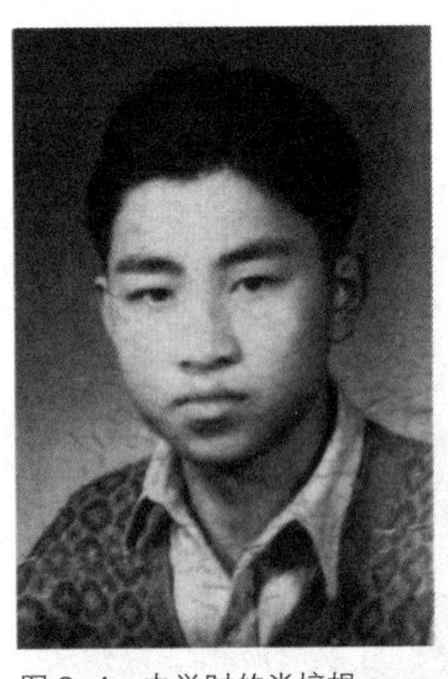

图 2-4　中学时的肖培根（肖培根提供）

1942 年 8 月，肖培根考入上海私立南光中学，选择这所中学的主要原因是这所私立学校的学费能够通融，可以少交或免交。耄耋之年的肖培根回忆道：

> 这所私立学校的校长叫胡烈，我到现在还记得他的名字。他是南方人，我记不得是广东人还是福建人了。当时学费是以粮食计算的，每年就是几担粮食。我念中学的时候，家庭经济困难。我家好像上一辈跟胡烈是认识的，具体我不清楚。母亲就是通过他的关系，我记得我的学费是免交的……学校不大，一个操场，一座三四层楼的教学楼，每个年级一个班。校园以前好像是一个大户人家的大宅院……我似乎还有这样的印象，就是它跟暨南大学有一定的关系，为暨南大学输送人才。②

---

① 肖培源：追忆幼年补遗。2016 年，未刊稿。资料存于采集工程数据库。

② 肖培根访谈，2016 年 4 月 6 日，北京。资料存于采集工程数据库。

满清帝制被推翻以后，面对满目疮痍、危机四伏的局面，国人教育救国的呼声日隆。由此，中国出现过几十年的“教育黄金期”。上海私立南光中学大概就是这个时期由个人出资、个人捐房产建立的，其办学规模不大，且不以盈利为目的。据史料记载“民国时期是上海私立学校特别繁盛的一个历史时期。由于不平等条约对外资在华办学的开放性规定，也由于民国政府对民间私人办学的政策引导和鼓励，尤其是上海民营经济或曰私人经济的相对发达，整个民国期间上海的私立学校为数奇多，几乎可以视为近代中国与上海的一大奇观。以1929年至1934年为例，上海的初、中、高各级私立学校，占同级学校年平均比例分别为72.20%、86.16%、70.61%。”①

图2–5　肖培根与父母、大妹在复兴公园合影（肖培根提供）

刚刚跨入初中门槛，肖培根就被选为初一年级级长。作为长子，肖培根似乎天生具有组织才能。大妹肖培华回忆道：“有时爸妈外出，他就组织我们弟妹们打扫房间，父母亲回来很高兴。”② 小学、中学，肖培根一直是颇有号召力的孩子头。高中时期，他更是以“巨声篮球队”队长的身份，在上海滩中学篮球圈里小有名气。

当年上海中学生经常组织篮球比赛，南光中学也报了名，学校专门到商店定制了球衣，还给球队起了一个响亮的名字巨声篮球队。在巨声篮球队中，肖培根个头不高，但身体灵活，头脑清晰，投篮命中率高，是得分主力。一般规模较大的中学篮球队有十名队员（四名替补），队员个个训

① 施扣柱：民国时期上海对私立学校的管理模式。《社会科学》，2007年第2期，第99–109页。

② 肖培华：肖培华的回忆文章。2016年，未刊稿。资料存于采集工程数据库。

图 2-6 肖培根（前排中）与巨声篮球队同学合影（肖培根提供）

练有素，而巨声篮球队只有六名队员，还缺少专业教练和专业训练，巨声篮球队曾经屡战屡败。[①] 肖培根毫不气馁，刻苦训练，最终一战成名。

肖培根说他念中学的时候，学习并不努力，整天想着打球。基本上把学习当副业，打篮球倒变成了主业。一放学就打球，打到天黑，然后去小卖部吃点东西再回家，每天大概都是这样。[②] 功夫不负有心人，经过日积月累的刻苦练习，在肖培根的带领下，私立南光中学巨声篮球队终于扬眉吐气。

对肖培根的业余爱好，肖培源回忆说："大哥他们打球训练、比赛常带着我。他是校篮球队队长，当年在市毓琇杯中学男篮联赛中成绩不菲。他还爱好音乐，尤其是外国古典音乐，记识很快。兴致高时，会舞动指挥棒，打起拍子哼唱。我见过他在看了《翠堤春晓》音乐片以后，在家里拿着指挥棒，模仿哼唱'维也纳森林的故事'的曲调。"[③]

中学时代的肖培根是全面发展的好学生。音乐、体育及组织能力很突出，虽然玩心比较大，学习还是不错的。语文成绩优异，英语演讲比赛荣获过第二名，生物考试几乎次次优秀。肖培根认为，确定大学的专业，继而成为一生的事业，是从私立南光中学的生物课开始的。他回忆说：

我对私立南光中学印象比较深刻的就是生物课的老师。他讲这门

---

① 张国佩，肖培根同学张国佩的回忆文章。资料存于采集工程数据库。

② 肖培根访谈，2016 年 4 月 6 日，北京。资料存于采集工程数据库。

③ 肖培源：追忆幼年补遗。2016 年，未刊稿。资料存于采集工程数据库。

课是比较生动的，我记得比较清楚的就是他讲的循环系统。比如人的血液循环，动脉、静脉，他还画了彩色的示意图，器官是怎么样的，所以我记笔记什么的都是很用心的。我考试的时候，生物成绩最好，数理化都不行，数理化可能也就六七十分，但是生物能够拿到最高分。那个时候我对生物产生兴趣，就是因为这位生物课老师。①

图 2–7　肖培根（前排中）与巨声篮球队同学毕业留念（肖培根提供）

可能是肖培根的影响力，巨声篮球队的同学纷纷报考厦大，有三人同时考上了厦大。另外三人虽被别的院校录取，但同学们的真挚友谊保持了一生。60 多年后，肖培根说起他的队友依然一往情深：

当初我们就六个人，毕业时大家照了一张相。我们球队比较团结，无话不说。后来考大学也在一块。我和张国佩考上厦门大学，他个子比较高，打球的时候要靠他，篮下他也都可以投进去。黄学馨后来被沪江大学工商管理系录取，经过努力

图 2–8　肖培根上大学前与父母合影（肖培根提供）

① 肖培根访谈，2016 年 4 月 6 日，北京。资料存于采集工程数据库。

> 他当了中学的生物老师。赵则修、胡哲民的足球也踢得很好，他们后来踢入国家队就没联系了。跟黄学馨恢复联系挺有机缘的。黄学馨因为女儿在澳大利亚，他就在那边定居了。有一次他回国参加学术会，问一位北京中医药大学的人，“有一个叫肖培根的你们认识吗？”正好牛建昭院长认识我，就把我的地址告诉了他。我们就这么联系上了。[①]

人生能有 60 余年始终不渝的朋友，有说不完的共同话题，真是一种幸福。

初识厦大

1948 年 6 月，肖培根高中毕业了，厦门大学、私立沪江大学、圣约翰大学三所大学向他敞开大门。他舍近求远选择了厦门大学，理由很简单，厦大不仅免收学费还免食宿费，而且三伯父肖贞昌在厦大经济系当教授。

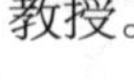

图 2–9　陈嘉庚

9 月初，一路舟车劳顿，肖培根终于到了厦门。按照路人指点，先找到闻名遐迩的南普陀寺，不远处就是厦大巍峨的校门了，报到后就先在三伯父家安顿下来。闲来无事他就爱往校园里跑，他太喜欢这所依山傍海的大学了。高大挺拔的棕榈树遮蔽起来的林荫大道，四通八达、曲径通幽。美丽的芙蓉湖，波光潋滟、芳草萋萋，令人流连忘返。特别是陈嘉庚、李光前翁婿毁家兴学的故事，让他懂得了高尚伟大的

① 肖培根访谈，2016 年 4 月 6 日，北京。资料存于采集工程数据库。

真谛。他还常常爬上五老峰，听着千年古刹南普陀寺的钟声，对着饱经沧桑的胡里山炮台，极目远眺碧波万顷的大海，心潮起伏、浮想联翩。第一次远离父母家人的肖培根，突然感到自己是大人了，应该有责任有担当了。

厦大的缔造者陈嘉庚为厦大注入了代代传承的优秀基因，厦大的学子们亲切地把他尊为“校主”。

1874 年 10 月 21 日，陈嘉庚出生于福建省同安县集美社。八闽之地素有爱国忧民的传统，从民族英雄郑成功到虎门销烟林则徐的故事，口口相传历久弥新。从小耳濡目染的陈嘉庚自幼就有精忠报国的志向，渴望有朝一日能够报效祖国。陈嘉庚的母亲乐善好施，除了自己的孩子，还收养了六个孩子，在村里口碑极高，也深深地影响着他。

陈嘉庚 17 岁那年远赴南洋，帮助父亲经营米店和一家小工厂。陈嘉庚酷爱读书，为了读书方便，他在寝室的对门辟出一个图书室，工作之余手不释卷。他通过读书学习先进管理知识，学会洞悉时代潮流，实现中西文化融会贯通，在经营企业时总能高瞻远瞩，抓住商机。从菠萝罐头到菠萝园，再从橡胶园到橡胶厂以及航运业，陈嘉庚在波谲云诡的商海中，几度沉浮几度崛起。终于，陈嘉庚成为南洋 1000 万华侨公认的商业领袖。

1913 年，陈嘉庚先在家乡创办了一所小学，之后又相继办起中学、师范、水产、航海、商业、农林等十所学校，还建起了幼儿园、医院、图书馆等，人们统称为“集美学村”。在办学实践中，他认识到高等教育的龙头作用，但是当时的福建全省竟没有一所大学。于是，他专程前往广东岭南大学，进行了一番细致的考察。

1919 年，五四运动，陈嘉庚从中看到了希望。他将南洋的生意交给胞弟陈敬贤管理，自己回国筹建厦门大学。1919 年 7 月 13 日，他在厦大发起人会议上慷慨陈词：“民心未死，国脉尚存，以四万万

图 2-10　肖培根在厦门海滨（肖培根提供）

图 2–11　1946 年，汪德耀校长和王亚南、卢嘉锡、陈世昌等系主任在鼓浪屿校区合影（厦门大学提供）

之民族，决无甘居人下之理。今日不达，尚有来日；及身不达，尚有子孙。如精卫填海、愚公移山，终有贯彻目的之一日。”此时，陈嘉庚经营的橡胶、船运、黄梨等实业，资产已达 400 万元。他竟倾其所有，捐资 400 万元洋银，创办厦门大学。于是，在家乡比邻的厦门岛上，开始了流芳百世的浩大工程。

自古好事多磨。1929 年至 1933 年的世界经济危机，无情地侵蚀着陈嘉庚的企业，如不收缩资金只有破产。是保自家企业，还是保厦大？陈嘉庚义无反顾：“企业可以收盘，学校绝不能停办！”“宁可变卖大厦，也要支持厦大！”后来，他真的把三幢豪华大厦变卖，以维持厦大的经费。“财自我辛苦得来，亦当由我慷慨捐去”。这样的故事很多很多，成为厦大莘莘学子追求卓越的原动力，同样也激励着肖培根。

名师高徒

鼓浪屿是一个与厦门隔海相望的小海岛，面积不到两平方千米，步行一个多小时即可环岛一周。这个美丽的小岛植被茂盛、鸟语花香，处处如公园，触目皆佳景。

图 2–12　利用原日本小学改作新生院办公和上课的场所（厦门大学提供）

1946 年至 1949 年，厦门大学把一年级新生安排到鼓浪屿，实在是无奈之举。1945 年抗战胜利，因日寇侵华转移至古城汀州的厦大师生，敲着脸盆，喊着口号，欢呼雀跃，终于有望返回魂牵梦萦的厦门了。

图 2–13　汪德耀校长（1903—2000）（厦门大学提供）

1945 年 12 月，汪德耀校长赶到厦门察看校园，查明原化学大楼、生物大楼、笃行楼、兼爱楼、女生宿舍、白城教工宿舍等 26 座楼房，还有发电厂、膳厅、医院等，全被夷为平地，就连梁木砖石也都被日军运去作防御工事，校园一片废墟。只有群贤楼群做些修理还可使用，但被用来关押日本俘虏。于是学校决定二至四年级学生仍在长汀待一年，一年级新生先在鼓浪屿上课。校方与英华中学协商，借用部分教室，又借到田尾小学部分校舍。汪校长带领复员处的工作人员四处奔走，征得原日本总领事馆、日本博爱医院、八卦楼和日本小学等处为厦大校产，让一年级新生在鼓浪屿能够正式上课。[①]

肖培根在厦大生物系读书时期，生物系有多位名师。时任厦大校长兼生物系主任汪德耀即是其中的一位。1931 年，汪德耀获法国巴黎大学博士学位，回国后，先在北平大学生物系任教授，兼任北平研究院生物研究所研究员，后在湖南师范学院任教授兼教务长。1941 年，创建福建省研究院，任院长兼动植物研究所研究员。1943 年以后，在厦大兼任过系主任、理工学院院长、代理校长、校长。汪德耀是我国著名的细胞生物学家、教育家，长期从事细胞生物学的教学和科学研究，为我国细胞生物学的开拓作出了贡献。他的“关于动植物细胞在某些分化过程中主要细胞器——高尔基体、线粒体、微管系统的变化规律及其功能以及核质相互关系的研究”等学术论文的发表，引起国内外同行专家的关注。

图 2-14　郑重教授（右二）指导中青年教师做实验（厦门大学提供）

郑重（1911—1993）教授是我国现代著名的海洋生物学家、教育家、中国海洋浮游生物学的开拓者。他长期致力于海洋浮游生物学的教学和研究工作，对海洋浮游甲壳类，特别是对桡足类、樱虾类和枝角类的研究，为中国近海渔业资源的开发利用，中国海洋浮游生物学的创建和发展作出了贡献。他还对海洋污

① 林梦海：厦门大学化学学科发展简史。资料存于厦门大学化学化工学院。

损生物的生态、海洋鱼类的食性和海洋浮游生物的生态系进行了研究，促进了中国海洋生态学的发展。厦大海洋浮游生物学专业，在国际上享有盛誉，与学科创始人郑重教授密不可分。他撰写并出版的关于浮游生物学系列教材和参考资料，对海洋浮游生物学科的发展贡献很大。《海洋浮游生物学》更是一部难得的好教材，被日本广岛大学和东京水产大学的相关专业，列为主要教学参考书。

金德祥（1910—1997）教授，毕业于厦大。1946 年返回厦大任教，先后任生物系、海洋生物学和植物学教研室主任、教授。他是我国文昌鱼研究的开拓者，还是我国海洋硅藻研究的奠基人，发现硅藻 34 个新种和新变种。

严楚江（1900—1978）教授是著名植物形态学家。他的“梧桐花朵解剖及其两性分异”“梧桐心皮的开裂”“荔枝花果的维管束解剖”等论文发表后，获得国际同行的重视和好评，因而于 1950 年成为国际植物形态学会会员，当时会员中只有两位中国人。

图 2–15　严楚江教授指导植物形态学实验（厦门大学提供）

何景（1912—1978）教授长期从事植物分类、植物生态学等方面的研究。专著主要有《河西及祁连山植物群落》等。20 世纪 50 年代就开展了较为系统的生态学教学和科研活动，何景教授主编的《植物生态学》成为当时高校的通用教材。

还有多位教授，在此不一一赘述。虽然当年条件极其简陋、艰苦，但是从学习方面讲，肖培根在大学读书的时期，又是非常幸运的历史阶段。因为学生少，加之人际关系淳朴，先生与学生关系极其密切，学生是教授家中的

图 2-16　何景教授指导学生田间实验（厦门大学提供）

常客。教授们不仅是授业解惑的老师，也是生活思想上的导师，对此肖培根感慨良多：

在厦门大学念书的时候，有一批老师对我的影响很大，特别是我们理学院。当初担任理学院院长的卢嘉锡教授，他后来是中国科学院的院长。卢嘉锡教授很早就在英国取得了博士学位，而且在物理学、数学等方面比较有成就，特别是超导等的一系列研究。当年，他很年轻，三四十岁，他放弃国外的优厚条件回国工作。英国当初要把他留下来，给他薪金很高。这样的在国外知名的专家要为国家的发展作贡献，对我们年轻人的影响很大，所以都觉得他是真正的爱国者。真正的爱国就是要把自己的一切都贡献给国家，给我们树立了很好的榜样。其他的老师，像汪德耀等，这些教授，对我的影响也很大。他们都是刻苦努力地学习，在各自所从事专业上，都作出了突出的贡献。我觉得老师的身教，对于学生有很大的影响。我要特别提到的就是我担任学生助教时，教

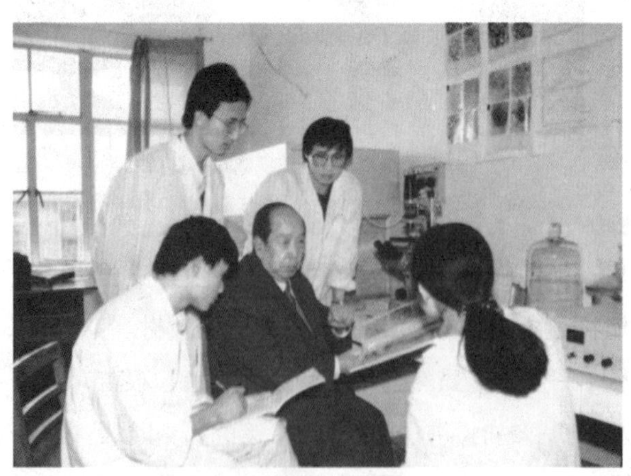
图 2-17　汪德耀教授指导研究生（厦门大学提供）

生理生态专业的老师何景教授，我经常和何教授一起讨论专业上的问题，这种关系我们保持了很多年。①

图 2-18　金德祥教授（中）与青年教师研究教案（厦门大学提供）

谈起求学往事，肖培根院士的师妹张娆挺仿佛说着昨天的故事，详细感人，令人心向往之：

汪德耀先生当过校长，他给我们上生物学概论，我觉得讲得非常好，我们刚进大学就知道了生物学学什么内容，生物学整个发展的历史，将来有望解决的问题。校长非常平易近人，我们业余时间有时候到他家里看他，他还给我们唱歌，所以我们师生关系都很融洽。何景先生有点口音，他好像是西北人，他的课很重视理论联系实际。我们当时学苏联的考试方法，一个老师出很多题，通过抽签抽取自己的考题，准备五分钟，先写个提纲，然后回答问题，老师可以提很多课外的知识。我的三门课是何景先生教的。当时是五分制，五分优秀，四分良，三分及格，何景先生给了个课外的题目：学校里现在长红花的植物叫什么名字？因为平时没有观察，只懂得死记硬背，我答不出来，结果给我一个三分及格。这对我的教训非常深刻，使我懂得我们搞生物的一定要理论联系实际，所以再考的时候我就考得很好，考了个五分。我有一张与何景先生的合影。严楚江先生上课也是很有名的。他上课讲故事，为什么要学这个学科，这个学科要让我们解决的是什么问题，以讲故事的形式给我们讲，讲完以后还结合爱国主义思

① 肖培根访谈，2015 年 12 月 17 日，北京。资料存于采集工程数据库。

想，教育我们一定要自强，要爱国。到最后真正上课是二十分钟，真正讲到内容的二十分钟，其他自己去学。严楚江先生考实验，不是说实验题给你考，考实验的时候他把切片放到显微镜下。他是搞形态理论的，在显微镜底下你到底观察到了什么东西，这个是很难的。我看出来了他很高兴。他又出了一个课外题：最近街上人家挑着卖的绿色的丝状的东西是什么？我又答对了。他说太好了，给我五分。就是这样，我们学生物的一定要理论联系实际，这是他传授给我的教学方法。①

曾定回忆说："那时候师生关系很好。同学上完课有空就到老师家里去跟老师聊天，我一个礼拜至少有一次到何景教授家里去，跟他聊天。他会讲一些事情，有的是生活上面的事情，有的是业务上面的事情，像家里人一样。那时大学的老师，跟学生的关系很密切，各个方面都要教学生。所以当时的老师和学生的关系，真的是培养指导。""我到校长王亚南家给他拜年，他很高兴，请我吃了很多糖果。我们一年级的学生，敢到校长家拜年，可想他是多么平易近人。我们就是这样受到精神影响的。"②

图 2-19 肖培根曾经勤工俭学的鼓浪屿厦门校友中学（现厦门二中）（厦门二中提供）

作为家中的长子，肖培根非常体谅父母，有需求也尽量不向家里张口。他听说岛上的厦门校友中学（现厦门二中）需要生物课老师，毛遂自荐去应聘，不承想一试讲学校就相中了他，一干好几年，而且在大四时还当上

① 张娆挺访谈，2016 年 10 月 26 日，厦门。资料存于采集工程数据库。

② 曾定访谈，2016 年 10 月 26 日，厦门。资料存于采集工程数据库。

了厦大生物系的学生助教。当然，他收获的绝不仅仅是金钱。肖培根回忆说：

> 我觉得在学校里面兼职做一些工作，对专业也有很好的影响。比如我在中学教生物学，跟大学的生物学都有互相的联系。能够很好地去教别人，首先必须自己要有很好的理解能力，很好地掌握这方面的专业知识，在教学过程中，我也体会到了教学相长的道理。①

肖培根在鼓浪屿的日子是愉快的，他喜欢这里优美的景致，喜欢这里博学多才的老师。因此，他学习格外刻苦，每天早早起床自习，晚上又常常读到半夜。功夫不负有心人，肖培根几乎各科成绩优秀，名字排在成绩榜的前边，他终于品到了名列前茅的滋味。

转眼间，大学一年级过去，暑假到了。肖培根归心似箭。他想父母、想弟弟妹妹，想大上海、想亲如兄弟的同学们。可是因为战争，不能从厦门直接回上海了。

念了一年大学以后，虽然很多地方都已经解放了，但是厦门还没解放。听说可以通过香港搭乘英国轮船到上海，肖培根便和一批上海同学一起来到了香港。不料那个时候香港到上海的路已经不通了，所以他们只好又回到了厦门。很快厦门也解放了。

迎接解放

从香港回来不久，厦门就解放了。此前肖培根从来没有见过共产党领导的解放军，听到的全是国民党的说法，所以对解放军除了好奇就是忐忑。

回忆当时的心境，肖培根百感交集：

---

① 肖培根访谈，2015 年 12 月 17 日，北京。资料存于采集工程数据库。

厦门解放时我在鼓浪屿，同学们都躲在地下室里，看见解放军到鼓浪屿来了，外面都是枪声。第二天早上醒来，鼓浪屿解放了，厦门也解放了。我对解放军的第一印象是他们纪律严明，不抢东西，都睡在街头，不睡在老百姓的家里，所以我从认识上开始转变。也可以说，我认识上的转变，带动我以后整个学习的改变。厦门大学解放后，地下党员公开了身份。这些共产党员的实际表现，使我慢慢地认识到共产党和国民党本质上不一样。在以后的大学几年中，我对社会主义的认识更加深入了，特别是通过学习社会发展史、矛盾论、认识论、自然辩证法等，慢慢认识了社会发展的规律。从大的方面来看，我认识到社会主义、共产主义是一个必然的阶段，慢慢形成了自己的世界观和人生观。随之而来，我在大学里面也参加了一些社会活动。现在看参加社会活动也是很重要的。最主要的有两个，一个就是担任《厦门日报》的通讯员，另一个是厦门大学学生会的宣传干事，我对于整个形势的发展是比较关注的。这样，沿着一条正确的道路发展也促进了学习。记得我在厦门大学一年级时，成绩是很一般的，但是慢慢地对自己要求严格了，要好好学习，努力工作，争取成为共青团员，以后还要加入共产党。自己的学习有了更大的动力。早上五点钟，我就要念书了，争取能够名列前茅，各种功课在公布的时候，名字都要在前面。在专业上奠定了很好的基础。①

中华人民共和国的诞生，是一个改天换地的时代变革。在那个激情燃烧的岁月里，年轻的大学生们更是精神焕发，集体主义精神大发扬，呈现前所未有的精神亢奋。

我们当时课余活动丰富。下午四节课，第四节课一定是社团活动、体育活动。我刚进厦大的时候，厦大给我印象很好，到处是歌声，社团种类繁多。我选择了舞蹈社团，一学期选择一种，舞蹈社团跳海军舞红军舞等，还有话剧社团。每个周末晚上有舞会，让我们各

① 肖培根访谈，2015年12月17日，北京。资料存于采集工程数据库。

图 2-20　厦门大学同学郊游会餐，肖培根双手端着大饭盆正在与同学打招呼（厦门大学提供）

图 2-21　厦门大学学生的课余照（厦门大学提供）

方面全面发展。当时吃饭不像是吃食堂，第四节下课的时候食堂开门，集体吃饭，一桌一桌的吃。

我们学校很好，很多工作让学生自己锻炼。比如我们的电台学生自己办，只有一个设备管理人员。电台台长、播音员、文艺队全部是学生自己。我一进厦大就被选为播音员，我普通话说不准，但是比起闽西闽南的，他们的口音更重，我当播音员四年直到毕业。社团还有校刊，我也是校刊的通讯员。我们团委干事由学生兼任，给学生一个很好的锻炼机会。那时，整个学校气氛非常活跃，学习的时候大家专心学习，礼拜天上午念书，下午整理内务，洗衣服什么的。虽然生活艰苦，但是我们精神充实。当时的口号就是要求我们德智体美全面发展，成为建设社会主义有用的人才。毕业时，我们填志愿都是国家哪里需要就到哪里去。①

在收集肖培根院士资料的时候，笔者从他尘封多年的影集中发现两组珍贵的照片。一组是厦大同学们郊游聚餐的场景：露天的石头圆桌上摆有七碗菜，主食是米饭。饭碗大小不一，还有一个用搪瓷水杯充当饭碗。可能是因为凳子不够，大家都站着吃饭。米饭是管够的，肖培根正端着一笸箩米饭笑眯眯走来，可以看出当年厦大学生的伙食还是不错的；另一组是厦大学生的课余生活场景：同学们在露天场地席地而坐，先是讨论问题，挺严肃的，随后有一些同学跳起交谊舞，另一些同学玩起了扑克牌，只是同学中没有发现肖培根。尽管照片清晰度欠佳，但是再现了近 70 年以前的中国大学生的生活状况与精神风貌。

世事变迁对一个人的三观必然产生影响，特别是对三观未定的年轻人来说更是如此。肖培根在他的学术回忆录《绿药觅踪》中，谈及理想信念与学习成长的关系，让我们感到信念对青年成长的巨大作用，也让我们进一步走进那个时代：

我认为，对一个人的成长来说，信念往往起到十分重要的作用。

① 张娆挺访谈，2016 年 10 月 26 日，厦门。资料存于采集工程数据库。

应该说，在上大学之时，我根本没有什么明确的前进方向。考入了厦大，在那里迎接了中华人民共和国的成立。我参加了一些有意义的社会工作，主要负责学生会的宣传工作，出版黑板报，担任厦门日报的通讯员，后来被选为生物系的系代表。我逐渐开始关注系里和学校里所发生的一些事情，经常写成报道投稿到厦门日报或校刊，并积极争取加入共青团，要求自己的所作所为要符合党的要求、团员的标准。在学习方面，我也要求自己要名列前茅，开始刻苦学习，经常在早上五六点钟借灯光早读。到了大学三年级，我的各门成绩均优秀，四年级便当上了学生助教，协助管理二年级的一些实验。经过了大学三年半的努力，我修读的学分已经超过了可以毕业的标准，便提前大学毕业了。应该说，我从儿时的顽童，中学还贪恋玩耍，到了大学几乎变了一个人。我认为，促使我人生轨迹转变的动力是要求进步，要求上进，要求自己不辜负党的培养。①

白土岁月

1950 年秋，因抗美援朝战争，海峡两岸形势骤然紧张，国民党的飞机经常到厦门等沿海地区轰炸。1951 年 3 月，根据教育部的指示，厦大的理工两学院奉命内迁龙岩。理学院迁到龙岩的白土镇（现为龙岩市新罗区东肖镇），工学院迁到龙岩城郊的溪南。从厦门到白土镇有 300 多里路，没有正经的公路，加之山路崎岖，非常难走，同学们徒步行军六天才抵达目的地。

2016 年 10 月，笔者一行到厦大时，肖培根的师弟曾定（曾任厦大生物系主任）、师妹张娆挺（厦大生物系教授），都向我们介绍了这段往事。曾定先生还将他整理的《白土岁月》② 送给了我们。他当年的日志如下。

---

① 肖培根:《绿药觅踪》。北京：中国医药科技出版社，2011 年，第 137 页。

② 曾定:《白土岁月》。内部资料，资料存于采集工程数据库。

3月15日，晨离厦，搭“五洲船”赴漳，12时许船搁浅，上岸步行30里，4时抵漳，宿于漳州浔源中学。16日早自漳赴“靖城”，40里，先在“天宝”吃地瓜，午后1时到，天气阴。17日赴“龙山墟”，中午歇“马山”，傍晚到，共52里，宿于一教堂。18日从“龙山”去“和溪”，共58里，上午走32里到“水潮”，4时半到“和溪”。天热，此地墟期为逢一逢六，物价便宜。19日自“和溪”到“适中”，共56里，上午天阴沉，云雾迷漾，午歇于“修竹”，饭后大雷雨，雨后攀“板寮岭”，为此行途中最高之山，有解放军与民兵护送，4时半到“适中”，宿于一大夫第。此地有邮局。20日自“适中”径赴“白土”，阴偶有雨，70余里路，反较昨日轻松，下午3时即到，因须整队，等至4时始进村。一进村，溪兜小学生即来欢迎并争背行李，我们也在村里贴标语，晚宿于溪兜中学礼堂。此次生物系与电机系同为第一批，15日动身，20日到达，共历6天，沿途有先遣同学招待食宿。我与王锡书、潘星光、张礼善同小组，前两天做殿军，后四天做先锋。

选择闽西山区白土镇是经过反复研究决定的。一为白土镇是邓子恢[①]

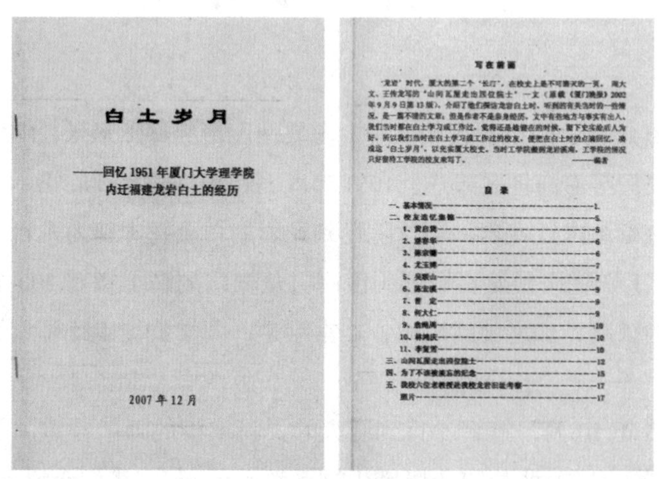
白土岁月

——回忆1951年厦门大学理学院内迁福建龙岩白土的经历

2007年12月

图2–22 曾定编辑的《白土岁月》（曾定提供）

① 邓子恢（1896—1972），又名绍箕，福建龙岩新罗区人，闽西革命根据地和苏区的主要创建者和卓越的领导人之一。新中国成立后曾任中共中央农村工作部部长、国务院副总理、全国政协副主席等职。

等革命家创建的根据地，老区人民政治觉悟高；二是有校友林硕田的鼎力支持。这位 1939 年厦大化学系的毕业生，时任当地溪兜中学教导主任，且家族力量雄厚。因此，当厦大理学院酝酿内迁时，时任理学院院长的卢嘉锡和理学院内迁总指挥张松踪，自然而然地想到了林硕田。尤其是张松踪，他与林硕田都是菲律宾归侨，也先后就读于集美中学、厦门大学，既是多年同学又是无话不谈的挚友。林硕田不负众望，在厦大师生到来之前，已经把一切安排得井井有条了。那时正值刚刚解放，百废待兴，在偏远的山村中，除了要解决理学院四个系 200 多名师生生活、教学用房，还有数不清的事务性工作都需要他解决落实，不难想象这位校友面临的困难难度有多大，他为此付出了多少汗水、多少辛劳。因此，在厦大理学院回迁厦门时，卢嘉锡院长便力邀他来厦大化学系任教。

白土时期厦大生物系的教师阵容很强，有教师汪德耀、金德祥、赵修谦、张松踪、黄厚哲、林汝昌、周楠生、陈瑞羡、翁绳周、郑文莲，职工郑德霖，陈博英、罗贡。

数理系、生物系男生的宿舍，安排在一个名为乐怡堂的大宅院里，四五十位同学在一个屋檐下，睡大通铺，生物系的肖培根与数理系的陈景润就在其中。

学生食堂在化学系男生宿舍附近。当时由化学系学生杨湘庆牵头办伙食，他组织领导能力很强，伙食办得不错，每顿饭两三个菜。因为没有餐厅，打好饭后，同学们端着碗各自找地方用餐。

实验室也是土法上马。化学实验室设在红场靠山一侧附近的一个小祠堂里。实验桌是用厚木板钉成的，蒸馏水由老工友方明治想办法，用竹管从山上引

图 2–23　当年厦大生物学系和数理学系男生宿舍——乐怡堂

（厦门大学提供）

水，再用木桶、大锅等土办法加工制备。尽管设备简陋，但教师对学生要求严格，学生做试验认真，保证了教学质量。

白天上课、晚上自习从未间断，因为没有电，依靠汽灯照明，同学们每天夹着书本、拎着板凳，早早聚集在乐怡堂大厅晚自习。这里地方小，不少同学要到溪兜中学去。

艰苦的条件挡不住年轻人的热情，各种文体活动还是很丰富的。白土镇有个叫红场的小广场，曾经是红军时期的练兵场和集会之所，如今成为理学院师生开展文体活动的地方。那一年，由谢觉哉任团长、魏金水任副团长的中央慰问团来到白土镇，慰问老区人民和厦大师生，谢老站在红场舞台上发表了热情洋溢、鼓舞人心的讲演，讲话后是国内知名艺术家们的精彩演出。平常日子，红场上厦大的排球、篮球、跳绳、拔河，还有文娱演出等也是络绎不绝。全部由理学院同学自编自导自演的话剧“俄罗斯问题”，同学们至今记忆犹新。排球、篮球比赛异彩纷呈，肖培根精湛的技艺，每每成为同学们茶余饭后的佳话。

白土镇地处偏僻的山区，老虎等野兽时常出没。生物系钟琬玲等几个同学，曾两次晚自习后从溪兜中学回宿舍的路上，见到远处有眼睛发亮的动物。她们吓得大声唱歌，打着手电筒加快脚步。

图 2–24　肖培根（前排中）与同学们徒步前往龙岩白土镇的行军途中（厦门大学提供）

在如此艰苦的条件下，肖培根刻苦读书的劲头非但未减，反而愈加奋进。他想用优异的成绩回报国家，也想早日毕业尽长子对家庭的义务。那时厦大实行学分制，修完学分可以提前毕业。生活的艰苦，身体严重的透支，导致他大病一场，不得不在 1951 年 9 月休学。

图 2-25　肖培根（后排左一）在白土镇东肖中学兼任生物课教师时的合影（肖培根提供）

> 我常常在早上天还没有亮就开始念书了，老师前边讲的一些知识，我自己都系统复习一遍，我的一些科目的分数还是比较好的，但是因为经常这样开早车，导致了消化系统的疾病。后来检查发现，胃部出现溃疡，进一步检查有潜血，确诊是胃出血，立即住了几天医院。后来医生建议我休学一段时间，把身体养好。于是，我就休了几个月学①。

艰难困苦玉汝于成。1937年年底，因日寇侵华，厦大内迁至闽西，厦大卓尔不群的精神在此阶段大放异彩。1940、1941年，在民国政府教育部举办的第一、第二届全国专科以上学校学业竞试中，厦大以最少经费取得最好成绩，蝉联两届全国团体第一名。1951年的白土时期，更是成就了六位院士：卢嘉锡、陈景润、田昭武、张乾二四位中国科学院院士和肖培根、林鹏二位中国工程院院士。当时卢嘉锡是教授，田昭武是助教，张乾二是47级本科生51级研究生，肖培根是48级本科生，陈景润是50级本

① 肖培根访谈，2015年12月17日，北京。资料存于采集工程数据库。

科生，林鹏[①]是51级本科生。

艰苦卓绝的白土岁月，肖培根认为其受益终生：

台湾的飞机经常到厦门来轰炸，我们念书、有时候自学，都在防空洞里面躲避飞机。为了使大家有一个安定的学习环境，整个理工学院由厦门迁到福建的龙岩。迁校的时候，大家都是靠两条腿，一天走几十里。在这种艰苦的环境中，也是锻炼人的。后来我到非洲，在很艰苦、很热的环境中考察，还有在西藏很缺氧的环境进行药用植物调查，都能够很好地克服困难，我想跟我在大学阶段的这种锻炼也有关系。[②]

学生助教

1952年7月，肖培根病愈返校，住进了刚刚落成的美观舒适的芙蓉三号男生宿舍楼。这是陈嘉庚先生翁婿，倾其所有重建厦大的一部分。这批建筑至今仍为厦大校园最引人流连驻足、留影留念的地方，成为厦大的名片，与校主永存。《厦大校友通讯》2013年第3期上有如下记载：

新中国成立后，厦大的经费由国家负担，但陈嘉庚自认创办厦大“为善不终，贻累政府，抱歉无似”，因此他婉拒毛泽东、周恩来等中央领导挽留他定居北京的盛情，决定回到家乡福建，贡献余热，完成厦大和集美学村的扩建和重建，实现他长久以来未竟的夙愿。1950年11月5日，李光前致函陈嘉庚，表示他愿意继续资助修复被国民党飞机炸毁的厦门大学校舍，同时加以扩建，欣然捐献600万元港币，交

---

① 林鹏（1931—2007），福建省晋江市人，著名植物生态学家。长期从事河口海岸红树林和陆地植被生态学研究，率先对中国六省区（包括台湾）红树林进行了系统调查和研究，是中国红树林生物量、生产力、物流能流等生态系统研究的开拓者。

② 肖培根访谈，2015年12月17日，北京。资料存于采集工程数据库。

由陈嘉庚统一筹划。为了合理使用这笔巨款，陈嘉庚特地成立了厦大建筑部，委任专人负责，招收闽南各地石匠、木匠、泥水匠一千余人，设立510个基建工场进行工作。同时，在龙海县石码镇设立砖瓦厂自己烧制砖瓦；石料多就地开凿石山取用，以节省运费；木材则从山区采购。对于当时需要从香港进口的钢筋、水泥、小五金等材料，陈嘉庚精打细算，实在无物可代时，才同意进口一些。陈嘉庚再三告诫干部、职工：华侨无偿捐赠之钱来之不易，要节约使用他们的捐款，处处为多盖房子、盖好房子着想，发挥投资的最大效益。陈嘉庚从设计、绘图、备料至施工，事必躬亲，一丝不苟。他每星期都要来厦大的工地两次，风雨无阻。

1950年至1955年，由李光前捐款、陈嘉庚主持扩建的厦大新校舍，共计25幢，建筑面积59057平方米，使用面积38365平方米，建筑造价272万余元。总建筑面积相当于新中国成立前全校建筑面积扩大了一倍。

中华人民共和国成立后陈嘉庚主持的厦大建筑风格，更加新颖别致，有的是骑楼配以绿栏杆，有的采用绿色琉璃瓦，突出我国传统的民族风格。一座座白石朱顶、红砖绿瓦的高楼大厦拔地而起，巍然屹立于秀丽的鹭江之滨成为新厦大的独特标志。陈嘉庚、李光前热心教育、报效祖国的精神跃然于建筑物之上，使人见了油然生出敬仰和自豪之情。

建南楼群：位于厦大海滨，一排五座，坐北朝南；雄伟堂皇、拥有4200个座位的建南大会堂居中，两边分别为南安楼、成智楼和南光楼、成义楼。整个楼群东西相距三百余米，呈半月形俯瞰上弘体育场，气势非凡。上弘体育场面积19400平方米、看台总长9170米，可容两万观众观看比赛，与建南楼群相依相偎，浑然一体，蔚为壮观。建南楼群成为厦大独具风格的标志性建筑群。此外还建有教工宿舍国光楼三栋，男生宿舍芙蓉楼四栋，女生宿舍丰庭楼三栋，厦大医院门诊部与住院部大楼成伟楼群两座。

肖培根所住的芙蓉楼，建筑面积15387平方米，普遍为三层楼，局部四至五层，造型美观、结构稳定合理，西式屋体通风采光好，中式屋面稳

图 2–26　扩建竣工后的建南楼群（厦门大学提供）

图 2–27　肖培根（前排中）与植物采集队的老师同学在采集途中（厦门大学提供）

重美观、隔热、保温性能好。正立面外装饰的基本格调寓意深刻，红砖绿瓦示意春天红日，吉利永恒。

能够在新中国百废待兴的时期，住上堪比宾馆的宿舍，肖培根心存感激，每当看到陈嘉庚先生一袭旧衣，奔波于尘土飞扬的工地时，崇敬之心油然而生，觉得只有发愤学习，才能对得起校主。

成绩优异的肖培根深得生理生态教授何景的器重，委派他担任学生助教，除了一些事务性的工作以外，经常与肖培根讨论一些更深入更专业的问题，像带研究生一样培养他。这对肖培根的学术成长与日后专业的发展大有裨益，他们也成为终生的师友。每忆及此，肖培根念念不忘：

> 我要特别提到我担任学生助教时，管生理生态这个专业的老师何景教授。何景教授经常和我一起讨论一些专业上的问题，这种关系我们保持了很长的时间。比如，我参加工作以后搞药用植物了，对人参和几大药用植物都有一些研究。何景教授在编《中国植物志》的时候，

负责五加科植物，也包括人参这一类的分类。这个在分类学上是很难的问题，也是比较复杂的一个事情。有时候他也和我一起讨论人参的分类应该怎样，这是不是一个独立的种，或者这是一个亚种，或者是一个什么植物。可以说，他对我在专业上的成长产生了很大的影响。①

1952年年底，肖培根光荣地加入了共青团。他的师妹张娆挺，对64年前发展他入团的往事记忆犹新：

我刚进校时他已经要毕业了，在春季三年半提前毕业。听说他业务很好，而且是何景教授的得意门生，当过何景的助教。第一次认识肖培根是我们共青团组织生活会，审批肖培根入团。当时学生团员很少，全系也就一二十人，我们围坐一圈。大家对他的印象是学习很好，业务很好，人也很聪明。意见都是鸡毛蒜皮的，比如生活散漫一

图2-28　1951年，厦大生物系全体师生欢迎沈何二位老师合影（肖培根二排左二，厦门大学提供）

① 肖培根访谈，2015年12月17日，北京。资料存于采集工程数据库。

点，衣服脏了团在一起往床铺底下一塞，让人帮助洗，所以大家一致通过了他的入团申请[①]。

1953 年元旦过后，知道肖培根即将大学毕业，父亲特地从工作地咸阳，给他寄来一张身着皮衣的近照，以免他的挂念，并在照片的背面写下语重心长的寄语。

这张照片肖培根随身携带多年。一个人远离家乡，每每思念家人或遇到不顺心的事情的时候，他就拿出来看看，父亲的教导犹在耳畔，鼓励他攻坚克难，不断进步攀升。

1953 年 4 月，肖培根以优异成绩提前毕业。随着中央卫生部的调令，离开厦大，奔赴首都北京。

图 2-29　肖培根大学毕业前夕，父亲寄来自己的近照并在照片后写下殷殷寄语（肖培根提供）

① 张娆挺访谈，2016 年 10 月 26 日，厦门。资料存于采集工程数据库。

第三章
入职中央卫生研究院

“落户”先农坛

1953年4月，肖培根去北京报道。从厦门坐火车换汽车，再坐火车换汽车，断断续续走了近半个月。按学生身份一路坐硬座，白天颠簸一天，晚上实在累得不行，他就铺张报纸睡在硬座下。经过舟车劳顿，到北京时竟然瘦了一圈。肖培根背着行李在位于前门的北京火车站下车后，被安排在西单附近的招待所里住了些日子，后来就到了中央卫生研究院。

中央卫生研究院新组建仅数年，其前身主要有两部分：民国时期的南京中央卫生实验院及其北平分院。

图3-1　中央卫生研究院旧址（中国医学科学院提供）

图 3-2 沈其震院长（中国医学科学院提供）

1949 年中华人民共和国成立，1950 年，中央卫生实验院自南京迁至北京，与北平分院合并，组建中央卫生研究院。院址在北平分院的旧址，今天的南纬路二号先农坛内。设立营养学系、微生物学系、药物学系、寄生虫学系和卫生工程学系五个系，还有资料和病理两个研究室，及中国医药研究所。

那时对旧机构实行接收改造利用的政策。对于北平分院这样重要机构的接收，不是简单的改造利用，而是纳入了国家发展的蓝图之中。1952 年 11 月，国家特地把老协和才子、新四军卫生部部长沈其震①调入北京，任命他为中央卫生研究院院长。沈院长不负众望，以其独有的人脉关系、非凡的领导艺术，在被称为工字厅的破旧实验室的基础上，完成了中华人民共和国卫生系统第一支国家队的创建。中央卫生研究院乘时代之东风，借沈院长之魅力，一批批青年才俊，从海外到国内，百川归海一般齐聚先农坛，大踏步向科学进军。恰当其时，江南才子肖培根也来了。

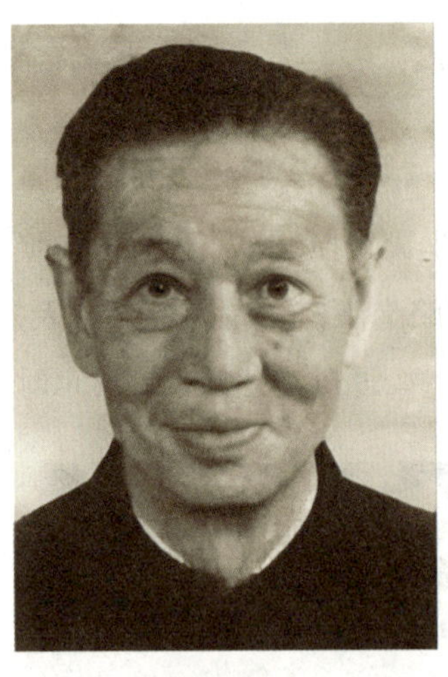
图 3-3 姜达衢教授

走进中央卫生研究院大门，接待肖培根

① 沈其震（1906—1993），湖南长沙人。医学生理学家，中国科学院院士。先后就读于同济大学医学院、中山大学医学院。1927 年留学日本，获东京帝国大学医学院医学博士学位。1931 年回国，在天津开诊所，创办《医学知识杂志》。1937 年参加新四军，负责筹建新四军军医处。1941 年加入中国共产党并赴延安。历任新四军军医处处长、卫生部部长。中华人民共和国成立后，任大连医学院院长、中央卫生研究院院长、中国医学科学院院长、农工民主党中央副主席等职。著有《发热论》《我国历代本草概论》等。

的是姜达衢教授[1]。姜教授是药物学系著名的植物化学专家，曾留学德国。那天，姜教授热情地带着肖培根到先农坛后面的一个小型苗圃参观，他指着一片盛开紫红色花的植物问肖培根："这是什么植物？我听说你是搞植物的。"肖培根虽然是学生物的，但对药用植物一窍不通。肖培根老实回答："我不认识。"姜教授笑笑说："这就是大名鼎鼎、可以治疗心脏病的紫花洋地黄，强心苷就是从中提取出来的。"强心苷是可以治疗心脏病、具有强心作用的药物，一种很常用的药物。如今踪迹难觅的苗圃，成为当时肖培根职业生涯的起点：

> 我第一次接触中草药就出了一个洋相，但是姜教授却对我非常热情，带我各处参观。他对我说：如果你愿意，我们这里欢迎你来。他的这句话，他的热情，吸引我走上了研究中草药的道路。我对负责分配的人说："把我分配到中央卫生研究院吧"。我就是这样走上了搞中药研究的道路。第一次接触中药的难堪和失败，成了我要更好熟悉中药的动力。[2]

图 3-4　肖培根在植物园
（肖培根提供）

姜达衢教授没有看错人，肖培根很快就做出了实实在在的成绩：

> 我在大学里学的生理生态知识，对以后工作起了很大作用。比如我知道卫生部调我来就是要找搞麦角生理研究的人。对于麦角我原来只知道是

① 姜达衢（1905—1987），江西鄱阳人。天然药物化学家。中华人民共和国成立后，历任中央卫生研究院植物化学室负责人、研究员。1961 年，调广西药物研究所工作。研究过近 50 种中药，研制出降压灵、苦楝素等药物。

② 肖培根：《绿药觅踪》。北京：中国医药科技出版社，2011 年，第 14 页。

寄生在燕麦上的，后来到张北沽源那一带去调查，发现其他的禾本科植物上也长麦角，而且含量还比较高。我们找出一种当时在世界范围内含麦角碱算比较高的植物，叫拂子茅，带回来以后作为菌种。后来杨云鹏[①]、岳德超[②]拿这个生产出中国的麦角新碱，为全国所用。这个调查的本领是在大学里面学到的。[③]

最初，中央卫生研究院搞中草药研究的人，只有杨爱宾先生和杨文静女士。肖培根去了以后，大家说这里很需要搞药用植物的人，而且麦角的研究还没有人搞，肖培根就这样走上了研究中草药的道路。具体的科研工作就是从野生麦角的调查、麦角的人工接种和寻找新的、高含量的麦角品种等方面开始的。虽然那时他连最常见的洋地黄都不认识，可他有信心在干中学，在实践中掌握中草药应用的本领。

时光如白驹过隙，弹指间 70 年了。如今，肖培根院士依然住在他当年参加工作的先农坛大院里，他梦升起的地方。

身伴名师

依靠政府的高度重视与沈院长的“聚才”能力，中央卫生研究院聚集了一批著名的天然药物（药用植物）学家。如赵橘黄教授[④]、姜达衢教授、

① 杨云鹏（生卒年不详），中国医学科学院药物研究所研究员，药物真菌专家。

② 岳德超（1928—2017），中国医学科学院药物研究所研究员，药物真菌专家。

③ 肖培根访谈，2015 年 12 月 17 日，北京。资料存于采集工程数据库。

④ 赵橘黄（1883—1960），号药农，江苏武进人。生药学家。1910 年，毕业于日本东京药学专门学校，1911 年回国。曾任浙江医药专门学校、中法大学教授，上海中央研究院化学研究所、北平研究院生理学研究所研究员，北平大学医学院中药研究所研究员兼教授。中华人民共和国成立后，历任北京医学院教授、中央卫生研究院中国医药研究所顾问、卫生部中医研究院中药研究所生药研究室研究员、卫生部药典委员会委员。对生药学有较深研究。著有《祁州药志》《中国新本草图志》等。

傅丰永教授[①]、叶三多教授[②]，还有后来到中医研究所的周梦白教授等。那时像肖培根这样的毕业大学生很少，一个屋檐下，天天聆听，日日目染，成为肖培根博采众家、迅速成长的天赐良缘。

赵橘黄教授身着长袍，每天坐人力车上班算是当年的一道风景。他是中国现代老资格的药学家。“1907 年，他与王焕文、曾贞、伍晟、蔡钟杰等，在东京发起留日药学学生组织的中华药学会。1908 年秋，举行成立大会，选举王焕文为会长、伍晟为总干事、赵橘黄为书记（秘书）”[③]。对于赵先生，半个多世纪之后肖培根依然记忆清晰：

> 在这个大院里，我有机会接触了我们国家第一代生药学家、老前辈赵橘黄教授。他当时是到中央卫生研究院中医研究所来指导工作的。这些老一辈的生药学家对我一个年仅 21 岁、刚刚走出校门的、对中药一窍不通的年轻人也非常热情。他们有很多植物方面的问题还和我讨论，另外也问一些学名是怎么回事等。赵橘黄教授还送了我一本他的专著《祁州药志》。所以，我和他有过一段很有意义的业务上的联系。他那种孜孜不倦、献身生药学、努力发展生药学、深入实际等方面的优良品质，对我以后的工作有很大影响。[④]

应当说，赵橘黄教授是肖培根从事中药资源研究事业的引路人。

姜达衢教授早年毕业于浙江省立医药专科学校的药科，毕业时被校方

---

① 傅丰永（1914—1979），安徽省怀宁县人。1935 年，毕业于安徽大学化学系。1938 年，在卫生署麻醉药品经理处任技佐。1940—1950 年，在中央卫生实验院化学药物组任技师，1949—1950 年 8 月，兼任前南京国立药专植物化学副教授。中华人民共和国成立后在中央卫生研究院（中国医学科学院前身）药物研究所工作。先后任副研究员、研究员，药用植物系负责人、植物化学室主任等。

② 叶三多（1899—1980），浙江省苍南县人。1918 年，毕业于浙江省立医药专门学校药科，1926 年，毕业于法国巴黎大学药学院。历任浙江医学院教授、中国医学科学院药物研究所研究员、南京药学院生药学教授，是《中国药典》的主要编辑之一，我国著名的生药学家。

③ 中国科学技术学会编:《中国科学技术专家传略：医学编 · 药学卷 1》。北京：中国科学技术出版社，1986 年，第 2 页。

④ 肖培根:《绿药觅踪》。北京：中国医药科技出版社，2011 年，第 16 页。

图 3-5　1936 年，河北祁州药市典礼（左一为赵橘黄）

选送到日本药厂实习。1931 年，赴德留学，入柏林大学药学院学习。1938 年冬，绕道安南（今越南）回到昆明。当时海口全被日寇封锁，常用药品采购极其困难，为谋求药品自给，他与友人於达准、连瑞琦、陈璞等组织中国药品自给研究会，并于重庆创建中国特效药研究所，设想利用西南各省丰富的中草药资源替代被封锁的西药。他们发现中药常山治疗疟疾的功效甚好，其主要有效成分为生物碱。姜达衢立即组织力量进行全面、系统的研究，包括原植物的考证、生药组织鉴别、化学成分分析、药理毒性实验、临床疗效验证、引种栽培等，均取得了进展。这项工作是我国研究植物抗疟药的一个好开端，也是我国中药研究史上，开展系统研究的一次成功的尝试。喹唑啉衍生物具有抗疟作用，这在天然药物中也是新的发现。初步研究报告发表后，引起了国内外

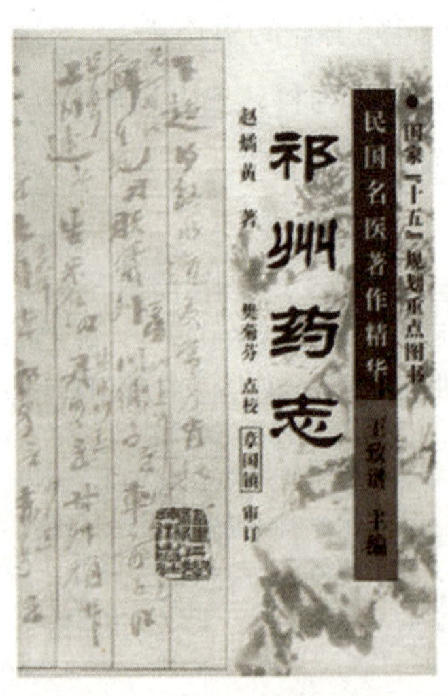

图 3-6《祁州药志》新版本

学者的重视，对当时的中药研究起到了积极的推动作用。1950年，他被调到中央卫生研究院，筹建药用植物室和植物化学室，并任植物化学室负责人、研究员。①

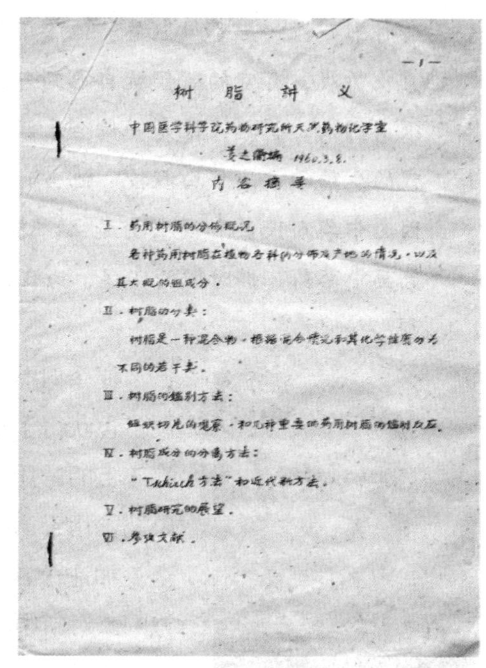
—1—

树脂讲义

中国医学科学院药物研究所天然药物化学室

姜达衢编 1960.3.8.

内容摘要

I. 药用树脂的分布概况

各种药用树脂在植物各科的分布及产地的情况，以及其大概的组成分。

II. 树脂的分类：

树脂是一种混合物，根据混合情况和其化学性质分为不同的若干类。

III. 树脂的鉴别方法：

组织切片的观察，和几种重要的药用树脂的鉴别反应。

IV. 树脂成分的分离方法：

"Tschirch方法"和近代新方法。

V. 树脂研究的展望。

VI. 参考文献。

图 3–7　姜达衢教授赠送肖培根的讲义（肖培根提供）

与姜达衢教授筹建中央卫生研究院药用植物室和植物化学室的还有傅丰永教授。他是中国天然药物化学研究的开拓者之一。早在20世纪40年代，他与药物学家赵承嘏②等人合作研究中药常山，首次分离得到抗疟有效成分常山碱甲、常山碱乙、常山碱丙等，并用经典的化学方法推定了部分化学结构，首先得到了具有抗疟活性的常山生物碱纯品，达到了当时国际同类研究的先进水平。在当时简陋的仪器设备和工作条件下，做出这样的成果，难能可贵。抗疟有效成分常山碱的发现，为后人全合成衍生物的制备以及构效关系的研究等工作，起到了重要启示和推动作用。

叶三多教授博学多才、兴趣广泛、通晓多国语言，他对肖培根的专业和外语学习颇有启迪，肖培根回忆当时的教授、专家时如下说：

> 在那里我认识了叶三多教授。他早年在欧洲留学，也是我国第一代的生药学家。他学识渊博，外文很好，能讲法文、英文、德文。对

① 中国科学技术协会编:《中国科学技术专家传略：医学编 · 药学卷 1》。北京：中国科学技术出版社，1986 年，第 191 页。

② 赵承嘏（1885—1966），江苏江阴人，著名植物化学家、药物学家。1914 年，获瑞士日内瓦大学博士学位。历任南京高等师范学校数理化部、东南大学理学院化学系教授、北京协和医学院药学系教授兼代主任、中央卫生实验院，北平研究院药物研究所所长。1953 年，担任中国科学院上海药物研究所所长。1955 年，当选为中国科学院院士。

各种书刊、知识都很熟悉。他除了知识渊博以外，也很会生活。他很喜欢听戏，有空的时候就自己到外面听听戏。他和当时的沈其震院长很谈得来。总之，他是一位会生活、会工作的前辈。我还认识了第一代的生药学家周梦白教授。他当时跟我说要编写《中草药彩色图志》。因为中华人民共和国刚刚成立，这方面仍是空白，于是聘请了美术家来画中草药，那时候的实践，为我以后编写大型著作打下了基础。①

图 3-8　叶三多教授

那个时代，年轻人得到了教授们的倾囊相授，也获得了承担重任、独挑大梁的机会。今天临床上的常用药物麦角新碱，是妇产科必备的进口药，用于治疗产后子宫出血、产后子宫复旧不全（加速子宫复原）、月经过多等症。当年，西方国家对新中国实行封锁，全国药源紧缺。

于是，寻找药源的重大使命就落在年仅 22 岁的肖培根头上。回顾这段历程，肖培根历历在目，仿若昨日：

图 3-9　1954 年，肖培根（左二）坐马车在张北做野外采集（肖培根提供）

我参加工作以后很快就有了进步，也取得了一些初步的成果。我到河北省张北县、沽源县进行药用植物野生麦角的调查，一起去的有杨南荣、黄玉山、李传伦等。野外调查的条件非常艰苦，常常是雇一辆车拉着我们几个人和

① 肖培根:《绿药觅踪》。北京：中国医药科技出版社，2011 年，第 16 页。

所带的铺盖行李，跋山涉水地进行野外药源的调查、采集标本、采集药苗，以充实我们的植物园。1954 年，我在《药学通报》上发表了第一篇实地调查的论文，题目叫“河北沽源县药用植物的调查”。以后，因为我的工作主要是野生麦角，也把这个工作成果在《药学学报》上发表了。当时找到了寄生在拂子茅上的野生麦角，含量非常高，麦角有效成分的含量是其他种类不能比拟的。这一调查为以后杨云鹏教授、岳德超教授、方起程教授[①]所做的“麦角的人工发酵的研究”奠定了很好的基础。[②]

麦角制剂是妇产科常用药物之一，文献曾记载江西、湖南等地有野生麦角，但迄今我国仍依赖进口。自 1953 年以来，本院药用植物学系的调查队曾在河北和东北各省采集了寄生在黑麦、老芒麦、披碱草、拂子茅和赖草上的麦角，化学成分证明，其中一部分麦角的生物碱含量超过中国药典的记录。[③]

在名师指导下，肖培根逐渐崭露头角了。

来自苏联的专家

20 世纪 50 年代，我国和苏联有过十年的“蜜月期”，苏联曾经援建中国 156 项重点工程，比如长春第一汽车厂、武汉钢铁厂、洛阳拖拉机厂等。

---

① 方起程（1929—2017）浙江省宁波人。1952 年，毕业于北京大学医学院药学系。1958 年，毕业于苏联莫斯科第一医学院获药学科学博士学位。回国后，历任中国医学科学院药物研究所植物化学研究室（后改名为天然药物化学研究室）副主任、主任。先后研制成功麦角新碱、硝酸一叶萩碱、中药葛根（愈风宁心片）、中麻药（致麻醉有效成分）等多项新药，尤其是新药山莨菪碱的发现、研制成功和临床应用，不仅为抢救不同疾病引起的感染性休克的患儿提供了良药，而且用于广泛深入开展微循环的基础研究，推动了中国微循环研究发展。

② 肖培根:《绿药觅踪》。北京：中国医药科技出版社，2011 年，第 17 页。

③ 曾贵云等：中国野生麦角对家兔子宫的作用。《药学学报》，1958 年第 6 卷第 3 期：第 135−138 页。

同时，苏联还派遣了大批专家顾问，培训中国的技术人员，接收中国的留学生和进修生。在医疗卫生系统也曾如此，比如友谊医院，就是当年中苏友谊的硕果。在友谊医院西墙外的西经路上，有一座三层红楼大院，曾经是中央卫生研究院的苏联专家住宅楼。光阴荏苒，物是人非，但那段历史记录下来还是有意义的。

1955 年，中央卫生研究院来了苏联顾问著名药用植物学家基里扬诺夫。他曾任苏联药用植物研究所栽培室主任，对药用植物栽培具有多年的实践经验，工作勤勤恳恳。基里扬诺夫对中国人民十分友好，沈其震院长对他的工作与生活十分关心，与这位苏联专家成了好朋友。基里扬诺夫带领我国年轻的科研人员，调查药用植物的分布并指导栽培试验，对我国制订开发药用植物的长远规划与课题设计研究作出了重要贡献。

当时年轻、业务好、英语好，又在俄语速成班里出类拔萃的肖培根，奉派陪着苏联专家在海南、广东一带考察。基里扬诺夫给年轻的肖培根留下了难忘的记忆：

> 在我参加工作的时候，世界上还存在一个社会主义阵营。他们有一个计划，即准备建立一个社会主义阵营的药用植物研究所，地点就

图 3-10　肖培根（后排右六）与中央卫生研究院第三期俄文阅读速成班学员合影（肖培根提供）

选择了中国。为什么会有如此选择呢？因为中国生态类型完备，特别是有热带和亚热带地区，故药用植物资源非常丰富。由于当时越南还没有解放，社会主义阵营中的国家很少有热带和亚热带地理环境。于是，他们派了几位苏联专家来到中央卫生研究院药物学系工作。我当时是药用植物室的负责人，派到我们室的是一位栽培专家，叫基里扬诺夫，是一名布尔什维克。

基里扬诺夫到了我们药用植物室以后，举办了几次全国性的关于药用植物方面的培训班，全国各地派了许多人参加，他对于培养造就中国第一代药用植物栽培人才起到了很大的作用。后来他感觉身体不舒服，到北京协和医院接受检查。当时的主治医生是张孝骞教授，他在基里扬诺夫的腹部敲敲打打仔细检查后，说可能胰腺有问题，通过详细的化验检查后证实他得了胰腺癌。一天之后，基里扬诺夫就乘飞机回莫斯科了，我们大家到机场送行，真诚希望他早日康复，但他回国后不久就去世了。基里扬诺夫对中国的药用植物栽培事业起到了很好的推动作用，就是在他的建议下，才有了我们今天的药用植物研究所，也是他向当时的卫生部部长李德全等建议，在西北旺成立了药用植物资源开发研究所的前身——药用植物种植场。

图 3–11　20 世纪 60 年代，在莫斯科大学（肖培根提供）

20 世纪 60 年代，许多从河北调来的老工人，就在西北旺这一片坟地上一锹一锹地建成了农场。第一任场长是裕载勋教授，也是苏联专家点名，从北京农业大学调来开展药用植物研究工作的。我和他们一起，收集了

图 3-12　2003 年，再访莫斯科大学
（肖培根提供）

大量的资料。比如有哪些主要药材？这些主要药材都分布在哪些地区？全国的产量是多少？人参栽培的情况怎样？各种中药的情况怎样？

基里扬诺夫去世以后，在中苏关系紧张的前夕，苏联又派了一批专家来到中国，分配到我们研究所的是一位叫米凯兴的专家，他提出要到全国去考察，当时主要由我陪同。记得领导交代给我的一句话就是：要严格按照已定的计划执行，不得更动。

比如，我们在海南岛考察时，米凯兴自己采了标本，还要把这些标本和采集的种子都带走。另外，他还提出要到榆林港考察。按照上级的规定，这些标本不仅不能带走，考察路线也是不能改变的。因为这件事，我和这位苏联专家吵了一架。他拍着桌子骂我："你怎么能干涉我的行动？我要去榆林港考察，你为什么不让我去？"我说："上级领导没有交代我带你去那里考察。"考察完海南岛之后，我们接着去了云南，上级还给我们派了一辆小汽车。在丽江考察时，我一天之中连续接到北京的几个长途电话，大意是这样的：接到苏联驻华使馆的通知，苏联专家要立即回国。于是通知米凯兴中断考察，马上从丽江乘车到昆明。

从丽江回昆明的三天，是我一生中很难过很漫长的三天。我心中一直在嘀咕一件事：是否因为我的坚持而得罪了苏联专家？他可能给苏联驻华使馆打了长途电话，使馆才叫我们回去的？如果真是这样，那回到北京以后，我肯定要受到严厉处分的！于是拐弯抹角地问他："这次让我们回去，你知道是什么原因吗？是不是家里有事啊？

是不是 ×× 事啊？”他说对我的印象很深刻，又说：“我们这次回去不是你的事，也不是我的事。”到了昆明我才明白，在赫鲁晓夫的时代，苏联和我们国家在一些原则问题上有了分歧，他们就把在中国的专家都撤走了。在云南的苏联专家都在昆明集中后，于第二天乘飞机回北京。没想到，回到北京以后，我不但没有挨批评，反而还受到了表扬。因为我严格地执行了上级的指示，他要去榆林港参观被我制止了，他要带走标本和种子我也制止了。同事们都说我做得对，敢于坚持原则，没做损害我们国家利益的事。

历史的、政治的问题，不会影响两国人民的友谊。我后来到过苏联几次，总的感觉是无论政治风云如何变化，苏联人民对我们始终是非常热情、非常友好的[①]。

那一年，肖培根被评为“先进工作者”。

野山参

流传已久的“东北三宝”人参、鹿茸、乌拉草，头一宝指的是野山参。肖培根是我国当代最早从事野山参研究的研究者。作为珍贵的药材，人参自古以来就是我国传统的滋补强壮药材，现代医学也证明人参确实具有增强兴奋、强壮身体等功效。市场上的人参，主要分为野生的“野山参”和人工栽培的“园参”。对于“野山参”与“园参”的效力，有的人认为前者的效力比后者高许多，有质的区别。这一点从价格上可见一斑；有的人则认为前者的效力比后者高，但二者在疗效上没有质的差异。争论由来已久，但是没有人能够说得清楚。

人参是非常重要的大宗药材，其效力的区别，不仅仅是学术之争，还

① 肖培根：《绿药觅踪》。北京：中国医药科技出版社，2011 年，第 32–33 页。

涉及广大药农的利益，更是关系到全国人民用药的大事。当年有关野山参的研究资料，肖培根除了见到过苏联两篇一般性的论文报道外，没有其他资料可作参考或依据。为阐明这个问题，20 世纪 50 年代初，肖培根多次深入东北深山老林，开展野外实地调查、观察、比较。当然，开展人参野生生态的调查研究，对于改进“园参”的人工栽培技术也具有实际的指导意义。

图 3-13　五十年代，肖培根在东北做野生人参资源调查时发现的一株野山参（肖培根提供）

1954 年至 1957 年，肖培根曾在我国东北地区对野生人参进行过多次的专门调查，其中 1956 年和 1957 年，曾在辽宁省桓仁县和吉林省抚松县的四个不同地点，调查和观察了 28 株野生人参在自然条件下的生长情况，并做了有关自然环境、植被和根系等方面的初步研究工作。由于这两次调查的面还不够广，观察的内容也还不够完善，因此在东北其他地点调查时，还访问了许多有经验的野山参采挖者，并观察了几处野生人参的迹地作为补充[①]。

图 3-14　1956 年，肖培根陪同保加利亚植物学专家在吉林调查野生人参（肖培根提供）

野生人参的调查是肖培根对重要的药用植物人参生长规律，做的一次有意义的探索和实践，为他以后的药用植物野外调查奠定了很好的基础。有关东北野生人参科学研究的结果，在《药

① 肖培根，杨南荣：我国东北地区野生人参的初步调查。《药学学报》，1962 年第 9 卷第 6 期，第 340-351 页。

学学报》上发表之后，一直到现在还受到同行的重视，因为野生人参的资源非常少，当年肖培根能够把它很好地整理研究，是对中药研究的一个贡献。

到了 20 世纪 50 年代中期，为了接待苏联和其他社会主义国家的专家来访，肖培根又多次到东北人参的原产地进行过深入的调查。记忆最深的是 1956 年 8 月，“从保加利亚来了一个女专家，要研究野生人参，中国的人参那个时候还是比较有名的，她想来看看野生人参生长环境什么样，肖培根陪她一起出差到东北。在和保加利亚专家一起考察的时候，完成了东北野生人参的考察报告，这个报告发表在当时的一个学术期刊上，当时在世界上用现代科学方法研究整理野生人参的调查研究还是很少的。”①

这是野生人参调查研究史上一段珍贵的记忆：

当地有关部门很配合，派人先到有野生人参生长的地方寻找，找到之后，再叫我们去。因为在东北长白山常有黑熊出没，所以在调查

图 3-15　1965 年，肖培根（后排）访问保加利亚（肖培根提供）

① 肖培根访谈，2015 年 12 月 17 日，北京。资料存于采集工程数据库。

和采集野生人参的周围都有武装民兵保护。我们跋山涉水来到了生长野生人参的地方，到了之后，我就用过去在学校里所学到的植物生态学的知识，先看有野生人参生长的地形，周围有哪些树与它共同生长，它的土壤条件怎样，它的光照条件怎样等。对几个长在一起的野生人参就作为群落进行标本采集，观察野生人参的根系在土壤里是怎样分布的。我们亲自挖，亲自绘制成图，也拍了照片。那次调查野生人参我们第一次做了一件有意义的工作，就是在中国医学科学院统计室的帮助下，将我们采集的大量的有关野生人参的资料，请有经验的人鉴定生长年限。这些原始资料，比如体重、大概生长了多少年等，经过统计处理后证明，野生人参的生长速度的确比栽培人参慢得多。人们常问为什么野生人参要比栽培人参贵很多？就是因为野生人参的生态条件比较恶劣，生长的速度很慢。栽培人参一年生一个芦碗，而野生人参好几年才能生出一个芦碗。我们做了一个野生人参和栽培人参生长速率的比较实验，从图表看出野生人参比栽培人参的生长速率慢几倍。一棵五年生大小的栽培人参，在野外生长起码要三四十年。因此，野生人参比较贵，药效也比较好，原因就在这里，但我们也不必什么都用野生人参，因为从经济观点来考虑，单位时间内还是栽培人参要远远比野生人参的经济效益高。①

肖培根对人参的调查研究工作，在国内是有初创性的。有关栽培人参的文章登载在《中药通报》1955 年的创刊号上，题目为“东北人参的分布、栽培和加工”，有关野生人参的调查报告稍晚，以“我国东北地区野生人参的初步调查”为题，发表在 1962 年《药学学报》第 9 卷第 6 期上。

作为研究人员，肖培根观察细致且视野开阔。在东北进行栽培人参调查时，他发现老年妇女在冬天加工栽培人参时，双手天天浸泡在刷洗人参的水中。按理说她们的双手应当粗糙甚至皴裂，但是她们的手细腻如少女一般。这给他以深刻的启示，人参是绝佳的保健品和化妆品。研

① 肖培根:《绿药觅踪》。北京：中国医药科技出版社，2011 年，第 21 页。

究发现，“人参适用于体虚和衰弱的患者，其中在药理方面有一种称为‘适应原样作用’（adaptogen），也就是具有双向调节作用。特别是在恶劣的条件下，它既有抗寒也有抗热作用，另外还有抗疲劳、抗辐射、抗休克等多方面的作用。”①“适应原样作用”是苏联学者提出来的，这个“词”是由肖培根翻译和推介出来的。

图 3-16　1995 年，肖培根在中国医药学院人参照片前合影（肖培根提供）

以后，有关人参栽培的研究也是药物所药用植物室和栽培室的研究重点之一，深入研究人参的各个栽培品种和最佳的栽培条件，以及老参地（即已栽培过人参的土地）的利用和平地栽参、林间栽参等的一系列研究。这些成果以后反映在肖培根和同事主编的《人参的栽培及研究》一书中。直到今天，肖培根仍然对全世界人参属的系统分类感兴趣并持续在进行研究。

我国人参的产量已经世界第一了，加之对人参的不断深入研究和开发利用，它对国民的贡献会愈来愈大。从野生到人工栽培，人参上了超市的货架，进入了寻常百姓家。半个世纪的人参的开发史，记录着祖国中医药事业的发展。

天降大任

1958 年 8 月 15 日，卫生部批复中国医学科学院药物学系，改建为中

① 肖培根:《绿药觅踪》。北京：中国医药科技出版社，2011 年，第 121 页。

图 3-17 二十多岁挑重担
（肖培根提供）

国医学科学院药物研究所，肖培根被任命为药物研究所药用植物研究室负责人。其时肖培根 26 岁，只有本科学历，职称实习研究员。

药用植物研究室的同事、后来成为他夫人的冯毓秀教授回忆。

> 他实际上比我们也就早两年毕业工作，最多三年。他 1953 毕业，我 1955 年毕业。当时，我分来的时候工资 62 元，他 78 元，就差一级。实际上仍是实习研究员。我是基本实习研究员，他是高一级的……老肖这人有一个特点，什么工作来了，不管会不会他都不怕，他敢接。他脑瓜也灵，也能接受新鲜事物，基本上什么工作都能干下来。他在植物室里逐渐就成长为一个小头头……这么一个环境，结合他性格的特点，老肖就成长得比别人快一些。任务压他，反而促使他成长起来，因为他不怕困难。其实我们这个室的成长也是这样一个过程。①

肖培根自己怎么看呢："开始的时候是很困难的，几乎没有什么高级的科技人员。所以像我这样的，我比人家早毕业，就自然而然地开始忙了，后来就变成头了。外面的人都说你出道很早呀，你二三十岁就出道了。我说不是我出道早，是因为没人嘛，山中无老虎猴子称大王。全国中药普查，编书或者整理，都要管。"②

其实，与其说是初生牛犊不怕虎，不如说是功夫不负有心人。早在肖培根刚刚工作的时候，就与比他早半年或一年参加工作的王孝涛、毛训华关系很好，肖培根亲切地称他们为师兄、师姐，当时药学家赵橘黄先生正在给他俩"开小灶"。那会儿年轻人少，但上进心都强，大家有空儿的时

① 冯毓秀访谈，2016 年 6 月 1 日，北京。资料存于采集工程数据库。

② 肖培根访谈，2016 年 4 月 6 日，北京。资料存于采集工程数据库。

候也是谈专业的时候多。作为“有心人”，肖培根从师兄、师姐身上没少学艺。肖培根和他们在一起调查中国的中药市场，究竟哪些是常用中药，哪些是较常用中药，哪些是次常用中药，哪些是少常用中药等。通过调查就对中药的情况有了一个初步了解。这些工作也为中华人民共和国成立后的第一次全国范围的中药普查打下了基础。

除了赵橘黄，姜达衢、傅丰永、叶三多、周梦白等专家，也都非常喜欢这个聪明勤奋的年轻人，都给他开过“小灶”，都对他倾囊相授。在学术修养上，冥冥中上天“眷顾”了肖培根。虽然没有明确哪位是他的导师，也不可能提升他的学历，可是博采众家之长，却属可遇不可求的历史机遇了。

在名师的引导下，肖培根发愤读书。他是图书馆的常客，只要是有关中药的书籍，他都要反复地阅读。记得当时有一部於达望编著的《国药提要》，他在上面密密麻麻地写了许多读书心得和笔记。那时肖培根每个月的薪水，除了伙食费的支出外，大部分用来购买中医药和植物方面的书籍。《国药提要》选录中药 1146 种，依植物、动物、矿物及其科属分类次序，排列成表解方式。每药记有中文名、拉丁学名、药用部分、成分、效用、产地等项，末附笔画索引。

肖培根刻苦读书的同时也非常重视实践。虽然参加工作仅五年，但他的实践时间却不短。每年大部分时间奔波于全国各地，风餐露宿，意志与胆识均得以历练。

1958 年，卫生部下达任务，要求植物室把全国中药的情况摸清楚，用现代科学方法对传统中药进行一次全面总结和提高，以全面反映中华人民共和国的成就，迎接十周年国庆。这是第一次全国中药普查。

第一次全国中药普查，意义重大。可是“情况摸清楚，全面总结和提高”绝非易事。首先是没有可借鉴的资料，其次是人才极度匮乏。

面对山一样的困难，研究室里有了不同的声音。有人贴出了 38∶0 的大字报还画了漫画。冯毓秀回忆说：

中药资源大普查，是国家的号召。室里正好来了两批人，全室一下就变成了 38 人，可没有一个有高级职称的。有位同事来了一个

38∶0，就是诉苦，说我们这儿没专家。0是专家，38是大学生。[①]

肖培根对此记忆犹新：

那时候，可以用四个字来讲，一无所有。图书馆的文献，就连哪些是常用的中药这样的资料都没有。要规划全国有哪些药用植物，有哪些中药材都不知道。那个时候都是零。[②]

肖培根对困难非常清楚，他却颇有大将风度，胸有成竹、指挥若定：首先聘请楼之岑[③]、诚静容[④]等专家做普查工作的兼职指导老师，形成技术支撑和技术保障；第二，确定以中药材的“常用度”为普查的主要范围，明确任务方向，重点抓五六百种常用中药，抓住了这个大头，就等于抓住了全国七八成的中药资源；第三，学中干，干中学，边干边学。即使今天评价肖培根当年的战略战术，依然可圈可点、值得钦佩。

图3-18　楼之岑教授

虚心学习，是肖培根的第一大“法宝”：

全国这么大，怎么把全国的情况都搞清楚？有一点我们做得比较好的就是学习。因为我不

① 冯毓秀访谈，2016年6月1日，北京。资料存于采集工程数据库。

② 肖培根访谈，2016年4月6日，北京。资料存于采集工程数据库。

③ 楼之岑（1920—1995），浙江安吉人。1950年，获英国伦敦大学药学院博士学位。1951年起，历任北京医学院药学系生药学教研室主任、教授。中国工程院首批院士、生药学国家重点学科首席学术带头人。曾任中国药学会理事长、中国药学会中药和天然药物专业委员会主任委员等。他是我国生药形态组织学研究的开拓者和植物药泻下作用生物测定法的开拓者，提出湿粪计数的定量式生物测定法，国际上称为楼氏法。

④ 诚静容（1903—2012），女，锡伯族，辽宁辽阳人，植物分类学家。1939年，毕业于四川大学生物系。1947年，留学美国。1948年，获田纳西大学植物学硕士学位。1952年，获哈佛大学生物系硕士学位。历任北京医学院教授、植物教研室主任，北京医科大学药学院教授。长期从事植物分类学及中药植物来源的研究。对麻黄、大黄、黄连等十余种重要中药的来源做了调查鉴定，确定了其真正基源植物并纠正了某些学名上的错误。

是学药的，所以出去调查，必然要去药材仓库。到药材仓库就问这个是什么药、治什么病，它鉴别的特征是什么，跟中药老师傅学，后来我都有点像老师傅了。那个时候连大学的中药系都还没有呢。到基层就跟药农学，药农告诉你这个是什么草药，那个是什么草药。①

抓大放小，分片到人，是肖培根的第二大“法宝”：

对全国的普查呢，不一定全部铺开，先以常用中药为主。那个时候我已经是小领导了，相当多的人年纪还比我大，因为我大学毕业比较早嘛。大家每个人都有任务。譬如，两个女同志就分配到青海负责一个省。我是东北，负责东北三个省。基本上都是用这个办法，调查比较集中的就是常用中药。常用中药才几百种嘛。②

很快，肖培根根据每个人的特点特长，把植物室的年轻人派到全国各地“常用度”高的产区，他自己则带头选择了资源相对比较多的、工作量大的东北地区。当时图书资料奇缺，只要一见到相关文献，他就马上拿来如饥似渴地阅读。缺少中文资料，就把仅有的几本日本专家编写的、在日本早期出版的图谱，随身背着转战东北长白山、大小兴安岭等地。为了事业，他还捡起了在学校里不喜欢学的植物分类学，对照实物一种一种地记、一类一类地分。这是属于哪一个科的，有什么特征等。后来他发现在实践中学，不仅学得好而且学得快。

20 世纪 60 年代的大学生比今天的博士还要稀少，在小学学历还区分“初小”“高小”的年代，大学生可谓凤毛麟角，但是肖培根从来没有自命不凡，从来都是以学生的身份，发自内心地向经验丰富的药农、中药师傅虚心求教。一个来自“中央单位、肩负中央任务”的大学生干部，他的虚心与诚意着实打动了每一位药农、每一位中药师傅，他们纷纷把自己“压箱底”的绝技倾囊相授，这让肖培根掌握了许多书本上没有、实践中非常

---

① 肖培根访谈，2016 年 4 月 6 日，北京。资料存于采集工程数据库。

② 同①。

有效的技能，学到了许多可遇不可求的“绝学”。

他的这段“求学”记忆，即使对今天的年轻人也不无裨益：

我最好的老师就是当地的药农。药农既可以给我带路，而且有很丰富的经验。我们采了腊叶标本，带回来对着日本的图谱辨认，像看图识字一样。通过拜师药农，一种一种地学习，认识了一批中草药。慢慢地我就认识了益母草，知道了益母草的样子长得和艾蒿差不多。开始时还不能认得很清楚，以后又知道了益母草的茎是方的，艾蒿的茎是圆的。进而了解了不同科的特征，益母草是唇形科的，艾蒿是菊科的。这样，我又捡起了在学校里最不喜欢学的植物分类学知识，在实践中学得很快。我的药材方面的知识也是到了药材公司，拜药材公司的老师傅们为师。他们告诉我怎样鉴别中药，当归的特征是什么，白芷的特征是什么等。他们还带我到仓库里去，一种一种地认识、鉴别中药材，很多的中药老师傅，比如天津的董震初老师傅都曾指导过我。比如，怎样鉴别羚羊角、虎骨，怎样鉴别真假犀角等，他们都有一套自己摸索的很丰富的经验，我是他们言传身教的徒弟，关系处得很好。这样，我一面工作，一面学习，通过几年在外面的普查，我在植物学、生药学方面的知识都有了很大的进步，掌握了全国常用的中草药的植物学和生药学特性。也可以说，我大学毕业参加工作的头几年，通过中药普查的实践，等于又补上了一次中药学院。这方面的知识和经验，帮助我以后较顺利地去调查和整理藏医、藏药以及非洲草药。我和谢海洲先生①也是在20世纪五六十年代认识的。我对老药农有比较深厚的感情，他们在实践中积累的传统经验是非常丰富的，我们应该尊重他们②。

---

① 谢海洲（1921—2005），河北秦皇岛人。现代中医药大师。原北京中医药大学名誉教授，中国中医研究院广安门医院内科资深研究员、主任医师、博士生导师。擅治风湿病、脑髓病、血液病等内科疾病。

② 肖培根：《绿药觅踪》。北京：中国医药科技出版社，2011 年，第 19 页。

第一次全国中药资源普查历时两年，于1960年圆满结束，肖培根向国家交出了几乎满分的答卷。这次普查的总结报告，对我国常用中药资源的地域分布、品质优劣、大致产量、存在的问题、解决的建议等，均有准确翔实的记录。这是中国近代中药资源最具权威价值的报告，其准确可靠的数据，成为新中国中药资源宏观管理的依据。

图3-19　谢海洲教授

作为“有心人”，肖培根带领大家将采集的大量中草药样品，整理出5000余种、9万余份标本，建起“中药标本馆”。至今，中国医学科学院药用植物研究所的标本馆里，仍能找到大量采集人的名字写着“肖培根”的标本。这种积土成山般的努力，为后来的研究工作提供了极大的便利，成为我们国家的宝贵财富。

药物所植物室的青年才俊，还改革了标本压制方法，改革后的方法既快又好。“‘药用植物标本快速压制法’是我室年轻同志集体创造的。采用这个方法能够缩短压制标本的时间至原方法的1/15～1/17，更重要的是能够保持植物原来鲜艳的颜色，这项发明经过专家们的鉴定，认为已超过了国际水平。这项创新成功以后，更鼓舞了我们年轻同志的决心和信心，我们准备在今年内要再完成几项达到国际水平的创新。”①

与此同时，肖培根和楼之岑教授、诚静容教授等共同编写的《东北植物药图志》，于1959年由人民卫生出版社出版了。编写《东北植物药图志》的过程，既是学习历练的过程，也是他后来编写具有里程碑式的《中药志》的序曲。

光阴荏苒，岁月如梭。由肖培根领导的首次中药资源普查已经过去半

① 肖培根：压制植物标本快速鲜艳——青年人大胆创造新方法。《中药通报》，1958年第4期，第375页。

图 3-20　2005 年，肖培根与诚静容合影

个多世纪了，以后又开展了三次中药资源普查。站在历史的高度，他对中药资源普查的特点给予了概括性评价，从而既反映了我国中药资源科学研究的进步，也折射出这位中药资源学大家的睿智光彩[①]：

第一次中药资源调查是从无到有的阶段，一切从零开始的时期。此次调查以常用中药材为主，并在 1959—1961 年编写出版了新中国第一部中药著作——《中药志》，共四卷，收载常用中药材 500 多种，获得 1979 年全国科学大会奖。第一次中药资源调查在几乎没有任何经验、资料可借鉴的情况下，普查人员踏遍全国把中药资源的情况基本调查清楚，为中药资源后来的发展打下了基础。由中国人独立进行的此次中药资源调查后编著的《中药志》，被日本生药学界评价为“中国科学工作者独立进行中药资源研究所总结的现代科学著作”。

第二次中药资源调查是一个由少到多的阶段。20 世纪 70 年代，开展了中草药群众运动，动员全国的力量，将各地的中草药进行调查整理。这次调查一方面完成了对中药资源由少到多的量的积累，另一方面对于中药传统的经验、知识、药方等资料，开始搜索和积累，代表著作为《全国中草药汇编》（上、下册）。

第三次资源普查的特点是规模大、系统化、理论化，基本摸清了家底，掌握了情况，是由粗到细的阶段。20 世纪 80 年代，按照国务院第 45 次常务会议的决定，对全国中药资源进行系统调查研究。其目的是为了更加全面摸清家底，制定长远开发规划。由中国药材公司具

① 肖培根：《中国医学院士文库　肖培根院士集》。北京：人民军医出版社，2014 年，第 562 页。

体组织实施的第三次中药资源普查，比前两次更加系统、更加全面、更加正规、更加扎实、更加细致，并获得了大量的第一手资料。调查结果表明我国中药资源已达 12807 种，其中药用植物 11146 种、药用动物 1581 种、药用矿物 80 种。在此基础上，出版了《中国中药资源丛书》，使大量的实践经验上升为系统理论。①

对于 2011 年开始的第四次中药资源普查，肖培根院士认为：

第四次普查应该更加完善、更加科学、更加面对现实。此次普查要充分利用现代科技手段，把中药资源调查好、管理好、保护好、利用好，这也是此次资源普查与前三次普查的区别。不仅对中药的品种、产地、数量等项目进行调查，更要把物种中有相应价值、可利用的基因情况调查清楚，使我们更全面地了解生物多样性，更好地为人类服务。在进行资源普查的过程中，要更多地采用现代科学技术和方法，如 3S 技术［GPS（全球定位系统）、RS（遥感）和 GIS（地理信息系统）］，更全面地掌握全国的中药资源情况，并且将这些资源信息数字化、动态化。国家相关管理部门在掌握这些资源信息后，科学地管理好、利用好。发挥主观能动性，实施宏观调控，让每一个地区药材生产保持平稳，缺则增之，盛则抑之。在微观上，通过对药材物种基因筛选和培育，使药材品质更加优良。调控是科学发展观给我们的一个启示，要遵循科学规律办事，不仅有利于百姓的健康，也有利于农民获得更多的利益，更是对中药资源及环境的一种保护。②

第四次全国中药资源普查正式启动于 2011 年，肖培根任首席顾问。肖培根从 20 世纪 90 年代末就开始积极倡言第四次普查，提出中药资源可

① 肖培根:《中国医学院士文库　肖培根院士集》。北京：人民军医出版社，2014 年，第 562 页。

② 肖培根，等：中国药用植物种质资源迁地保护与利用。《中国现代中药》，2010 年第 12 卷第 6 期，第 3–6 页。

持续发展的呼吁。寄希望通过这次普查，"充分利用现代科技手段，把中药资源调查好、管理好、保护好、利用好，这也是此次资源普查与前三次普查的区别。"因为中药资源是国家的战略资源，是中华民族生息繁衍的一道屏障。如果说西医西药是世界各国医疗保健的武器，中医中药则是我们中国人独有的第二件武器。这个"独门绝技"，在应对像 SARS、疟疾等顽症，显示出的效力已为世界认同。伴随着中药热的兴起，因掠夺式的采集挖掘，中药资源被严重破坏，生态环境日益恶化，已经是不容忽视的现实：400 余种常用中药材，每年有 20% 的短缺，许多珍稀濒危药用植物濒临灭绝。因此，肖培根不断倡言呼吁中药可持续发展，不断提出具有前瞻性的指导方略。

此次普查，由国家中医药管理局组织，普查覆盖了全国 2702 个县，新收集标本实物 310 万多份、数据 3345 万条，共发现 4 个新属 196 个新物种，初步研究约 60% 有潜在药用价值。普查确认我国共有中药资源 18817 种，其中我国特有药用资源 3151 种，并筛选出 59 科 114 属 464 种濒危的药用植物，出版了《中国药用植物特有种》《中国药用植物红皮书》，为药用植物保护、开发、利用提供了依据。

普查期间，共建立了 31 个药用植物重点物种保存圃，作为高校的科普和教学基地，提高了药用植物的保存、繁育和服务能力。普查过程中，还建立了全国最大的中药资源标本实物库，保存普查收集的腊叶标本等实物 120 万份，形成中药资源标本实物信息库，建设了 28 个种子种苗繁育主基地和 180 个子基地。

填补空白的中药志

当第一次全国中药普查进入尾声，《东北植物药图志》即将付梓印刷之际，全国上下正在展开轰轰烈烈向国庆十周年献礼的热潮。最有代表性的献礼工程是首都"十大建筑"。在没有塔吊等基本设备的条件下，人民大会堂、民族文化宫、华侨大厦、农业展览馆、工人体育馆、北京火车站、中国历史博物馆、解放军历史博物馆、钓鱼台国宾馆和民族饭店，在不足一年的时间，于 1959 年 10 月 1 日前全部竣工。除华侨大厦因特殊原因推倒重建外，历经半个多世纪的风风雨雨，“十大建筑”已成为北京地标性建筑。当年，各行各业的人们，利用工余假日，义务为“十大建筑”献工的热情，深深地感染着每一个年轻人。在全所讨论如何“献礼”的时候，肖培根大胆地提出，利用中药普查的成果资料，编写新中国第一部《中药志》。与第一次中药普查一样，这个“第一部”依然是国家级的。

基于全国第一次中药资源普查的结果，在国庆十周年前夕开始编写一套四卷本的《中药志》。《中药志》采用了药用植物室团队自己设计的体例，包括从应用情况看，是不是一种常用中药，或是较常用中药，或是很少用的中药。目标是集中整理研究全国的常用中药，了解它的本草历史，古代什么时候开始用的？应用的沿革怎样？它的原植物有多少？它的药材形状、组织、外形，有宏观的，也有微观的。有化学成分的介绍它的化学成分、传统疗效，最后还有一个附注，讨论相关问题。这样的设计以他们自己的实验工作为基础完成，比如他们把采集的原植物一种一种地加以整理、鉴定，每一种药材都要做成切片，描写它的显微组织特征。到了 1962 年，四册共计 100 多万字的《中药志》就出齐了[①]。

图 3–21 《中药志》第一版

《中药志》甫一出版，不仅受到国内药学界的高度重视，而且赢得了国际药学界的称赞。日本生药学权威、京都大学名誉教授刈米达夫博士，在著作中引用了《中药志》的内容并赞誉：“中国植物学者经过独立的考证，对于过去的许多错误进行订正，在中药基源方面的研究是一个巨大的

① 肖培根:《绿药觅踪》。北京：中国医药科技出版社，2011 年，第 17 页。

进步。”著名的植物学家胡秀英博士[①]，当时在美国写了数篇文章介绍《中药志》。20年后，胡秀英在国内的讲座上是这样评价《中药志》的：“60年代我在哈佛大学燕京研究所的中文图书馆，看到1959年至1962年出版的《中药志》第一册和第四册，非常高兴，钦佩国内研究药物的同志有如此精美的成果。在中国药物史上，陶弘景的《本草集注》和李时珍的《本草纲目》都是划时代的，但他们的工作没有把中药知识提到科学的水平上来。这本《中药志》是集以往的大成，把中药提高到科学的水平，是另一个划时代的作品。根据这些资料，我把麻黄、石斛、人参等篇编译成英文，在《经济植物》(*Economic Botany*)上发表。”[②]

这个成果得到第一次全国科学大会的奖励，药物所植物室也被评为先进集体，这对大家付出的辛苦劳动也是一个很好的回报和鼓励。通过这项工作，为年轻人树立了信心，使他们认识到：只要方向对头，群策群力，艰苦奋斗，一定能做出得到国际同行们赞赏的事情[③]。

图3-22　2004年，拜访国际著名植物学家胡秀英教授（肖培根提供）

《中药志》作为时

① 胡秀英（1910—2012），国际著名植物学家，是冬青、萱草、泡桐、菊、兰等植物的世界权威学者，毕生致力于研究植物分类学，采集植物标本超过三万份，发表超过160篇专题论文，并获“植物学活百科全书”之美誉。1933年毕业于南京金陵女子大学，1937年于岭南大学完成硕士课程，1946年到美国哈佛大学深造，是到哈佛获取植物学博士学位的首位中国女学生。后受聘于哈佛大学研究植物学。1968年，返港出任香港中文大学崇基学院生物系高级讲师，继续其对香港植物的研究工作。1999年起，担任香港中文大学中医学荣誉讲座教授。2001年，香港特别行政区向胡秀英教授颁授铜紫荆星章，以表扬其毕生对植物学及中医药研究的卓越贡献。2002年，获颁香港中文大学第一届院士。

② 胡秀英：植物学学术讲座第二讲：中药在国外的利用和研究。《华南农学院学报》，1981年第2卷第2期，第93-100页。

③ 肖培根：《绿药觅踪》。北京：中国医药科技出版社，2011年，第22页。

代的产物，深深地影响过那个时代中药学的发展。改革开放后，随着中医中药热的兴起，中药研发也迅速升温，第一版《中药志》的内容已显陈旧了。肖培根像重新梳妆打扮自己的孩子一样，决心修订《中药志》。他说：

> 我们在20世纪80年代曾经组织过全国多所中药研究和教学单位的中药专家，共同修订出版了《中药志》第二版，一共六卷，前五卷都是植物药，最后一卷是动物药和矿物药。内容得到了充实，质量有了很大的提高。我们又增加了很多显微的特征，把当时研究的化学成分、药理作用、临床观察的一些进展都反映在这部书里。①

进入21世纪，《中药志》第二版再次进入修订期。已经古稀之年的肖培根壮心不已，决心做大幅度的修订，因此起名为《新编中药志》。肖培根再次担任主编：

图3-23 在第二版《中药志》的编审会上，肖培根（右一）与专家讨论修订内容

> 再编《中药志》时，发现当初修订《中药志》的同志有的已经故去了，有的年事已高，绝大多数都已经退休了。因此，像修订版那样把大家召集到一起确实有很大困难。这时候，由中国医学科学院药用植物研究所和药物研究所的老同志承担起这样一个修订的任务，成立了一个编委会，由10位同志组成。编委会一致推选我作为全书的主编。《新编中药志》的文献资料基本上收集到2000年，有的收集到2001年。此外，《新编中药志》增加了指纹图谱、质量控

① 肖培根：《绿药觅踪》。北京：中国医药科技出版社，2011年，第173页。

制，基本上这部书可以作为《中华人民共和国药典》的注释本。截至2002年底，4卷已全部出版了，第1～3卷是植物药，第4卷是动物药和矿物药。这部书出版后受到了广大读者的欢迎。当年就被中国化工协会评为优秀图书。桑国卫院士①、谢宗万教授②和陈德昌教授等均撰写了书评，给此书以很好的评价。③

四十余年，三个版本，滋润着几代中医药人才的茁壮成长，记录着肖培根等老一代科学家严谨治学、精益求精、有始有终的精神和值得代代相传的品格。

收获爱情

图3-24 肖培根（右二）和冯毓秀（右一）结婚时与大弟夫妇合影（肖培根提供）

1955年秋天，中央卫生研究院药物学系分来一批大学生，其中有一位姑娘被分配到药用植物室，她叫冯毓秀，北京人，刚刚从北京医学院生药专业毕业。冯毓秀不仅专业对口、可以独当一面，而且还是共产党员、是

① 桑国卫（1941— ）浙江吴兴人。1962年毕业于上海第一医学院。中国工程院院士。曾任农工党中央主席，全国人大常委会委员、全国人大教科文卫委员会副主任委员，中国药学会理事长，中国药品生物制品检定所研究员。

② 谢宗万（1924—2004）江苏省扬州市江都区人，1950年毕业于中国药科大学。中国中医研究院生药室主任、研究员，北京中医药大学名誉教授、国务院学位委员会学科评议组成员。

③ 肖培根:《绿药觅踪》。北京：中国医药科技出版社，2011年，第173页。

研究室唯一的党员。之前肖培根与她是见过面的，但没有说过话。因为楼之岑、诚静容是冯毓秀在北医读书时的老师，有一段时间肖培根在北医进修，算是同门。谈起往事，冯毓秀说他们是有缘分的：

我想我们是有缘分的，要不然我们俩不可能走到一起。因为最开始的时候，诚静容带他上北医实习时，我是看见过他的，跟在诚静容身后，但是那阵根本不认识，后来毕业分配到一块儿了。[①]

工作上的相互配合、相互支持，他们走到了一起，琴瑟和谐度过了金婚之年。按今天的说法他们属于志同道合型。

冯毓秀教授说起他们当年的相识相知颇有时代特点："两个人在一个室里，当时党员特别强调互相配合，另外得关心群众生活，得和群众打成一片，党员得起模范作用。"[②]

肖培根的回忆更具时代鲜明特色："我的夫人冯毓秀对我的工作和生活帮助很多，所以大家都称赞她是贤内助。我们怎么会走到一起呢？因为我长期当室主任，她是党支部委员，党领导行政工作，所以我长期把她当作党的领导来看待，她也总是尽量协助我做好研究室的各项工作。我们在工作中接触很多，加上志同道合，逐步建立了深厚的感情，以后就结合在一起了。"[③]

冯毓秀说起肖培根，所有的事情都与工作紧密相连，这让我们从另一个角度看到了生活中的肖培根[④]：

老肖这个人工作有热情，他接受新鲜事物比一般人快，一般人犯怵，他不犯怵，甭管让他干什么，反正折腾折腾都能给折腾出来，脑筋也比较活。

他心宽，性格也是比较好，不爱发脾气，所以两个人走在一块儿

① 冯毓秀访谈，2016年6月1日，北京。资料存于采集工程数据库。

② 同①。

③ 肖培根：《绿药觅踪》。北京：中国医药科技出版社，2011年，第179页。

④ 同①。

图3-25　肖培根与大女儿周岁时的合影（肖培根提供）

了，也是属于缘分吧。

老肖这人生活上灵活性比较大，有钱没钱都很乐观。我属于脑筋不是挺活络的，性格也不是挺开朗的，爱发愁，他正好是跟我相反，我们刚好互补。有时候我这儿发火，他就不言语了。当初能走到一块儿，可能也跟性情有关系。

怎么摆正工作与生活的关系呢？夫妻俩怎样做才算是以工作为主，不耽误工作，不影响业务发展？说到这儿，冯毓秀不愧是贤内助。那时工资低，要带好两个孩子，不精打细算日子会很难过的。冯毓秀买了一台缝纫机，平常孩子的衣服以及缝缝补补都不用求人了。虽然生活上节省每一元钱，但在支持肖培根的工作上从来都“大方”，从不拖后腿。说到这里肖培根很感慨地说：

我经常出差，到野外工作。到各地进行药用植物和中药的调查，虽说是出差有少额的补助，但总是入不敷出。比如到西藏，花费比较多，每年都会有一定的亏空。当时，大家都是节衣缩食，节省下来钱买彩色电视机，但是我家不这样。每当我出差回家，她总是开玩笑说：你这次出差又把一台彩电赔掉了吧？①

对此，作为家庭主妇，冯毓秀说得平实，却很是让人感动：

当时老肖是年年出差，他是搞植物的，他不出差，总不能对着标

① 肖培根：《绿药觅踪》。北京：中国医药科技出版社，2011年，第179页。

本这么干吧？因此，家里经济情况是比较困难的。年年老肖回来得亏、得补。别人都是省吃俭用，从嘴上抠。老肖说我不能把身体抠坏了，将来更麻烦。我想那倒也是，……后来西藏出差是他自己要去的。因为当时西藏是一个空白点，像是一个没开垦的处女地。我想他搞植物的，他愿意去就去吧。西藏他一做就是两三年。即使家庭负担再重，作为主妇，我觉得终归家里的事情都得管，因此从没有影响老肖的业务。[①]

当年，大家不仅经济上拮据，个人的时间也少得很。因为每周只休息一天，每天下班后晚上还要开会。这对科学家夫妇的生活是怎样的？冯毓秀回忆道：

晚上开会，那阵会实在是多，基本上很难歇一晚。我们俩要不在一个室我可以请假，我要不是党员也可以请假，事实是我是党员，我们还在一个室，所以开会时俩人都得在，我只能带着孩子开会。室里有一个大标本桌子，钉标本用的大长条桌子，老大就在那个标本桌子上来回爬，也不闹，也不出声，就这么凑合过来了。当时生活比较苦，老二肖伟总说，净让我穿姐姐剩的衣服，全是拿缝纫机补过的。当时买了个缝纫机，我其实不会做别的活儿，不会做衣裳，就是为了补补丁的，破了就补，甭管是孩子的还是大人的。一到礼拜天，老肖就借一个车，推蜂窝煤。[②]

那个年代与今天不同的还有商品匮乏，买什么东西都要票，比如粮票、肉票、布票等，即使你有钱没票也买不到东西。冯毓秀的父亲喜欢聪明英俊的女婿，也心疼忙碌的女儿，想方设法给他们改善生活。“老肖礼拜天到我家，我爸就到陶然亭土坡那儿的一个小饭馆，买不要票的肉

① 冯毓秀访谈，2016年6月1日，北京。资料存于采集工程数据库。

② 同①。

图 3-26　全家福（肖培根提供）

或者鱼。"[①]

他们所说的往事，与今天恍如隔世，虽然时光不会再重复了，但是那段历史不可以忘却。正是千千万万个肖培根、冯毓秀们，在中国当代科学史上书写了恢宏篇章，创造了辉煌业绩，尤其是他们丰厚的精神财富，值得后来者永远学习、继承，发扬光大。

① 冯毓秀访谈，2016 年 6 月 1 日，北京。资料存于采集工程数据库。

第四章
考察非洲

初访西非

1963 年 3 月，肖培根作为专家被中国医学科学院派往西非的加纳、几内亚、马里和摩洛哥四国考察访问。这一年，肖培根 31 岁，第一次出国，职称是助理研究员。同行的两位是业内赫赫有名的大学者蔡希陶教授和陈封怀教授。一行三人，由蔡希陶担任团长。

图 4–1 蔡希陶教授

肖培根与蔡希陶熟稔，他们曾经陪同苏联专家到中国科学院西双版纳热带植物园（现名）的小勐仑（现勐仑镇）等地考察，工作生活接触颇多，很是投缘。肖培根说：

> 蔡希陶教授是一位历尽艰辛的植物学家，早年他是采集员，专门采集标本，有相当多的标本都是他在野外

出生入死采集到的。他给我的印象是：对工作非常热爱，不怕艰难。当时小勐仑的热带植物园还没有建成，他就在深山老林中骑着摩托车采集植物标本，不畏艰险，为祖国热带植物事业艰苦奋斗，这一点给我的影响和教育是深刻的。他为了发展祖国的科学事业和植物学事业，贡献了自己的一切。云南的植物学界还专门拍了一部电视连续剧叫《蔡希陶》。①

陈封怀教授是我国植物园的创始人之一、植物分类学家，在国内创建了多家植物园，尤以创建庐山植物园闻名。他历任庐山植物园、南京中山植物园、武汉植物园、中国科学院华南植物园主任。当然，他的曾祖父陈宝箴、祖父陈三立和三叔陈寅恪，在中国近代史上闻名遐迩。

回首第一次出国，肖培根感慨万千：

时间过得真快，五十多年过去了。这一次访问，我现在还清楚地记得两件事：一件是，当初出国访问的人很少，我们这样一个代表团要访问非洲就变成一件大事，在《人民日报》的头版还登了我们出访的消息；另一件是，国家很困难，出国的外汇非常紧张。我们出访途经巴黎，口渴了想要在机场买一杯水喝都没有喝成。当初国家困难到什么程度呢？我们出国的服装、箱子，都是在卫生部统一借的。就是在这么困难的情况下，国家还要跟非洲交往。因为那个时候毛主席支持非洲人民独立解放事

图 4-2　1963 年初访西非四国时，在几内亚肖培根（左）与陈封怀教授合影（肖培根提供）

① 肖培根:《绿药觅踪》。北京：中国医药科技出版社，2011 年，第 64 页。

业，我们需要了解非洲，要开展合作。这次出访为我们以后的出访奠定了很好的基础。①

图 4-3　黄华与夫人何理良女士

肖培根第一次出国，对国外情况生疏，不知怎么能做得更好。沈其震院长知道后，给驻加纳大使黄华写了一封亲笔信。他和黄华大使在新中国成立前就是很好的朋友，加纳是肖培根考察访问的第一站。沈院长还托肖培根代他送给黄华大使一份土特产。肖培根业务娴熟、工作勤奋，给黄华留下深刻印象，与黄华成了好朋友。以后，黄华遇到中国医学科学院或卫生部的同志就打听肖培根的情况。

这次访问，对我们了解非洲起了很大的作用。我们第一站到了加纳，外交家黄华亲自接待我们。问我们需要到哪儿采什么种子，帮我们做好安排。

代表团访问的四个非洲国家，要去的地方是过去几乎没有外国人到过的农村。肖培根还记得，他们三人组成的一个很小的代表团，到了几内亚的一个乡村，整个村里的人都载歌载舞，欢迎中国的客人。②

那时的黄华精力充沛、风华正茂，他的夫人何理良女士配合他在非洲开展了很好的外交工作。中华人民共和国成立初期，大使馆来访的人很少。肖培根他们到加纳以后，每天就和大使、大使夫人同桌吃饭，与黄华夫妇日渐熟悉起来，并逐渐体验到我国外交成就来之不易。对此，肖培根感触良多：

---

① 肖培根访谈，2015 年 11 月 9 日，北京。资料存于采集工程数据库。

② 同①。

图4-4　肖培根（右）与马里药师讨论当地草药（肖培根提供）

重大成就首先体现为在种种困难和十分艰苦的条件下，能出色地开展工作。那时驻外使馆最突出的问题是经费不多、人手紧缺，各级人员手边均没有什么“零花钱”。因此，每当使馆举行盛大招待会或是重要活动时，参赞夫人和所有的女同志均要上场“端盘子”，扮演“招待员”。我常常感觉他们是真正把祖国当作家，把自己当作家中的主人。他们是以主人翁的心情和姿态，为新中国广交国际朋友。他们的工作精神令人感动，正是因为如此，即使在那样艰难的情况下，我国的外交活动也开展得有声有色，各使馆人员与驻地的国家领导人、各界要人和知名人士都建立了很好的关系。我国一批知名的外交家如黄华、柯华、柴泽民、赖亚力等，都是中国驻非洲国家的大使。新中国早期外交活动，取得了很大的成就。特别是在20世纪的六七十年代，我也可谓是我国许多驻非洲或驻第三世界国家使馆取得重大成就的见证人之一。①

① 肖培根:《绿药觅踪》。北京：中国医药科技出版社，2011年，第29页。

其实，肖培根既是见证人，更是身体力行者。西非一行，他不仅圆满完成了预期任务，还成为我国走向世界的友好使者。

非洲草药

西非出访，受到了我国驻各国大使馆热情接待。每到一个国家，大使都亲自接待。

非洲考察的第一站是加纳。代表团到达阿克拉后，黄华大使夫妇不仅亲自接待，而且介绍了当地有名的医生安朴福与他们进行业务交流，使代表团很快就进入了“角色”。显然，黄华大使也做了很好的“功课”。这让肖培根非常感动。

安朴福不仅在非洲，在国际上也是一位知名人物。他本人是一名西医，却热衷于研究民间草药，成立了一个植物药科研中心，对加纳产的各种常用和有效的草药开展了植物化学特别是临床方面的研究。例如通过常年研究，证明了血红白叶藤根的浸出物用于治疗风湿病疼痛，用锈叶土蜜树的叶浸出物治疗糖尿病等，均取得了较为满意的效果。代表团到他的家中和诊所以及研究中心参观过几次，这对于代表团了解非洲草药十分有帮助。安朴福医生还是一位有名的艺术

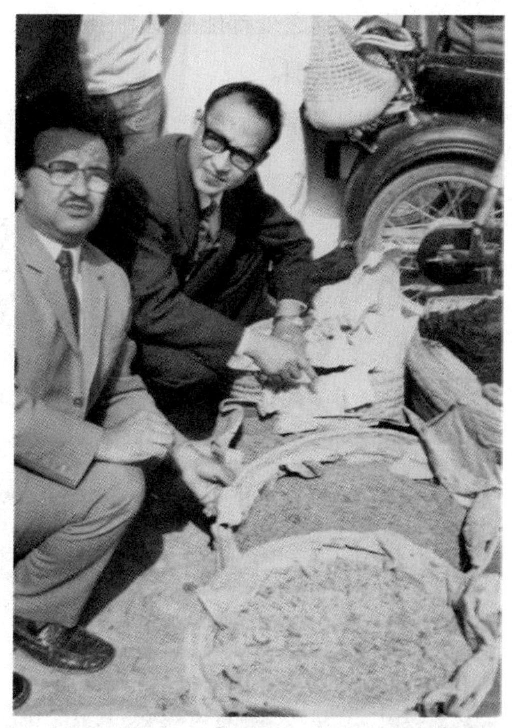

图 4-5　1973 年，肖培根（右）在阿尔及利亚草药摊上考察（肖培根提供）

家，在加纳首都的大街上随处可见他的艺术作品。

从 20 世纪 50 年代开始，肖培根就一直肩负着一项重大任务，寻找进口药品的国产替代资源，以打破西方国家的封锁。因此，他深知资源的宝贵，其中引种不失为最佳途径。

在黄华大使的帮助下，他们把可可引种到海南岛的药用植物园，不仅引种成活了并且还大面积推广。还有一些重要的药用植物，比如，治疗心脏病很有名的毒毛旋花；重要的油料植物有好几种，如牛油果，因质地和味道类似于黄油而得名，另外还有猪油果。代表团在加纳的几个植物园里采集到了许多植物的种子，包括催吐萝芙木种子。代表团采集了两百多种植物的种子，包括药用植物，为我国热带植物的研究，特别是为资源植物的研究，奠定了很好的基础。

让代表团深深感动的还有我国派往非洲的医疗队。他们在各使馆的领导和帮助下，发扬救死扶伤、舍己为人的精神，为国家赢得了很高的荣誉，代表团所到之处都能感受到中非人民浓厚的情谊，这也为代表团营造了很好的工作氛围。

西非四国考察之后的十几年里，肖培根经常被国家派到非洲指导或与

图4-6　1963 年，肖培根访问马里的一个集市（肖培根提供）

非洲草药工作者合作调查当地的草药，非洲大部分国家他都去过了。他把非洲的传统医学归纳为三部分：一部分是当地的传统医学，一部分是阿拉伯的传统医学，一部分是欧美和当地混合型的传统医学。经过多年的科考工作，肖培根对非洲的情况非常熟悉：

> 非洲北部受伊斯兰教的影响很大，他们属于阿拉伯草药体系，或者叫尤纳尼传统医药体系。在东非、西非、中非的黑人，用的都是当地的草药，用的方法也很简单。据当地的传统经验，常常是把草药或树皮磨成粉，放在玻璃瓶里，在街边的摊上卖。买来以后加点水，在2～3天内喝下去。他们也有一些草药协会，有时还和巫医结合在一起。南非是个混合型的地区，黑人占多数，也有白人，白人用的草药和欧美人用的草药类似。用顺势疗法或植物药叫 Plant Medicine。在非洲的草药，如毒毛旋花子、萝芙木等，他们在草药制剂中都用；阿拉伯的草药，如乳香、没药、番泻叶、阿魏等他们也常用。①

在非洲一些国家也有用植物制作的饮料，具有解暑等药物功效，如同中国的酸梅汤。

在马里，代表团从一个地方到另一个地方，根据当地的一些礼节，他们总要给代表团冲一杯很浓的、加了薄荷的绿茶，里面放一些糖，作为解暑饮料。饮用时，有一股薄荷清香，甜甜的，很好喝。在埃及考察时，他们都是用红红的、冰镇的玫瑰茄茶作为清凉解暑的饮料招待客人。到了阿拉伯地区，和当地的草医、草药人员在室内讨论时，他

图 4–7　药植所云南分所高大的檀香树

① 肖培根：《绿药觅踪》。北京：中国医药科技出版社，2011 年，第 59 页。

们还要点一些熏香，他们认为熏香可以避邪，且能起到净化空气的作用。总之，非洲草药的一些传统应用，均与保健有联系，比如用于刷牙的刷牙棍，可以起到护齿作用。由于在殖民主义的统治下，草药的发展受到了很大的阻碍。在开罗只有一家比较大的草药店买卖草药，兼给人看病。在英国统治时期，草药是不合法的，草医是不能行医的。代表团在阿尔及利亚考察时，卫生部部长接见他们时也讲："我们现在的草医只剩下几个人了，而且年龄也都很大了，七八十岁了，一旦这几位草医去世，我们国家草医的传统经验就要失传了。"因此，把中国代表团请去的用意是要抢救他们国家自己应用草药的传统文化。从这里肖培根体会到，传统医药的传承与发展，政策是最重要的。我国在宪法里规定发展传统医药和现代医药。

第一次出访虽然很"隆重"，接待"规格高"，但是"囊中羞涩"。那时国家穷，出国人员按月发给一些所在国货币作为津贴，大概相当于二三十元人民币。出访三个月，这笔钱怎么花呢？肖培根爱书成癖，这笔钱一发到手，他就毫不犹豫地买下心仪已久的《加纳木本植物志》（*Wood Plant of Ghana*），书是英文原版的。因为英国出版的书价钱很贵，买了这本书后，钱包一下就瘪了。这本书非常有价值，它帮助肖培根解决了许多工作中的问题，特别是在非洲遇到需要鉴别的植物时，翻开查一下即可，节省了不少时间和精力。这本书肖培根没事的时候就读，渐渐进入"佳境"，慢慢打开了非洲热带药用植物的大门。以后，特别是在临时出现的"特殊使命"面前，他常常利用这份资料查遗补缺。

神秘果

肖培根对黄华大使一直怀有深深的敬意。2010 年，听说黄华去世时还难过了一阵。他觉得黄华作为驻外使馆的领导，不仅对代表团的考察工作做了周密的安排，生活上也给予了无微不至的照顾，尤其难能可贵的是提供了很内行的建议。比如在加纳的时候，有一天他慢条斯理地对肖培根说：

“你们应该注意呀，非洲有一种植物很奇怪。吃了这种比花生米还小的果实之后，再去吃任何食物，无论任何味道都会变成甜的。”肖培根他们几位专家十分好奇，黄华就建议他们去集市上买。于是他们买来吃，再吃很酸的柠檬、酸橙，果然都变得很甜了。它的名字叫 *Synsepalum dulcificum Daniell I*（Miraculous Fruit），大家就给它起了一个中文名字叫奇异果或神秘果。①

图 4–8　神秘果

这段往事肖培根记忆犹新，说起来津津乐道：“我们就把它引种进来，种在我们的几个植物园里，现在长得都很好。它是一种小灌木。现在通过进一步的研究，发现它是一种甜味剂，比糖还要甜多少倍的强烈的甜味剂。”②

奇异果含有一种特殊糖蛋白，进到嘴里后，它能够刺激舌头上的味蕾。当时大家曾经设想过用它解决小孩吃药怕苦的问题，用奇异果制成甜味剂，苦药也可以变成甜药了。这是个值得进一步开发的课题，也是他们第一次出国所取得的成果之一。现在，奇异果已经在云南引种成功，而且可以提取这种特殊糖蛋白，做成天然的甜味剂了。它的应用范围非常广泛，不仅仅是解决小孩吃药怕苦的问题了。

图 4–9　药植所海南分所进口南药园区

萝芙木许多人都听说过，因为它是心脑血管疾病治疗常用药的原料药材。新中国成立前，我国的强心药和降压药一直从国外进口。新中国成立以后，面对国外封锁，我国

① 肖培根：《绿药觅踪》。北京：中国医药科技出版社，2011 年，第 63 页。

② 肖培根访谈，2015 年 11 月 9 日，北京。资料存于采集工程数据库。

图 4-10 催吐萝芙木

加强了对心脑血管疾病治疗药物的研究，主要是寻找萝芙木资源和品种的引进。对萝芙木化学、药理、临床和生产也进行了综合研究，生产出总生物碱制剂降压灵。还研究了从催吐萝芙木根中提取分离利血平的工业生产方法。我们所引种的催吐萝芙木（*Rauvolfia vomitoria*），不但能够从中提取利血平，它的总碱也是一个很好的降压药物，而且还有一定的镇静作用。当时大家都抢着要引种它，在云南引种之后，在当地生长得非常好，产量很大，现在已经规模化生产了。①

在非洲野外考察异常艰苦，说天气炎热似火烧一点都不夸张，经常热得喘不过气来。非洲人民的热情也似火一般炙热，代表团经常深入穷乡僻壤，当地老百姓第一次见到中国人，不但倾“村”而出，且载歌载舞，体现非洲人民对中国人民的友好情谊。

初访西非四国，代表团除了在非洲考察当地的植物资源和药用植物资源，还为我国南方的植物园采集和收集了很多重要的药用植物种子，如古柯、毒毛旋花、萝芙木、猪油果、牛油果、奇异果等，有近 200 种。他们采集回来的珍贵种子，在中国医学科学院药用植物研究所的海南分所、云南分所以及云南西双版纳热带植物园，经过栽培试验，

图 4-11 药植所云南分所成片的胖大海种质园

① 肖培根:《绿药觅踪》。北京：中国医药科技出版社，2011 年，第 63 页。

很快就引种成功，落地生根了。过去必须进口的热带药用植物，从这里引种到更多的地方，造福着中国人民。可以说这次西非四国之行，为我国引种热带药用植物作出了不可磨灭的贡献，其社会效益和经济价值是无法计算的。

图 4–12 1974 年，肖培根在埃及进行药用植物及草药考察（肖培根提供）

考察加纳、几内亚、马里、摩洛哥西非四国之后，蔡希陶团长不幸染上了疟疾，代表团只能提前回国。虽然多少有些遗憾，但是肖培根的首次出访任务圆满完成。

特殊使命

1974 年，肖培根奉派前往埃及考察草药，同行者有他的同事傅丰永教授。当时我国驻埃及大使是著名的外交家柴泽民，他亲自接待考察团，并为他们的考察工作做了周密的安排。考察前，柴大使先举行了一个著名医药人士的招待会，介绍他们认识了埃及大学和研究所等机构的著名人士，为以后的考察奠定了良好的基础。让肖培根难忘的是代表团离开埃及回国前夕，柴大使专门举行了一个盛大的招待会，邀请了一些国外的同行，大家依依惜别。正在这时，突然接到了国内的通知，柴大使说："你们代表团暂时不要回国了，在埃及待命，还有更重要的工作让你们去做。"几天后，"特殊使命"下来了，让他们这个代表团转赴坦桑尼亚考察当地的草药。因为坦桑尼亚和中国的关系很好，我国正在援建坦赞铁路。坦桑尼亚政府希望我国能帮助他们整理研究他们国家的草药。就这样，考察团从埃及奔赴坦桑尼亚。

一路上，肖培根感觉压力很大，因为事前没有做丝毫的业务准备，考察之后还要提交“关于坦桑尼亚药用植物的情况报告”。

肖培根把他当初在东北调查时采集标本的精神和干劲拿了出来，突击式阅读和整理了坦桑尼亚有关草药的资料。他当时参考的一本很大的英文书，是南非出版的关于非洲草药的著作。他工作效率很高，几天之内通过阅读掌握了坦桑尼亚大致有些什么草药。接着就和当地的科学工作者分赴各地考察。陪同他到各地访问草医、采集标本、了解情况的坦方官员名叫玛达提，是一名化学家。在那次考察中肖培根认识了猴面包树和各种各样的当地草药。①

图 4-13 1974 年，肖培根（后左）与傅丰永（前右二）在坦桑尼亚药用植物资源考察现场（肖培根提供）

① 肖培根:《绿药觅踪》。北京：中国医药科技出版社，2011 年，第 61 页。

代表团在坦桑尼亚感受到非洲人民对中国人民的友好，而且他们也盼望中国人民能够提供帮助。回忆坦桑尼亚之行，肖培根内心依然暖意融融：

非洲人民的友好时时都能够感受到。比如，我们在路上走，当地的老百姓就说拉费克，意思是中国是好朋友，表示非常欢迎。我们考察团也深入坦桑尼亚的一些穷乡僻壤。我清楚地记得，我们到撒哈拉沙漠边缘，温度高得不得了，一个鸡蛋放在外面，很快就晒熟了。在这样的环境下，我们跟当地的陪同人员，把每一种草药能治什么病都搜集起来。我们还访问当地的一些草医，把这些资料汇总起来，这个结果还是很成功的。我们回到北京以后写了一个报告，这个报告被联合国，特别是世界卫生组织分发到各个成员国。中国这样帮助第三世界国家，帮助这些落后国家整理当地很丰富的草药资源，是一个很成功的案例。我们感到，虽然在非洲我们很辛苦，但是我们做了一件很有意义的工作。世卫组织说，这是一个南南合作的一个典范。我们回到北京，他们的使馆参赞亲自到机场迎接我们，说我们干了一件好事。这种接待规格很少、一般是不会有的。①

---

① 肖培根访谈，2015 年 11 月 9 日，北京。资料存于采集工程数据库。

第五章 药用植物亲缘学

任务带动学科

药用植物亲缘学是肖培根历经50余年，创建、发展并日趋成熟的新学科。在北京南纬路肖培根的家里，我们采集小组的第一次访谈就是从药用植物亲缘学开始的。我感兴趣的是，药用植物亲缘学最初的灵感从哪里来。肖培根把我们带进科研任务、科研方向，与今天完全不同的特殊年代。①

这个讲起来可以用四个字总结——感触良多，还有一句话叫“任务带动学科”，这是我们现在不太讲的一句话。

药用植物亲缘学学科的发展确实有一个过程。回想起来，最早形成这种思想是在20世纪50年代。那个时候，新中国刚刚成立，西方国家对中国实行了物资禁运，凡是可做药品原料的一概不准向中国出口，就是要寻找一些能够替代进口药的国产资源。

① 肖培根访谈，2015年11月9日，北京。资料存于采集工程数据库。

> 我们奔赴全国各地去寻找，一个最简便的办法就是寻找和进口药最接近的，成功的可能性就比较大了。我们一批年轻人奔赴全国各地，去找跟进口药相类似的一些药物。记得当初最重要的一个药品就是利血平，是治疗高血压的，当时中国没有利血平，那就找到和它最近的萝芙木。后来，萝芙木的研究我们药物研究所花费了很大的精力，进行了化学和药理方面的研究，结果令人振奋。确实，它能够像印度的利血平一样具有治疗高血压的作用，令我们受到很大的鼓舞。从它很相近的药材里就可能找到和它原来生物活性相类似的东西。沿着萝芙木的方向，阿拉伯胶、安息香、胡黄连都找到了代用品。

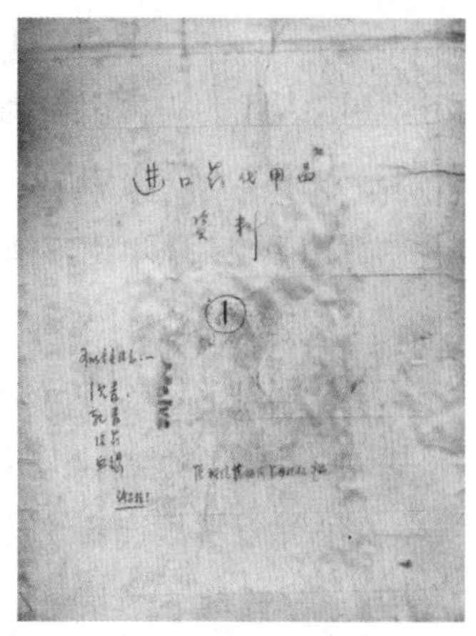

图 5-1　进口药代用品资料文件集（肖培根提供）

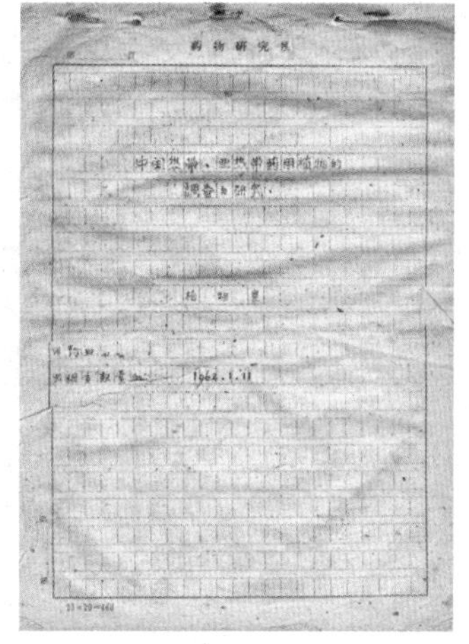

图 5-2　1962 年 1 月，植物室完成的《中国热带、亚热带药用植物的调查与研究》（肖培根提供）

为什么萝芙木“研究的结果令人振奋”呢？20 世纪 50 年代，在全国第一次疾病防治大会上，立下了“让高血压低头，让肿瘤让路”的豪迈誓言，中国医学科学院药物研究所正是利用萝芙木，冲破国外的封锁，研发出物美价廉、令几代人难忘的降压灵。阿拉伯胶是一种安全无害的增稠剂并能在空气中自然凝固，曾是食品工业中用途最广及用量最大的水溶胶。胡黄连为玄参科多年生草本植物，与黄连名称相似，同为治疗湿热泻痢之良药。胡黄连善退虚热除疳热，而黄连则善清心火泻胃火。安息香主治开窍清神、行气活血、止痛，民间常用的苏合香丸、至宝丹等都离不开安息香。这些原产于阿拉伯、印度、印度尼西亚等地的常用药材，短短数年就被一群努力的青年药用植物研究工作者，在祖国广袤的大地上找到了优异的替代植物，打破了西方国家的封锁，满足了中国人民的需求。作为植物室主任，肖培根肩负着打破封锁、为国民寻找替代进口药的历史使命，他必须登高望远，为国家闯出一条路来。

肖培根的亲缘学说，被老同事孙载明印在脑海里 60 多年：

> 从 1957 年、1958 年我们就认识了，那个时候还不熟悉，但是经常听肖培根的学术报告。有一个学术报告到现在我都没忘，叫植物的亲缘关系跟活性物质的寻找。植物有这个亲缘关系，那就有这个活性物质。他的学术报告，逻辑性很强，不枯燥，很多人都愿意听。所以那个时候我头一次听他的学术报告就记住“肖培根”这个名字了。[①]

图 5-3 刘昌孝院士

药用植物亲缘学的研究之路磕磕绊绊，艰苦异常。即使是在“文革”乱糟糟的日子里，肖培根也没有停止探究的脚步。“文革”中，他下放到北京平谷县的一个小药厂，利用生产小檗碱的废液提取出小檗胺。他应用亲缘学的思维，与刘昌孝[②]合作研发了一种新药，在多种疾病的治疗中效果显著。

“任务带动学科”是当年科研人员的不二选择。肖培根把努力工作与兴趣创新合二为一了。老伴冯毓秀的说法比较贴切：

---

① 孙载明访谈，2016 年 1 月 20 日，北京。资料存于采集工程数据库。

② 刘昌孝（1942—2024），湖南省郴州市人，1965 年，北京医学院药学专业毕业。博士生导师、天津中医药大学中药学院院长、天津药物研究院研究员、药代与临床药理重点实验室主任，国际药物代谢学会常务委员，国家新药研究与开发及药品非临床安全性研究管理规范（GLP）专家委员会委员，中国药理学会常务理事。2003 年 12 月，当选中国工程院院士。

老肖是接受新鲜事物比较快。比如，他很早就跟不同学科的工作人员或是科研人员合作。因为他为人温和，愿意合作，所以他发表论文、搞研究工作容易成功。比如，植物亲缘学，实际上是好几个学科的交叉。既需要懂点植物学的系统学，还得懂点化学，然后科属的规律性也得懂点，而且化学学得太浅还不行。后来他在植物所进修了两年，跟着王文采学习，对他帮助比较大。这样他思路就比较开阔，另外他外文比较强。①

“任务带动学科”，按今天的说法就是科学研究要为国民经济服务，围绕需求谋发展。其实，在应用科学研究领域，不围绕国计民生搞研发，单纯以论文多少、SCI 分值多少作为评价标准，这怎么可以呢？

雪域“矮莨菪”

1960 年，第一次全国中药资源普查结束。除了西藏地区之外，我国常用药用植物资源状况基本掌握。为了响应国家号召“整理祖国医药遗产”，填补西藏地区的空白，肖培根主动请缨入藏，系统调查藏药。当年入藏可不像今天的交通便利，没有十天半个月根本到不了西藏。

图 5-4　1961 年，肖培根（中）在藏医药发源地门孜康藏医院与嘎玛曲培（左一）、益西坚赞药师（右二）合影

① 冯毓秀访谈，2016 年 6 月 1 日，北京。资料存于采集工程数据库。

1960年，肖培根从北京坐火车到成都，再坐军车进拉萨。在雀儿山，海拔接近5000米时，高山上有很多积雪，军车不能动了，只能下车清理车四周的雪。那时，他还是个小伙子，不到30岁，劳动时习惯冲在前面。没想到只干了一会儿，头就像要裂开一样地疼痛。因为是第一次进西藏，对高原反应的症状和应对措施没有任何经验。加上太阳辐射，他们的皮肤很快就晒黑了。

比起高原反应，更大的问题是西藏平叛之后，还有未肃清的匪徒经常出来捣乱。肖培根回忆道：

> 1960年前后，叛匪刚刚平定，所以安全是无法保障的。我们考察活动都跟着部队，因此与部队里的药剂师都很熟。我记得到了晚上大家轮流值班，虽然不是叫站岗，但也不能睡觉，因为要保证安全。叛匪刚刚平定的时候，晚上出拉萨都困难。①
>
> 野外考察还是比较艰苦的。从这个地方到那个地方，在山上跑都得骑马。西藏的交通很差，路途远的就是部队派兵车，这应该是最好的条件了。最多的时候，派一个班的兵力。考察团在中间走，前后都有士兵，拿着机枪。我们自己也带枪，我原来不会打枪，现学一下，给每个人一把手枪。比如，哪个地方有叛匪了，就要带手枪。部队军官会培训一些防叛匪的知识，如果遇到了就把所有的铺盖放在敞篷车边上，围成一个圈。周围先看一下，有枪可以挡一下嘛，像坦克车一样，挡一下。最怕就是打冷枪，认为没有人了，但是实际上就埋伏在那儿。所以，当初我们调查的时候，部队官兵把这些知识都告诉我们。如果听见枪声响了怎么样处理，这个常识都有。②

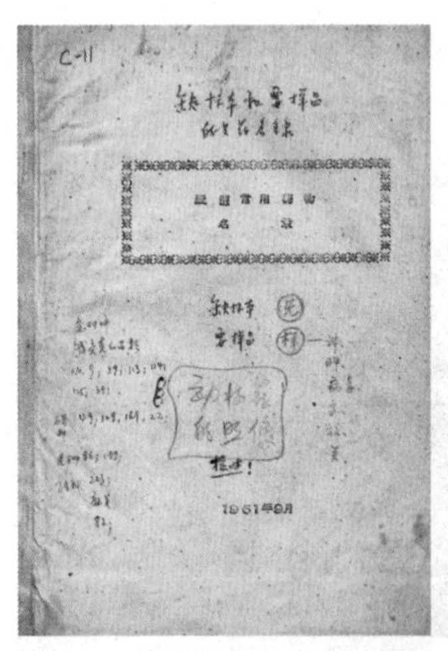

图5-5 1961年9月编写的《藏医常用药物名录》（肖培根提供）

① 肖培根访谈，2016年4月6日，北京。资料存于采集工程数据库。
② 同①。

肖培根他们在西藏搞的是野外药用植物调查，晚上有时候借宿在寺庙里，或者就睡在牦牛帐篷里面。

> 西藏基层的老百姓确实非常苦。全年的衣服就是一张羊皮。夏天冬天都是它。基本上不洗澡，因此不管到什么地方，跳蚤都特别多。身上到处痒，晚上睡觉也失眠，只能撒六六粉。现在看六六粉对人身体也不好。①

“随着时间的流逝，大量的实践使肖培根在药用植物研究上的经验和才干都得到了增长。他调查药用植物的足迹遍及祖国各地。20 世纪 60 年代初，刚结束了《中药志》的工作，肖培根便主动要求到西藏进行考察。他和藏族兄弟一起，第一次对传统的藏医藏药进行了科学的调查和整理，并共同总结出版了《藏医藏药的初步整理》一书，迄今他已六次进藏，对那里的药用植物进行过深入的调查。”②

西藏山高路险，气候多变，险象环生，随时面临着生死考验。一次，他们搭乘军车赶路，路面狭窄湿滑，拐弯时车轱辘滑到悬崖边，车停稳后大家面面相觑，心惊肉跳。还有一次上山采药，听驮东西的骡马一阵阵嘶鸣，他们在藏族向导的带领下，快速藏进山凹处才躲过了纷纷坠落的山石，如果动作弛缓数秒，后果不堪设想。六次入藏，困难、危险没有让肖培根止步，反而让他如鱼得水，成了西藏植物资源调查和藏医药研究整理的先驱：

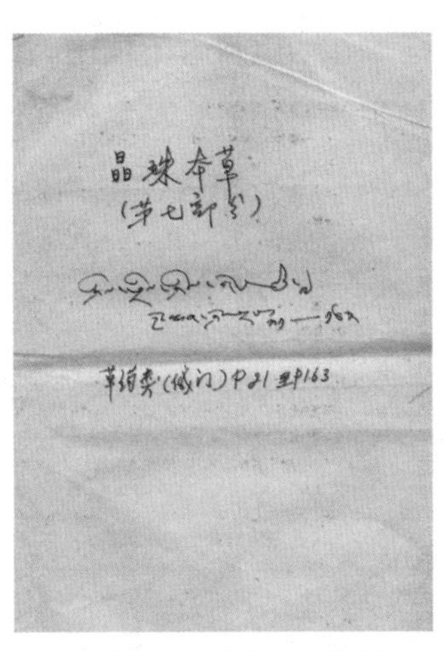

图 5-6　肖培根整理的藏药资料（肖培根提供）

---

① 肖培根访谈，2016 年 4 月 6 日，北京。资料存于采集工程数据库。

② 朱兆仪、林寿全：记药用植物学家肖培根同志。《中国药学杂志》，1985 年第 20 卷第 2 期，第 118-119 页。

对于藏医、藏药的调查，很多次我是住在藏医院里，当时藏医院的院长强巴赤列也是名医之一，常常协助我们工作。在藏医院里，我感到西藏医学和中医、西医、印度医学等都有共性，也有不同之处。我们首先要把藏医用草药能治的病搞清楚，往往这个病藏医讲出来的和我们真正理解的是不一样的。藏医认为，人主要有三个要素：一个叫“龙”，大致相当于“气”；一个叫“赤巴”，大致相当于“火”；一个叫“培根”，大致相当于“土”。“龙”“赤巴”“培根”是什么？什么是赤巴有病？什么是培根有病？等等，这些我们一点都不知道。因此，就要把在西藏工作的西医、中医和我们一起组成一个调查小组，判别藏医治疗疾病的经验原理。藏医中的某种病相当于中医的什么病？相当于西医的什么病？等等。我们把这些经验整理起来，后来编成中国第一部《藏医藏药的初步调查》。这部书是第一次对藏医藏药的科学研究的总结，1965 年在西藏自治区内部发行。①

在西藏科考不仅山高路险、高原反应，而且骑马也不轻松。有一次肖培根骑马出去，马突然受惊飞奔了起来，偏偏系马鞍的绳子开了，十分危急，他真正体会到“骑虎难下”的滋味。即便如此，肖培根仍然经常上山采药：

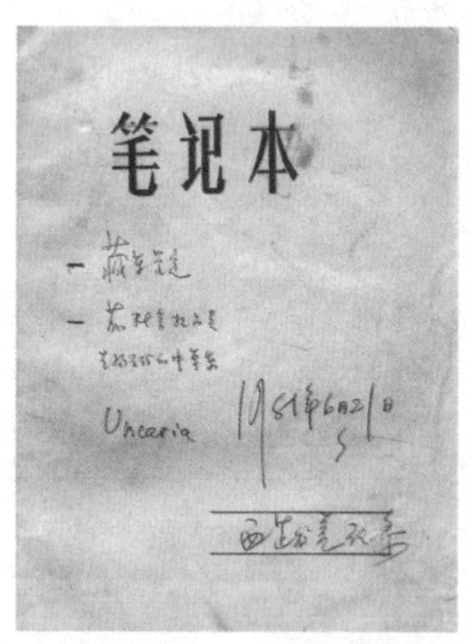

图 5-7 1981 年，肖培根第五次进藏所用笔记本（肖培根提供）

有几次，我随他们的采药队上山采药。采集药材时很艰苦，采药队像登山队一样，在外面搭起帐篷，选择好采药的地点，每天天刚蒙蒙亮就开始工作。我们对藏药进行了很多调查，基本上把西藏的一些本草书都进行了翻译，一个一个对照，有关藏医藏药的初步整理研究，我和同事已连续发表了几篇论文，虽然是很初步的，但在藏医药的科学

① 肖培根:《绿药觅踪》。北京：中国医药科技出版社，2011 年，第 40 页。

研究方面，这些工作都是做得比较早的。比如“藏医常用药物的整理研究”发表在1973年的新医药杂志上。我们积累了大量的资料，很多外宾来中国考察时，看到我们有这么多藏医藏药的原始资料非常羡慕，都希望我们能尽早地把它们整理出来，但我现在有很多工作要做，要完成《新编中药志》，对常用中药的进一步的整理和研究、药用植物亲缘学等，所以有关藏药的很多资料，我现在都不敢去动，因为只要一做，便要花费很多时间。①

六次入藏，“世界屋脊”上的药用植物基本被肖培根摸清楚了，同时药用植物亲缘学的研究也有很大进展：

基于亲缘学这个理念，我们在20世纪60年代初，到西藏去调查时已有意识做了相关研究。在藏医里有一种药叫做“矮莨菪”，其化学成分的研究没有做过。“矮莨菪”在藏医里应用很多。我们发现“矮莨菪”近缘的一些植物都含有莨菪碱，当时我们推测，它对神经系统有作用，类似于阿托品等。同时，我们推测“矮莨菪”也应该含有这种生物碱，后来研究发现，“矮莨菪”中莨菪碱的含量是这一类植物里最高的。另外，这个矮莨菪植物，国际上没有报道，算是一种新的发现。这样的一些实际例子教育了我们，植物的亲缘关系和化学成分及疗效是存在密切的联系性、相关性的。在这个过程中，我们就逐步想办法来发展，使其成为一种理论，以便能够保证资源的利用，能够更快速地找到所需要的资源。②

图5-8　藏医常用药物
（肖培根提供）

① 肖培根:《绿药觅踪》。北京：中国医药科技出版社，2011年，第41页。

② 肖培根访谈，2016年4月6日，北京。资料存于采集工程数据库。

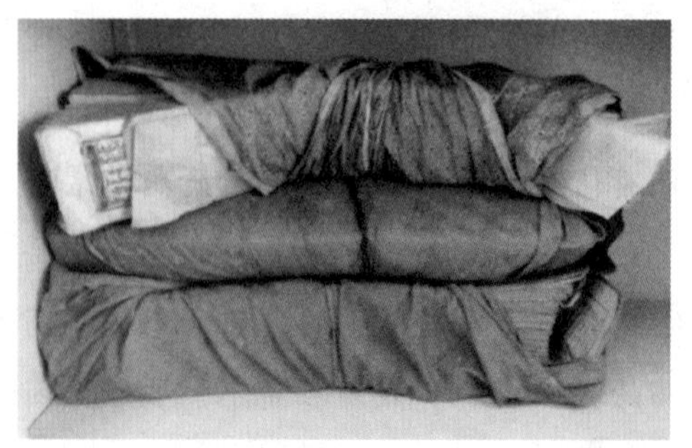
图 5-9　肖培根收集的记载藏医中草药的藏经（肖培根提供）

肖培根第一次入藏考察时，大女儿刚刚两岁，家里事情多，收入又有限，而且出差就意味着“赔钱”。之后，他能够心无旁骛地六次奔赴西藏，夫人冯毓秀功不可没。

在研究矮莨菪莨菪碱的基础上，研发出莨菪类生物碱制剂 20 余种，产生了可观的经济效益，仅成都制药一厂的年产值就达十亿元；随后又开发出两种新药：氢溴酸山莨菪碱注射液和氢溴酸樟柳碱片。

进修生的大发现

1962 年 2 月，肖培根因工作需要，到北京香山脚下的中国科学院植物研究所开始了两年的进修，专业方向是植物分类学，肖培根这样说：

> 我们对全国中药资源进行普查后，有大量的标本需要鉴定，我感觉到自己植物分类学的知识也需要提高。因此，领导派我到中国科学院植物研究所进修两年植物分类学。当时，带我的就是著名植物学家王文采教授①，他是中国科学院院士。我研究的是中国毛茛科植物和药

① 王文采（1926—2022），山东省掖县人。1949 年，毕业于北京师范大学生物系。中国科学院植物研究所研究员。1993 年，当选为中国科学院院士。从事毛茛科、荨麻科、紫草科、苦苣苔科等科植物的分类学研究，发现 20 新属，约 550 种新种。根据他揭示出的演化趋势，对翠雀属、唐松草属、侧金盏花属、铁线莲属、楼梯草属、苎麻属、石蝴蝶属和唇柱苣苔属的分类系统作了重要修订。建立了赤车属、微孔草属、后蕊苣苔属、吊石苣苔属的分类系统。根据 96 科植物分布区的分析，划分出东亚植物区系的 7 种分布式样和 3 条迁移路线，推测云贵高原和四川一带，可能是被子植物在赤道地区起源后，向北扩展中形成的一个发展中心。发现云南东南、广西和贵州南部的岩溶地区是世界上苦苣苔亚科植物最丰富的地区，拥有此亚科的全部 5 族、42 属、210 种，并认为此岩溶地区是此亚科的原始分化中心。

用植物。因此，在我的著作里，毛茛科的药用植物占了很大的比重。这个进修的机会，使我可以静下心来学习，每天往返宿舍和标本馆，大部分时间都留在标本馆看植物标本和药用植物标本，同时也查阅了很多关于主要药用植物的类群的文献资料。比如人参属、贝母属、大黄属、淫羊藿属、八角莲属等的标本，我都在标本馆里仔细地查阅了几遍。植物分类有一套根据国际命名法的规则，对于新的植物，即新种新属，都要用拉丁文命名。进修的两年，使我植物分类学的知识有了很大的提高，比如什么叫同名、异名，什么是真正的科学学名，什么是模式，拉丁文应该怎样写等。我经常向知名的植物学家请教，比如钟补求教授①、匡可任教授②等，他们都是我的好老师。我在查阅文献中遇到问题时，就向他们请教。③

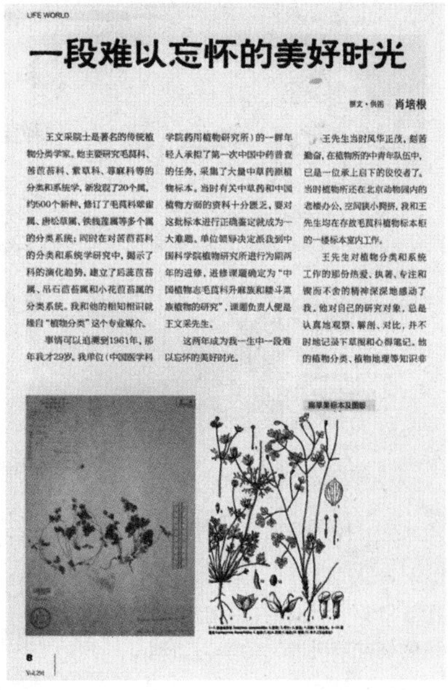
LIFE WORLD

一段难以忘怀的美好时光

撰文·供图 肖培根

王文采院士是著名的传统植物分类学家。他主要研究毛茛科、苦苣苔科、紫草科、荨麻科等的分类和系统学，新发现了20个属，约500个新种，修订了毛茛科翠雀属、唐松草属、铁线莲属等多个属的分类系统；同时在对苦苣苔科的分类和系统学研究中，揭示了科的演化趋势，建立了后蕊苣苔属、吊石苣苔属和小花苣苔属的分类系统。我和他的相知相识就缘自“植物分类”这个专业媒介。

事情可以追溯到1961年，那年我才29岁，我单位（中国医学科学院药用植物研究所）的一群年轻人承担了第一次中国中药普查的任务，采集了大量中草药腊叶标本。当时有关中草药和中国植物方面的资料十分匮乏，要对这批标本进行正确鉴定就成为一大难题。单位领导决定派我到中国科学院植物研究所进行为期两年的进修，进修课题确定为“中国植物志毛茛科升麻族和耧斗菜族植物的研究”，课题负责人便是王文采先生。

这两年成为我一生中一段难以忘怀的美好时光。

王先生当时风华正茂，刻苦勤奋，在植物所的中青年队伍中，已是一位承上启下的佼佼者了。当时植物所还在北京动物园内的老楼办公，空间狭小拥挤，我和王先生均在存放毛茛科植物标本柜的一楼标本室内工作。

王先生对植物分类和系统工作的那份热爱、执着、专注和锲而不舍的精神深深地感动了我。他对自己的研究对象，总是认真地观察、解剖、对比，并不时地记录下草图和心得笔记。他的植物分类、植物地理等知识非

图 5-10　肖培根回忆在中国科学院植物研究所的难忘时光

肖培根到中国科学院植物研究所进修之前，王文采就听说过他组织了第一次全国中药资源普查，还在植物所的标本馆见过他查阅标本。此时王文采正在参与《中国植物志》的编写工作，于是邀请肖培根参加。

① 钟补求（1906—1981），浙江省镇海县（今宁波市镇海区）人，著名植物学家。1947 年，任陕西武功植物研究所所长，派赴英国皇家植物园邱园和巴黎自然博物馆，从事研究工作并进修，获博士学位。1950 年 10 月回国，任中国科学院植物研究所研究员，主要研究桔梗科、玄参科以及秦岭植物。

② 匡可任（1914—1977）江苏宜兴人，植物分类学家。1937 年，毕业于日本北海道帝国大学农学部，同年回国。曾任云南农林植物研究所研究员、中国医药研究所副研究员。中华人民共和国成立后，历任中国科学院植物研究所副研究员、研究员。从事中国植物科属检索及中国主要植物图说的编纂及研究，为中国植物分类学的发展做了大量奠基性工作。

③ 肖培根：《绿药觅踪》。北京：中国医药科技出版社，2011 年，第 35 页。

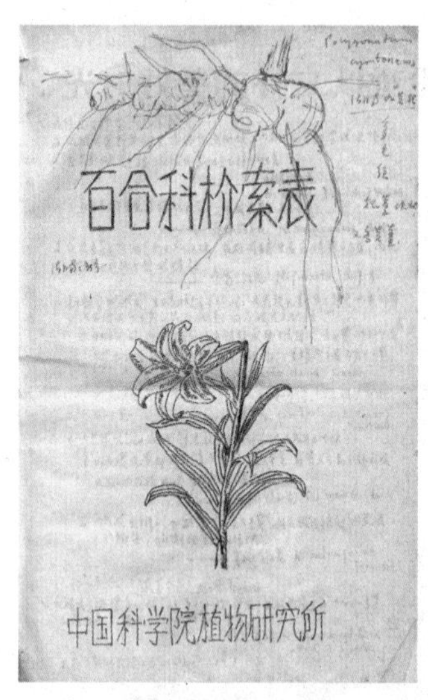

图 5-11 肖培根在中国科学院植物研究所进修时的学习资料（肖培根提供）

> 当时我正在进行中国毛茛科金莲花亚科和唐松草亚科志的编写工作，就请肖培根教授承担其中升麻族和耧斗菜族的编写任务。这两个族都不太大，但我没想到肖培根在此二族的分类学研究中做出了突出研究成果：发现了一个新属和不少新种。[①]

《中国植物志》是目前世界上最大型、种类最丰富的巨著，全书 80 卷 126 册，5000 多万字。记载了我国 301 科 3408 属 31142 种植物的科学名称、形态特征、生态环境、地理分布、经济用途和物候期等。该书基于全国 80 余家科研教学单位的 312 位作者和 164 位绘图人员 80 年的工作积累、45 年艰辛编撰才得以最终完成。2009 年，《中国植物志》获得国家自然科学一等奖。

在编写《中国植物志》的过程中，肖培根鉴定了大量的毛茛科植物，亲自解剖了许多毛茛科的花，每天都在观察毛茛科各个类群的蜜叶是怎样的，花瓣是怎样的，花萼是怎样的，中间的进化过程是怎样的。通过大量观察和研究，有一天肖培根突然发现 *Isopyrum* 属和邻近的一些植物类群有明显的不同。他立即和王文采教授讨论，确定了这是新的一个属。因为这个属和真正的 *Isopyrum* 属，在形态上有一系列重要差别，它的果实是两叉的，像倒写的一个“人”字，于是二人就给它取名为 *Dichocarpum*，人字果属（Dicho- 是两叉的意思，carpum 是果实的意思）。王文采回忆道：

> 新属的发现是由于肖培根注重花的解剖工作，他对耧斗菜族的各属、各种的花均进行了认真、仔细的解剖，并进行绘图。在这个工作

① 王文采：发现人字果属。见：中国医学科学院药用植物研究所编，《肖培根院士八十诞辰纪念》。内部资料，2011 年，第 90 页。

中，他发现当时被鉴定为 *Isopyrum* 属植物，扁果草 *I. anemionoids* 的花瓣具很短的柄，心皮 2～5 枚，完全离生。在另外一些种的花，花瓣有细长的柄，心皮只有 2 枚，在基部合生。此外，其叶的小叶裂片顶端微凹，在凹缺底部存在腺体。这个特征，以及上述花瓣和心皮的特征，不但与 *Isopyrum* 属不同，在楼斗菜族的其他属中也不存在。这时，肖教授将其新发现告诉我，并让我看了在解剖镜下解剖的花各部器官，我看过后对他发现的此新属当即表示赞同。肖教授遂根据果实特征拟定新属拉丁学名 *Dichocarpum*，并研究了我国此新属 9 种植物，此属分布于喜马拉雅中部和日本的 7 种植物，很快写出了论文“毛茛科一新属——人字果属”，于 1964 年在《植物分类学报》上发表。发表后，很快就得到日本毛茛科专家田村道夫和英国毛茛科专家 L. A. Lauener 的承认。①

在此后的研究中，肖培根又陆续研究发现了药用植物的 32 个新种和 11 个新变种。其中的四种：三角叶黄连（雅连的原植物）、蒙古黄芪、暗紫贝母（川贝母的主要原植物）、湖北贝母，这些后来被 2000 年版《中华人民共和国药典》收载，为保证中药用药的正确性起到了重要作用。1982 年，我国发行了一套药用植物首日封，其中第二枚邮票就是以肖培根名字“Hsiao”命名的暗紫贝母。在我国正式发行的邮票中，以人名命名的实属罕见。

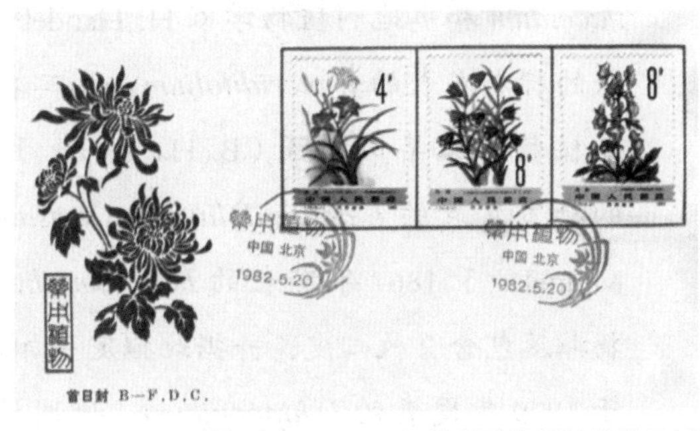

图 5-12　1982 年发行的药用植物首日封

人字果属（*Dichocarpum*）的发现，纠正了 100 多年来世界著名植物

① 王文采：发现人字果属。见：中国医学科学院药用植物研究所编，《肖培根院士八十诞辰纪念》。内部资料，2011 年，第 90 页。

分类学家的一些不正确的分类方法[①]：

> 肖教授发现了3个新种，三小叶人字果（*Dichocarpum trifoliolatum*），基叶人字果（*D. basilare*）和粉背叶人字果（*D. hypoglaucum*）；并将过去放在*Isopyrum*属发表的其他13个种名转移到新属中，做出新组合：如英国植物学家J. D. Hooker和T. Thomson于1855年根据锡金标本发表的*Isopyrum adiantifolium*；法国植物学家A. Franchet于19世纪末，根据采自云南东北和重庆城口的标本发表的*Isopyrum auriculatum*，*I. sutchuenense*和*I. fargesii*；另两位法国植物学家E. A. Finet和F. Gagnepain，于1904年根据采自云南东北部的标本发表的*I. franchetii*；英国植物学家D. J. Drummond和J. B. Hutchinson，于1920年根据采自广东汕头的标本发表的*I.dalzielii*（德国毛茛科专家U. E. Ulbrich于1922年，根据胡先骕教授于1922年采自江西武功山的标本发表的*I. flaccidum*和奥地利植物学家H. Handel-Mazzetti于1931年根据采自广东的标本发表的*I. pteridifolium*，此二名均被肖教授归并于本种）；日本植物学家早田文藏（B. Hayata），于1911年根据采自台湾阿里山的标本发表的*I. adiantifolium* var. *arisanense*；荷兰植物学家F. A. W. Miquel，于1867年发表的*Isopyrum dicarpon* Miquel已注意到此种植物雌蕊包含2枚心皮，并据此拟定种加词；法国植物学家A. Franchet，于1879年发表的*I. nipponicum*；俄国植物学家C. J. Maximowicz，于1883年发表的2种，*I. stoloniferum*和*I. trachyspermum*。

在我国全面研究中国毛茛科植物分类学的第一位植物学家，乃是中国科学院植物研究所和华南植物研究所的原副所长、菊科专家张肇骞教授。他在新中国成立后不久，承担了由植物研究所所长钱崇澍教授主持编写的“中国植物科属检索表”（1953—1954）中的毛茛科部分。当时他研究的*Isopyrum*属植物大概都是*Dichocarpum*属植物，他根据雌蕊由2枚心皮组成，果期二蓇荚果极叉开的特征，拟出了很恰

① 王文采：发现人字果属。见：中国医学科学院药用植物研究所编，《肖培根院士八十诞辰纪念》。内部资料，2011年，第90页。

当的中文属名“人字果属”。

上述欧洲、日本和我国的十余位学者，都是国际植物学界著名的植物分类学大家，但是他们在研究毛茛科时都忽略了 *Dichocarpum* 属的存在。究其原因，大概是他们都没有对此属和近缘属的花部结构进行仔细的解剖和比较的缘故。在论文中，肖教授将此新属划分为 2 组：分布于从喜马拉雅山中部向东达台湾的 10 种，组成此属的原始群 Sect. *Dichocarpum*（花托果期不膨大）；特产日本的 6 种则组成此属的进化群 Sect. *Hutchinsonia*（花托果期膨大）。

在 20 世纪 80 年代初，植物所傅德志教授又对人字果属进行研究，其有关细胞学和孢粉学研究说明 Sect. *Dichocarpum* 为四倍体植物，花粉均具 3 沟，Sect. *Hutchinsonia* 为六倍体植物，花粉除具 3 沟外，有 2 种的花粉具散孔。他的研究进一步支持肖教授关于 Sect. *Dichocarpum* 为原始群的观点。人字果属的分布区和青荚叶属 *Helwingia*，蜡瓣花属 *Corylopsis*，领青木属 *Euptelea* 的分布区相似，呈典型的东亚植物区系式样，即从东喜马拉雅山向东达日本，这样，肖教授的新发现为东亚植物区系增加了一个新的特有属。

肖教授发表此新属名时，把我作为此属名的第一作者，他对我的过分尊重使我深为感动和感激。论文发表后，田村道夫教授立刻来信表示祝贺，并提出进行学术交流的愿望。《中国植物志》收载毛茛科金莲花亚科和唐松草亚科志的 27 卷于 1979 年出版，田村教授在收到此卷赠书后，又来信表示祝贺，同时特别对肖教授为此科撰写的“毛茛科植物的化学成分和疗效”一节表示赞赏。此后，肖教授和他的学生们，发表了多篇关于毛茛科药用植物的论文，对毛茛科的系统发育研究和我国此科药用植物资源的研究作出了重要贡献。

四十年后，肖培根在回忆录中写道：

翻开《中华人民共和国药典》2000 年版一部，里面有 4 个植物是我发现的新种或是新组合。一个是三角叶黄连（雅连的原植物，

暗紫贝母

湖北贝母

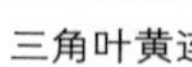

三角叶黄连

蒙古黄芪

图 5-13 暗紫贝母、湖北贝母、三角叶黄连、蒙古黄芪

Coptis deltoidea C. Y. Cheng et Hsiao），第二个是蒙古黄芪［*Astragalus membranacens* Bge.var.*mongholians*（Bge.）Hsiao］，第三个是暗紫贝母（川贝母的主要原植物，*Fritillaria unibracteata* Hsiao et K. C. Hsiao），第四个是湖北贝母（*Fritillaria hupehensis* Hsiao et K. C. Hsiao）。所以这几个植物的名称后面都用我的名字“Hsiao”命名。在同一版国家药典里就收载了 4 个、由同一个人发现的植物药，并以他的名字命名，这在国内外也是不多见的。所以，我还担当了几任植物分类学报的常务编辑，故也有人认为我早期是一个药用植物的分类学家。其实，我在药用植物分类学方面的知识也是“半路出家”学习的。①

① 肖培根：《绿药觅踪》。北京：中国医药科技出版社，2011 年，第 35 页。

国产第一代计算机与药用植物亲缘学

“半路出家”，既是肖培根的自谦之词，也是他思路开放，善用其他学科成果的写照。今天人们挂在嘴边的数字化、信息化，肖培根 50 多年前就应用于工作之中了。

图 5-14　肖培根（站立者）在看计算机检索结果

1958 年，肖培根陪同保加利亚专家伊莉诺娃考察东北野山参，做完详细的植物生态学调查之后，如何比较栽培人参和野生人参的生长速率成了过不去的门槛，他马上想到了求助于数学专家。相关论文发表在《药学学报》1962 年第 6 期，50 多年来不时有研究者引用。相关论文是数学家与药用植物学家联手完成药用植物定量数据的一个很好案例。

视野开阔、博采众家、触类旁通的禀赋，还使肖培根成为最早将计算机引入中草药研究的药用植物专家，并且成功地在中国第一代计算机上展开了亲缘学的研发。

肖培根在学生时代就用卡片做摘要。参加工作以后，做一个科研题目，查文献必须到各大图书馆，查阅题目、做成摘要，记录在一张张的卡片上，这个过程的完成，少则一个月，多则数月。20 世纪 70 年代，肖培根随同一个代表团到法国的一个图书馆参观。当时他正在做乌头的研究，于是向馆方提出要查阅有关乌头的文献和已发表文章的目录。当时国内检索恐怕要好几天，可是人家对着计算机敲了一会儿键盘，他所要的全部资料就打印出来并递到他的手中。这对肖培根那一代科学家来说是颇有震撼力，让他觉得“信息化”不仅是快捷和方便，而且是可以借助它解决药用植物研究上的许多无法解决的问题。肖培根立刻联想到药用植物亲缘学的研究：

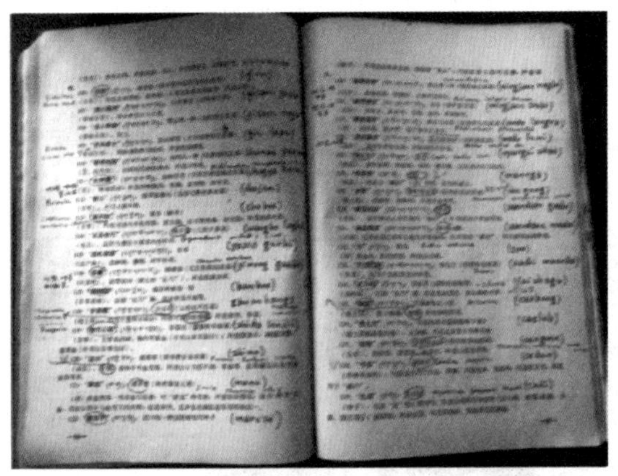

图 5–15 在“藏医藏药储备调查”上注满了藏文读音（肖培根提供）

在长期的药用植物研究中，我发现在某一个植物类群中，它们的植物形态、化学成分和疗效之间存在一定的相关性。这种相关性如果通过计算机和数学模式加以整理发掘，就能够寻找出很多规律性的东西。所以，在以后的研究中我逐步地把重点，由放在一个植物上，转移到放在一群相类似的、有共性的植物上。我做过的类群有人参类、大黄类、乌头类、贝母类、紫草类、淫羊藿类、金丝桃类、唐松草类、升麻类、莨菪类、杜鹃花类、蒲黄类、五味子类、小檗类、十大功劳类、牡丹类、芍药类、八角莲类、远志类、灵芝类、沙棘类等二十多个类群。通过类群的研究就能够发现其中的规律。我早在 20 世纪 80 年代就和所内有关同志对大黄类进行了多学科的研究。先将各种大黄做化学分析实验，分别分析其主要成分的含量，然后用动物模型做一些泻下作用的比较，再用回归分析，用数学模式和计算机做聚类分析。结果很有意思，我们发现凡是叶子具有任何掌状分裂的大黄，也就是在大黄属掌叶组植物中都含有番泻苷，而且有明显的泻下作用。这个研究成果在药学会报告时，曾获得最佳论文奖，也就是我提出的植物的亲缘和化学、疗效存在着内部的规律，而这些规律要用多学科手段和计算机等辅助手段加以分析，这也是我的一个科研方向，到目前为止，已经发表了五六十篇学术论文，形成了药用植物亲缘学的雏形。①

① 肖培根：《绿药觅踪》。北京：中国医药科技出版社，2011 年，第 35 页。

中医药是中华民族的宝贵财富，几千年来在繁衍生息抵御疾病中，积累了浩如烟海的信息，如 11000 种以上的中草药，超过 100000 个的中药方剂，仅这两点已非某个人可以驾驭，因此必须借助计算机和信息技术。当时，肖培根他们使用的还是国产第一代计算机（国产 6912 型），各个传统疗效数据的输入还必须采用打孔的方式，今天用缓慢、笨拙来形容一点也不过分。中国的药用植物研究就这样在肖培根的带领下，迈出了具有历史意义的第一步。

药用植物亲缘学的五大应用领域

《药学通报》1978 年第 1 期 1 至 5 页上，发表了肖培根的重要论文“植物亲缘关系、化学成分和疗效间的联系性”，标志着孕育了二十几年的一个新学科的诞生，也标志着一个新时代的开始。《药学通报》“文革”中停刊十年，肖培根就能够在复刊的首期首页发表论文，原因只有六个字：分量重质量高。

“植物亲缘关系、化学成分和疗效间的联系性”的植物系统发育和分类的概念，即使给外行看思路也非常清晰：

> 中草药绝大部分来源于植物，而目前世界上数十万种植物都是经过了漫长的历史时期逐渐演化来的。在演化的过程中，它们之间形成了或远或近的亲缘关系，这就是植物的系统发育概念。亲缘相近的种，不但在外形上相似，而且由于遗传上的联系，生理生化特性也相似，因而所含的化学成分往往也比较相

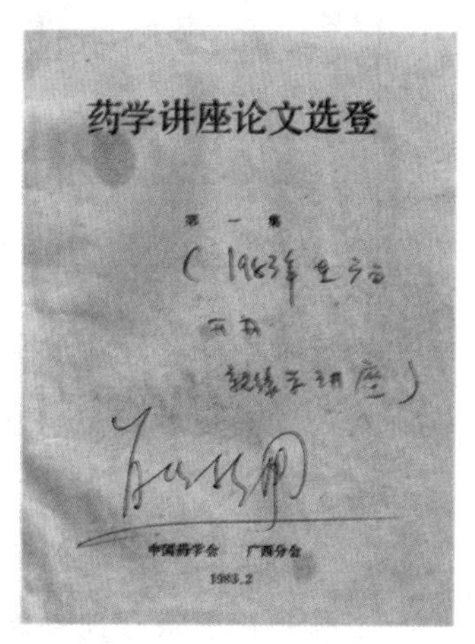

图 5-16　1982 年 10 月，应广西药学会邀请进行了比较系统的药用植物亲缘学讲座，翌年2月印刷成册（肖培根提供）

似。药用植物的生理活性成分大都属于植物次生代谢产物，在植物界的分布一般更具有规律性。因此，在来源于植物的中草药，比较更容易地看出植物亲缘关系、化学成分和疗效间的联系性。①

博览群书的肖培根，还从我国历代中医药经典著作中得到启迪：

人们在向自然和疾病作斗争的过程中，通过不断实践，逐步认识了植物亲缘关系、化学成分和疗效间存在着联系这样的事实。在我国古籍中早有“神农尝百草”的记载，《内经》中已将这种尝百草、用百草的经验总结为“辛散、甘缓、酸收、苦坚、咸软”。从现代观点来看，辛、甘、酸、苦、咸都是人们的味觉器官，对一些特定化学成分的反映。到了明代，著名药学家李时珍通过长期辛勤的医药实践，进一步认识到一些亲缘相近的药物具有相似的性味和疗效，并将它们排列在一起。应该说，这在当时是一种了不起的认识。②

《本草纲目》中植物亲缘相近的种类举例

药物种类	相当于现今的科属	共同的性味和疗效
大戟、泽漆、甘遂、续随子	大戟科大戟属	有毒，泻水。时珍曰：“续随与大戟、泽漆、甘遂茎叶相似，主疗亦相似，其功皆长于利水”
山柰、山姜、高良姜、豆蔻、白豆蔻、缩砂蜜、益智子	蘘荷科	辛温，大抵具有温中、治肚腹冷痛等方面的作用
龙葵、酸浆、蜀羊泉	茄科	苦寒，清热解毒

尽管“文革”导致我国科技信息闭塞多年，但是精通多国语言、关注国际科技发展的肖培根，还是获得了比较新的相关信息：

到了近代，随着许多植物化学成分的不断被阐明，人们对于植物亲缘和化学成分间存在联系的认识也不断深化，终于在20世纪60年

① 肖培根：植物亲缘关系、化学成分和疗效间的联系性。《药学通报》，1978年第13卷第1期，第1–5页。

② 同①。

> 代发展成一门新学科——化学分类学，也有称化学系统学或比较植物化学。它的任务是探索各个分类群中所含的化学成分或各类化学成分在植物系统中的分布规律，阐明它们之间的联系，以便从化学成分的角度探索植物的系统发育。这方面的工作可以以 Hegnauer 的著作《植物的化学分类》1～6 卷（1962—1973）作为代表。国外已开始试图用这方面的基础理论知识来指导药物研究工作。在我国探索药用植物中，这种植物—化学—疗效间的联系的工作也正在开始。①

肖培根创立的药用植物亲缘学是通过实践找规律，经过实践检验而证实的一门新学科。肖培根当年在论文中表述的五个应用点，历经六十余年的“实践检验”，已经成功地扩展为五大应用领域。

在扩大药用植物资源方面的应用

有些药用植物的有效成分已经被阐明，但是在某植物中的含量太低，我们可以从其亲缘相近的植物中去寻找高含量的新资源。例如具有较好抗癌效果的卫矛科植物美登木，仅能得到千万分之一至千万分之二的有效成分美登碱。由于不少类似的生物碱也具有抗癌作用，因而又从同科属植物巴昌纳美登木得到千万分之七的美登木类生物碱，其后又从同科植物波特卫矛分离得到每公斤 12 毫克的美登碱，得率约为美登木的 60 倍。另又从鼠李科塔克萨野咖啡中，分离得到具有抗癌活性的美登碱类成分美登纳新，因而引起大家从卫矛科和鼠李科植物中寻找此类成分的兴趣。

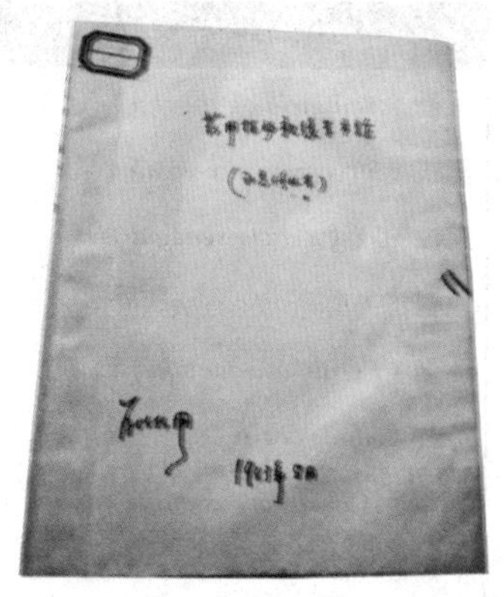

图 5–17　药用植物亲缘学导论（肖培根提供）

① 肖培根：植物亲缘关系、化学成分和疗效间的联系性。《药学通报》，1978 年第 13 卷第 1 期，第 1–5 页。

此外，如果我们已经了解到某种或某类成分在植物界分布的一般规律或线索，便可以有意识地集中到含量较高的类群去寻找。例如合成激素的原料甾体皂甙，在薯蓣属的根茎组植物中分布最集中，而且含量也高；驱除蛔虫的山道年，在蒿属同型花组的一些植物花蕾中分布最集中；阿托品等莨菪类生物碱，在茄科茄族天仙子亚族植物中分布最为集中。这就可以解释为什么属于同科或同属的植物，在薯蓣属的山药中不易找到甾体皂甙，在蒿属的艾叶或青蒿中不易找到山道年，在茄科的番茄或龙葵中不易找到托品类生物碱的原因了。所以说，掌握中草药有效成分在植物界分布的情况，有助于我们更主动和有效地来利用药物资源。①

在寻找进口药的国产资源方面的应用

从第一次全国中药资源普查开始，肖培根就带领植物研究室的同事们，开展国产资源替代进口药的研究。以后更自觉地根据亲缘关系相近似的线索，成功地从同科属植物中找到了一批进口药的国产资源。

从进口药同科属植物找到的国产资源

进口药	国产资源
沉香（*Aquilaria agallocha*）	白木香（*A. sinensis*）
马钱（*Strychnos nux-vomica*）	云南马钱（*S. wallichiana*）
阿拉伯胶（*Acacia senegal*）	金合欢属植物（*A. farnesiana*, *A. decurens*, *A. decurens* var. *mollis*）
蛇根木（*Rauvolfia serpentina*）	国产萝芙木（*R. verticillata*, *R. latifrons*, *R. yunnanensis*）
阿魏（*Ferula asa-foetida*）	新疆阿魏（*F. sinkiangense*）
芦荟（*Aloe vera*）	云南芦荟（*A. vera* var. *chinensis*）
大风子（*Hydrocrpus anthelmintica*）	海南大风子（*H. hainanensis*）
胡黄连（*Picrorrhiza kurroa*）	国产胡黄连（*P. scrophlariaeflora*）
安息香（*Styrax benzoin*）	国产安息香（*S. subniveus*, *S. hypoglauca*）

---

① 肖培根：植物亲缘关系、化学成分和疗效间的联系性。《药学通报》，1978 年第 13 卷第 1 期，第 1–5 页。

这些国产资源的质量已得到肯定或部分肯定，但是，必须认识到：从同科属植物寻找进口药代用品，虽然使我们成功的比率大大增加，但是不能保证一定成功，因为失败的例子也是屡见不鲜的。[①]

中草药的质量控制、鉴别和扩大药源

行内的人都知道中草药真伪鉴别与质量控制“水深得很”，说它与古画鉴定有一拼也并不过分。古画鉴定“走眼”损失的不过是金钱，中药材如果“走眼”的话可能会要命。比如前几年闹得沸沸扬扬的“龙胆泻肝丸”事件，问题竟然出在“木通”与“关木通”混淆上，而且还混淆到药典之上，使许多人陷于肾衰的窘境。早在第一次全国中药资源普查时，经过向药农、药材公司的老师傅学习中草药鉴别方法，使肖培根深切感到有必要建立科学的鉴别方法。于是就把药用植物亲缘学应用于此。

一些常用的中草药系来源于一定的植物类群，当我们逐步认识到它们的植物亲缘—有效成分—疗效这三者的联系后，对于其真伪优劣的鉴别和扩大药源也是很有帮助的。例如芍药与丹皮、苍术与白术，均来源于同科属植物，通过研究现在可以从植物亲缘和化学成分予以区别。据研究，我国东北所产的关苍术其植物形态与化学成分均与白术相似，此植物在朝鲜也作白术应用，所以值得进一步研究其作用，以便更加合理地用药。

当某种中草药的有效成分与药理作用被阐明以后，我们即可用它作为指标，从亲缘相似的植物中去寻找这类成分以扩大药源。当然，一种新资源的肯定，除了化学指标外，常常还需要有药理或临床的观察予以证明，而绝不能草率从事。[②]

---

① 肖培根：植物亲缘关系、化学成分和疗效间的联系性。《药学通报》，1978年第13卷第1期，第1–5页。

② 同①。

帮助预测中草药中的化学成分或有效成分以及协助成分的鉴定或结构测定

近年来，由于植物化学方面新技术、新方法的大量使用，为我们积累了丰富的基础资料，使我们研究中草药的成分时多少有些线索可循。例如草药祖师麻是属于瑞香科芫花属植物，据记载此属植物大都均含瑞香素（即祖师麻甲素）及其甙瑞香甙。经研究，祖师麻中具有抗炎、镇痛、镇静、扩张血管的有效成分即是瑞香素。最近苏联从同属植物欧亚芫花中分离得到具有抗凝作用的成分即是瑞香甙；我国从长白瑞香分离得到的有效成分也是瑞香素。某些类型的成分在植物界的分布是有规律可循的，例如一类比较特殊的黄酮：碳－甲基化相接的双氢黄酮。迄今为止，仅知分布于石南科杜鹃属、松科松属以及水龙骨科贯众属的一些植物中。因此在研究我国杜鹃类药物（如满山红、紫花杜鹃等）的黄酮类有效成分杜鹃素、紫花杜鹃甲素、去甲杜鹃素等时，如能事先知道这点的话，必定能收到事半功倍的效果。[①]

在整理总结中草药的经验和指导新药寻找方面的应用

通过对大量中草药的化学成分和疗效的归纳整理，从每种中草药的个性中用亲缘关系这条线，可以总结出不少带共性的东西。例如，属于唇形科的一些中草药：薄荷、紫苏、香薷等，气芳香，含有丰富的挥发油，大抵具有祛风、解表等方面的作用；另一些气不芳香，几乎不含挥发油的种类，则明显地具有苦味，常含有二萜苦味内酯。例如，草药冰凌草、溪黄草等，其成分常具有抗菌、抗癌等清热解毒方面的作用。通过植物亲缘关系、化学成分与疗效这三者的综合整理，能够使我们对中草药及某些植物类群的治疗作用有更加深刻的认识，

① 肖培根：植物亲缘关系、化学成分和疗效间的联系性。《药学通报》，1978 年第 13 卷第 1 期，第 1–5 页。

为新药的寻找提供宝贵的线索。例如，通过对数万种植物的抗癌筛选，现在一般认为较有前途的抗癌活性成分为：Asna- 大环类生物碱、生物碱、二萜内酯苦味质、木脂素、某些醌类化合物；从植物类群来说，大致有卫矛科、鼠李科、苦木科、多心皮类、夹竹桃科等植物类群分布上述的活性成分较为丰富。①

从形态分析到分子遗传学研究

在药用植物的长期研究中，肖培根发现在某一个植物类群中，其植物形态、化学成分和疗效之间存在一定的相关性，并据此寻找其规律性。

1980 年，肖培根在《植物分类学报》发表了“中国毛茛科植物群的亲缘关系、化学成分和疗效间相关性的初步探索”，这是一篇颇有分量的论文。中国科学院植物研究所路安民教授②曾经这样评价：

图5-18　肖培根在西藏罗布林卡（肖培根提供）

> 肖先生等采用综合性研究方法，首先对世界上毛茛科六个分类系统作了介绍，根据国产毛茛科植物的化学

① 肖培根：植物亲缘关系、化学成分和疗效间的联系性。《药学通报》，1978 年第 13 卷第 1 期，第 1–5 页。

② 路安民（1939—　），陕西省大荔县人。植物系统学家，研究员、博士生导师。1962 年，西北大学生物系毕业，分配到中国科学院植物研究所，师从匡可任教授研究植物分类学，1983—1985 年，在丹麦哥本哈根大学进修研究。20 世纪六七十年代，编著《中国植物志》，70 年代中期从事被子植物系统与进化研究。曾组织和参加了江西、湖北神农架、武陵山地区和滇黔桂接壤地区等四次大型植物考察。

成分进行系统分析，对该科药用植物的民间疗效作了整理，其可贵之处在于还结合植物形态学，提出涉及植物系统学的一些学术观点。例如依据芍药属 *Paeonia* 不含毛茛科所具有的特征性成分——毛茛苷和木兰花碱，却富含特有的芍药苷和没食子酰鞣质等，赞成将芍药属独立成科；芍药科 *Paeoniaceae* 可归属于第伦桃目 *Dilleniales*；以及对毛茛科内某些族间或属间的亲缘关系提出新见解。他的文章强调“植物亲缘关系的研究，可以为化学成分和疗效的研究提供线索。反之，化学成分和疗效方面的研究和整理结果，也可以为植物系统安排提供参考根据”。“研究植物亲缘关系、化学成分和疗效间的联系，是相辅相成的，可以起到相互促进和补充的作用”。①

肖培根早在 20 世纪 80 年代就和所内有关同志，对大黄类中草药进行了多学科的研究。先将各种的大黄做化学分析和泻下等的实验，分析其主要成分的含量；然后用动物模型做一些泻下作用的比较；再用回归分析，用数学模型和计算机做聚类分析。结果很有意思，他们发现凡是叶子具有任何掌状分裂的大黄，也就是在大黄属掌叶组植物中都含有番泻苷，而且也有明显的泻下作用。

图 5-19　肖培根重点研究过的乌头属药用植物

访谈时，肖培根还给我们举了一个例子：

一个比较典型的例子就是乌头。大家都知道，乌头毒性是非常厉害的。过去我在基层作调查的时候，它就有三转半说法，意思是用茶杯的盖，转三转半磨出来的粉末量没有毒，转四转以上就有毒了。做了亲缘学以后，就看出来相对毒性比较小的类群，我

① 路安民：我们的学术相识。见：中国医学科学院药用植物研究所编，《肖培根院士八十诞辰纪念》。内部资料，2011 年，第 92 页。

们指出来。将来，在小的类群里面，能够制作抗病毒、抗炎或者其他好的东西。这个跟藏医应用的规律是相符合的，他们现在也用这些毒性小的乌头解毒、解热等，非常有用。这样看起来，亲缘对毒性的应用就很容易看出来了，哪一类里面有毒，哪一类里面没有毒。从没有毒里去寻找，这就能够得到很好的结论，确实是这样。①

研究发现，原始类群（黄花乌头、圆叶乌头等）毒性较小，形态上表现为花瓣分化不完全，根部维管束呈点状且 9～10 个成 1 轮；进化类群（乌头、雪上一枝蒿等）则毒性较大，形态上表现为花瓣分化较完全，根部维管束呈放射状排列。

对 24 个植物类群进行了系统的药用植物亲缘学研究，通过类群的研究发现其中的规律，研发出药用及功能性食用产品 65 项。在药用植物亲缘学创建的过程中，路安民体会颇深：

经过我们多次认真讨论，2005 年由肖先生挂帅正式向国家自然科学基金委员会递交“中国重要药用植物类群亲缘学研究”重点项目的申请，得到评审专家的一致通过，并最终获得基金委的批准。我的研究组承担子课题“重要药用植物类群亲缘学的形态学（广义）和分子系统学证据”，在肖先生的领导下，取得了重要的研究成果，发表了许多有较高水平的研究论文：如 2006 年，《植物分类学报》发表的“广义小檗科植物药用亲缘学的研究”；2008 年，发表的“五味子科药用植物亲缘学初探”；2009 年，在 *PPEES* 发表的“毛茛目的系统发育和分类：根据

图 5-20　肖培根对世界上毛茛科六个分类系统均进行过研究

① 肖培根访谈，2015 年 11 月 9 日，北京。资料存于采集工程数据库。

4个基因和形态学证据”（英文）等。近几年肖先生指导的多名博士研究生，都是沿用了“药用植物亲缘学”的学术思想和研究方法，并有所创新和发展。在2010年年初，国家基金委组织的重点项目验收中“中国重要药用植物类群亲缘学研究”项目得到好评，取得“优秀”佳绩。通过这个研究项目的完成，“药用植物亲缘学”作为一门新兴交叉学科，有了比较完善的学科体系。这是肖培根对学科建设的创新，作出的重要贡献。相信这一学科随着不断实践及理论研究的逐步深入，将会在指导药用植物开发利用的研究中结出硕果。①

2015年，是药用植物亲缘学跨越发展之年，从形态分析转入分子遗传学研究阶段。当年7月，肖培根与郝大程②、顾晓杰合著的 ***Medicinal plants: chemistry, biology and omics***，由英国著名的伍德海德出版集团出版（Woodhead Publishing Series in Biomedicine No. 73）；9月，肖培根与郝大程合著的“药用亲缘学论纲——知识谱系、知识论和范式转换”，发表在《中国中药杂志》第40卷第17期上（页码：3335—3342）。阐述了药用植物亲缘学在现阶段更需要与“基因组学”结合，应用分子生物学成果，结合前期研究的分类群为例，讨论了“亲缘－成分－疗效”间存在的规律性。

图5-21　2005年，肖培根（左）与路安民（右）摄于药植所

抚今追昔，肖培根感慨万千。

① 路安民：我们的学术相识。见：中国医学科学院药用植物研究所编，《肖培根院士八十诞辰纪念》。内部资料，2011年，第93页。

② 郝大程，1994年毕业于西安交通大学医学院。2008—2010年，中国医学科学院药用植物研究所中草药物质基础与资源利用教育部重点实验室博士后，肖培根学生。

亲缘学从初创到现在快60年了。从成形、作为一个学科提出来，也有40年了。亲缘学经受住了考验，对于我们中药资源的可持续发展起到了一定的作用。王昌恩同志[①]的评价是："最主要你们有自主的知识产权"我想现在还要有一批人再继续干，今后一定会取得更多的收获。[②]

① 王昌恩，1976年毕业于山东中医学院。原国家自然科学基金委员会生命科学部中医学与中药学学科主任。

② 肖培根访谈，2015年11月9日，北京。资料存于采集工程数据库。

第六章
“五七战士”

变废为宝小檗胺

1966年“文革”开始。“文革”期间知识分子既要发挥他们的聪明才智又要“改造”他们的思想。方式上主要是走与工农相结合的道路，形式上是实现“三同”，即同吃同住同劳动。药物研究所的知识分子怎么“改造”呢？在西北旺的药用植物种植试验场劳动，那时西北旺还是很偏僻的地方。尽管肖培根已经被打入“另类”，但他依然保持初心：

> 我们先被下放到西北旺药用植物种植试验场劳动。虽然我们同工人一样地劳动，但是心里面总有一个想法，应该要保护利用好我们国家的药用植物资源。我们劳动之余看西北旺的农田里种了很大一片草药。草药的根皮加工了就是一种很好的药，当时都浪费掉了。我就和一些下放劳动的人，找了一口大锅加工药，但是受到了批判。那时候知识分子只能劳动，不能搞其他东西，因为搞研究就是走“白专”道路了。即便这样，我还是去做了这个事情：资源既然都有了，白白地

浪费掉了，不如加工成药，否则是很大的浪费。[①]

这是那个时代知识分子的一段心路历程。

到了“文革”最盛的1968年，肖培根被下放到北京远郊平谷县东升制药厂“劳动锻炼”。肖培根回忆说：

这个制药厂原本是一个制鞋厂，生产和收购一些三颗针，把它提取并做成黄连素。但是，这个时候小檗碱的价格很低，工厂面临倒闭。唯一的办法是从废液里面想办法。

我经常想这个问题。后来发现提取过小檗碱的废液里面，有一种成分含量非常高、几乎和小檗碱（黄连素）一样多。经过刘国声等的研究，证明它就是小檗胺，是一种白色的结晶。要解决药厂面临的困境，就必须考虑小檗胺有什么可以开发利用的价值。围绕这个问题，我们先查清它的毒性，证明它没有什么毒性后，再查文献，发现结构和它很相近的成分可以用于治疗肺结核，对结核杆菌有作用。后来我们知道麻风杆菌和结核杆菌有相似的地方，我们就给中国医学科学院皮肤性病研究所提供不少小檗胺片，并问他们是不是可以给麻风病患者试一试。试了以后出现了很有趣的现象：一个麻风病患者有淋巴结肿大，白细胞不到1000，但用了小檗胺以后，他的白细胞逐渐升高，最高超出4000了。我们觉得这是个很好的苗头，进一步由刘昌孝等人进行药理实验，证明它可以升高小鼠的白细胞，扩大临床应用后证明小檗胺确实有很好的升高白细胞的作用。这些材料是

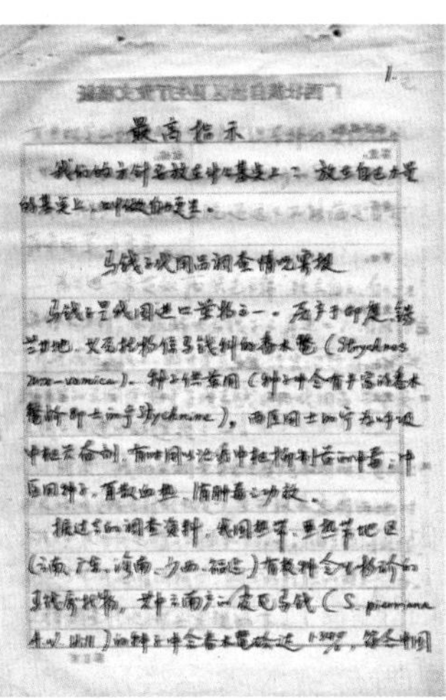
最高指示

图6–1　马钱子代用品的研究即使在“文革”时期也从未停止（肖培根提供）

① 肖培根访谈，2015年11月9日，北京。资料存于采集工程数据库。

我们在全国最早发表在科学期刊上的[①]，也是我们过去在实践中发现的一个新药。[②]

2015年，笔者在广西南宁见到了刘昌孝院士。谈及这段往事，刘院士记忆犹新。

我参与了后面变成药的研究。这个项目完成后，作为中国医学科学院的一个成果做了鉴定，并作为一个新药开发。先是在平谷县东升制药厂产业化的，后来我们的项目做好以后有好多人仿制。我后来查过一次，国内有八九家药厂生产该药。因此药物创新我们走到了前头。那个药主要是用于治疗白细胞减少等，还用于工业上的苯中毒、化学药物中毒等方面的治疗，也在好多家医院应用于临床。那时候我们几个人干得挺带劲的。[③]

肖 排 长

1969年，卫生部的“五七干校”在江西永修农村建立，卫生部系统的干部大规模下放随即开始，肖培根是首批“五七战士”。

在卫生部“五七干校”，肖培根有一项重要工作就是上山采药。“五七干校”附近有一座大山叫云山，山很高，山上中药材很多。当年搞中草药也像是轰轰烈烈的群众运动，“五七战士”们常常是不分专业结队上山。肖培根属于“乐天派”，从不以采药为苦，反而乐在其中，多年积累的丰富的野外资源考察经历，为他博得“肖大仙”的雅号。

① 刘昌孝，刘国声，肖培根：国内小檗胺研究的进展。《中草药》，1983年第14卷第1期，第45–48页。

② 肖培根访谈，2015年11月9日，北京。资料存于采集工程数据库。

③ 刘昌孝访谈，2015年5月26日，南宁。资料存于采集工程数据库。

> 平常采药的时候，总会有人问我，这是什么药？那是什么药？我每次都能够解答大家的问题，有时也讲一些认药的窍门、中药的功效等。我们队员中间有一名教授叫卢玉华，她是研究合成药物的，同时对草药非常感兴趣，亲自采药，亲自尝药，还做研究。看见不认识的草药就问我，叫什么名字，有什么特点等。她学得比较快，大家就和她开玩笑，说你现在对草药这么精通，真成了“卢半仙”啦！她也笑着回答大家说：我的草药知识都是从肖培根老师那里学来的，假如你们叫我“卢半仙”，那他就是“肖大仙”啦！因为他比我强多了，是我的老师嘛！①

图6–2　1969年摄于江西“五七干校”（肖培根提供）

江西空气潮湿，经常阴雨绵绵，患类风湿关节炎的病人很多。老乡管这种病叫“鹤膝风”，因为膝关节变形得像鹤一样。患者轻则丧失劳动力，重则不能下地走路。“肖大仙”的雅号不仅在卫生部“五七干校”闻名，驻地老乡也慕名而来找他治病：

> 我们在基层，老百姓经常找来看病。有一个申木匠因关节变形，找到我说：我现在路都走不了了，麻烦你想一想办法。我回北京探亲的时候，就到图书馆查有什么方子可以治类风

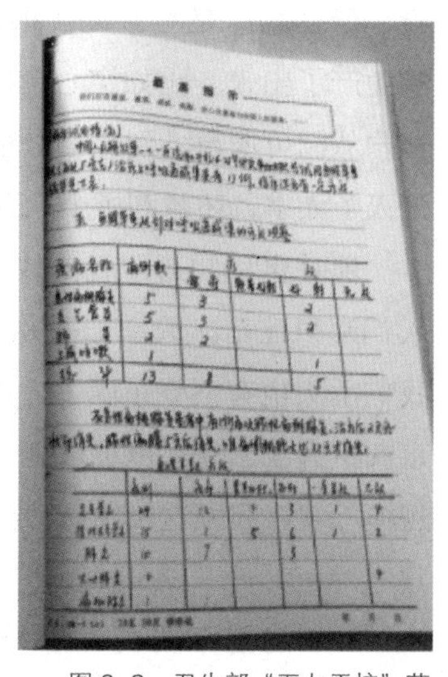

图6–3　卫生部“五七干校”药厂产品技术资料（肖培根提供）

① 肖培根:《绿药觅踪》。北京：中国医药科技出版社，2011年，第4页。

图 6–4　肖培根在“五七干校”药厂时期研制出用途广泛的消炎灵（肖培根提供）

> 湿关节炎，找到一个叫“四神煎”的古方。方子特点是重用黄芪，可用到 1 斤，另外的 3 种药为远志、牛膝、石斛，最后还要让患者喝一大碗金银花汤，喝后不能受风。干校有个惯例，要给病人吃，首先得自己吃。因为我是制剂车间的头儿，是我做出来的，所以我亲自吃过“四神煎”这个汤药。当然，为了在人身上先试验，我的同事、“五七战士”李广粹是搞药理的，他先做了大剂量的毒性试验，有极少数小鼠死亡，为了救患者，我们仍然试验服用了。那位姓申的木匠，原来不能走路，服了“四神煎”后疗效很好，可以下地走路了。①

这样的故事不止一件，更神奇的是肖培根当上了“五七药厂”制剂车间的主任，人称排长。

办药厂的目的是解决缺医少药的窘状。可是大家都没有办药厂的经验，最初药厂是亏损的。很快，经过大家的艰苦奋斗，一批批的药物试制生产了出来。比如穿心莲片、黄连素片等，产品品种最多时达 30 余种。客户从门可罗雀，到开着卡车来采购。到了第一年年底，“五七药厂”不但消灭了赤字，还盈利了十几万，成为卫生部“五七干校”的创收大户。

那时也不知道“五七战士”要当多久，回北京再搞科研几乎是梦想，人们都很迷茫，大家似乎从“五七药厂”看到了希望。有一位副所长说：我们手头也有不少东西了，都是自己搞出来的，能促进经济发展，如果北京回不去了，我们就在江西搞药厂。由此可见，卫生部“五七药厂”已经规模可观。回顾这段经历，肖培根说：

> 制剂车间的工作对我是个很好的锻炼，过去我是“三门”干部——家门、学校门、机关门，对于怎样制药，真是一窍不通。实际

① 肖培根访谈，2015 年 11 月 9 日，北京。资料存于采集工程数据库。

上即使是学药的，对如何制药也不是很懂。因此，开始时大家就对着制剂教科书，边学边干，如怎样做颗粒、打片、包衣、做成针剂等，一切都从头学起。我亲自动手打片，开始打出来的片不好看，包出来的衣也不美观。慢慢地，干得多了，打出来的片也好看了，包的衣也美观了。①

所里有一个规定，每个干部都要保证到基层去，因为毛主席说把医疗卫生工作重点放到农村去。一定要到基层，要三个月。所以肖培根也去过小分队：

1975年，我被卫生部派到韶关工作两年，担任韶关小分队的队长。我们的基地是在韶关药检所，现在的广东省药检所的陆所长当时就在那里工作。参加小分队对我来讲确实是一次很好的锻炼。当时我们的小分队还有一些特别的规定，比如不能吃肉。每天的副食都是空心菜，因为菜茎的中间是空的，我们就常开玩笑说：今天又吃"无缝钢管"呀！吃的菜基本没有什么油，有时用白糖泡杯水就觉得很好了。韶关位于广东北部，是个地道的穷乡僻壤，再加上这样的规定，生活确实是清苦的，但是我们的工作内容让人觉得很愉快。在民间收集到很多有效的药方，在医院里做了一些临床试验，开发了一批有用的中草药产品，比如鱼金注射液。鱼金注射液，主要原料是鱼腥草和金银花，抗菌消炎效果很好，后来我做了一些研究。当小分队队长的两三年里，从基层学到了很多有用的知识，为以后我的新药开发奠定了很好的基础。②

图6-5　韶关地区第一、二批中草药制剂初步小结（肖培根提供）

① 肖培根：《绿药觅踪》。北京：中国医药科技出版社，2011年，第43页。

② 同①，第44页。

鹅不食草

肖培根在“五七药厂”既是制剂车间主任，又是新药试制的主管，这些工作他之前一样都没有干过。“制剂”和“新药试制”是所有药厂的技术核心，在上无“师傅”下无“徒弟”的状况下，肖培根能挑起两副重担，除了他过人的聪明与悟性，更是他执着与勤奋两大性格的体现：

我在那个时候感觉我们的科学要发展，外文是非常重要的。怎么学呢？学习英文版的《毛主席语录》，在劳动休息的时候念一段。实际上，人家已经觉得我“白专”了，可我很喜欢这个东西。我不但在北京的“干校”这样，到了江西也是一样。我们药厂有个同事这样说我：有个人很怪，劳动完了不嫌累，还看德文书。因为那时候有一本德文的植物化学分类书，我觉得写得很好，很有用。①

“五七干校”劳动单调，生活艰苦。每逢节假日，大家或钓钓鱼改善一下生活，或到镇上打打“牙祭”吃碗馄饨什么的。宿舍里空无一人，格外清静。此刻，肖培根的“感觉很好”，进入了“佳境”：

有这么一段时间，在干校是一个人一张床，没有桌子的，看书就在一个床板上看，看书的效率很高。这个时候，不是为了看书而看书。比如，我们需要看看药厂周围有一些什么植物，这些植物有什么样的作用。在“亲缘”思想的作用下，找相关的一些疗效。②

这本德文的《植物化学分类学》对肖培根来说可谓功大莫焉：一是掌握了打开科学世界大门的一把钥匙；二是为创立药用植物亲缘学积淀了深

① 肖培根访谈，2015 年 11 月 9 日，北京。资料存于采集工程数据库。

② 同①。

厚的化学分类学基础；三是“立竿见影”出成果，发明了累计生产超过1亿支、至今热销的全国中医医院急诊必备的中成药热可平注射液，还发明了一个至今仍然供应全国的鱼腥草片。

肖培根回忆创热可平注射液的研制。

> 看了（德文）书以后，有一个发现就是从那个时候产生的。我们的“五七干校”制药厂在半山腰，山脚是“五七医院”，阜外医院下放的医生都在那儿了。每天我都要经过这个地方，天天见面都很熟。有一个阶段，医生就对我讲：现在我们“五七医院”压力很大，病人无名高烧，每天都有人去世，不知道什么原因。我们快熬不住了，你是搞草药的，是不是可以帮我们想想办法。我压力一下子也大了起来，因为在干校里面我们都熟，是有帮助责任的。①

肖培根赶紧去找经验丰富的老大夫，卫生部“五七干校”卧虎藏龙，很快就有人给他指点迷津：无名高烧，都在40度左右，往往是感染了病毒：

> 我能想的办法就是从书里找，从书中得到灵感。我们“五七干校”周围有很多鹅不食草。我看到德文的《植物化学分类学》那本书里面就讲了鹅不食草抗病毒效果很好。那时候在干校劳动时很热，每天都在40度左右，中午午休时热得睡不着，我对着天花板思考。我说怎么办呢？一个是高烧，一个是病毒。解热那个时候习惯上都用柴胡，鹅不食草不是可以抗病毒吗？②

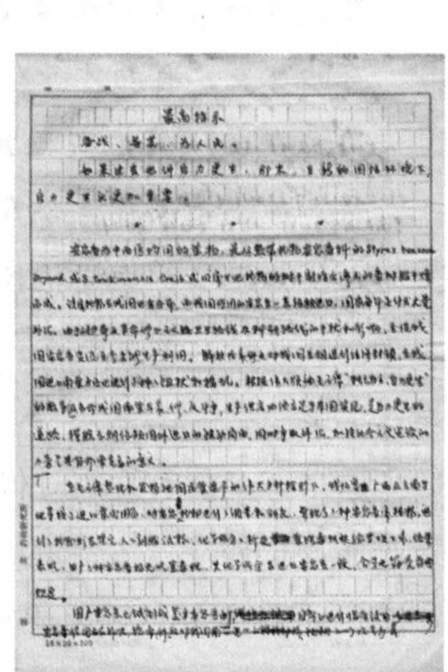
最高指示

备战、备荒、为人民。

图6-6 “文革”时期安息香的研究进展（肖培根提供）

① 肖培根访谈，2015年11月9日，北京。资料存于采集工程数据库。

② 同①。

柴胡加鹅不食草的灵感一闪，肖培根更睡不着了，跳下床来就招呼大家开始试制。

> 我说马上开始研究。因为那时我是“五七药厂”制剂室的主任。那时候按军队的编制，我算是排长管好多人。我说，用水蒸气蒸馏，于是就做了起来。我们把这两种药材通过水蒸气蒸馏以后，变成了一种针剂，这个针剂里是有油的。在干校里，你要是想在人身上做实验，必须自己先试，所以我就在自己屁股上打了一针。打后半天了，屁股还疼得不得了。为什么？因为它有挥发油，如果不用吐温 -80 把它稀释，油在屁股里是一直散不开的，因此一直疼。后来学药剂的同志建议加点吐温 -80，问题一下就解决了。[①]

笔者在肖培根家里访谈时，他说到兴处，站起来边说边找东西：

> 我顺便去拿一个东西，这本本里就有，病例什么的都有记载。当然，那个时候的记录是比较原始了，跟现在相比很简陋。你看病例，有的 2 岁，有的才 5 个月，无名高烧到多少天就退烧了。我们临床试用、在部队的医院里用的记录都有，所以这份报告很珍贵。这份资料，可能是保存至今唯一的一份。这个药效果还是可以的，有一个病人快要死了，靠它抢救过来了。以后这个东西就变成了一种药品，药厂就开始批量生产了。[②]

这是一个具有鲜明时代特色的笔记本，封面上印有毛主席的语录，里边是工整的钢笔字记录的病例，还有一页贴着热可平药盒上的标签，生产药厂是卫生部“五七干校”制药厂。说到起药名，肖培根又讲了一个故事：

---

① 肖培根访谈，2015 年 11 月 9 日，北京。资料存于采集工程数据库。

② 同①。

当时，在“五七医院”是没有检验病毒的设备的，但从临床观察来看，死亡率降低，退烧率增加。我们开始比较有规模地生产鹅柴针剂。因为这个名字不太好听，我们就想给它起个新名字。问大家给这个注射剂起个什么名称好呢？在我们制剂车间的周同惠[①]说：“热可以平，就叫热可平不是很好吗？”，大家都赞成。因此，这个针剂的名字就这样叫开了，以后在九江的部队医院推广，治疗了很多病例，直到现在，热可平注射液不但还在生产，而且已经发展成为一个常规用药，并被国家中医药管理局批准为全国中医医院急诊必备的中成药，由现在的永修县制药厂生产。[②]

1978 年后卫生部“五七干校”的解散，肖培根说起来五味杂陈：

“五七医院”全部都给永修医院了，“五七药厂”所有的设备都无偿给了永修县药厂。后来出了一件很有意思的事，在一次评审的时候，一个女局长来找我说：人家拿您来做广告，说热可平是您发明的。您现在比较有名了，是不是人家盗用您的名字？我说：不是，这可是实实在在咱们发明的。后来，这个局长讲，这个厂就做这一个产品，这个药创造的效益得给您一些报酬。我说：报酬不要，每年给我送一包绿茶就行了。[③]

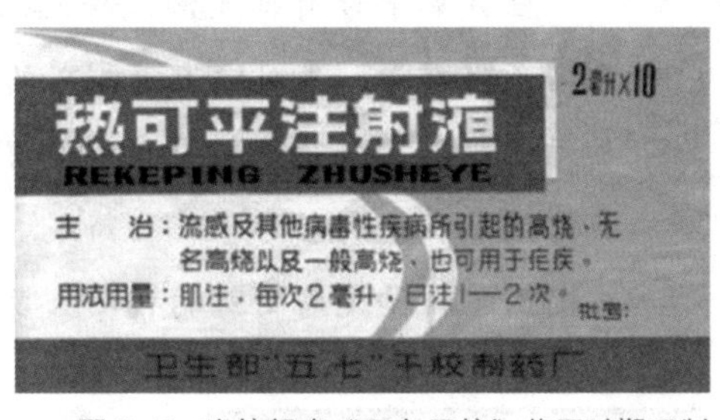

图 6-7 肖培根在“五七干校”药厂时期研制的热可平注射液（肖培根提供）

① 周同惠（1924—2020），广西桂林人。分析化学、药物分析和色谱学专家。中国科学院院士、中国医学科学院药物研究所研究员。

② 肖培根:《绿药觅踪》。北京：中国医药科技出版社，2011 年，第 45 页。

③ 肖培根访谈，2015 年 11 月 9 日，北京。资料存于采集工程数据库。

鱼金注射液

德文《植物化学分类学》还帮助肖培根发现了另一种清热解毒药物，鱼腥草素。

2015 年 11 月 6 日，在肖培根家里，他翻着笔记本边说边指给我们看：

我觉得这一份东西是非常珍贵的。这病例治疗用的是鱼腥草素。

当年，药厂都是为患者考虑的，很短的时间就搞了三十多种制剂出来。其中有一个叫鱼腥草片，上海生产的，现在上海还在用，就是我们那时候搞出来的。最初是天然的，因为天然产物效果不错，后来把合成的研制出来了。我们那些人经常在一起商量，怎么把鱼腥草变成鱼腥草素。上海有一个药厂来参观，就拿过去生产，以后就算他们的了，因为那个时候没有知识产权的概念。①

鱼腥草中含有挥发油，挥发油中含有一种名叫葵酰乙醛的成分，又名鱼腥草素，我对它有着深厚的感情。因为在“五七干校”时，我参考的那本《植物化学分类学》中记载它具有很强的抗微生物活性。我把这个线索向当时“五七药厂”的领导胡振凯汇报后，他立即组织中国医学科学院药物所的科研人员，在很简陋的条件下把鱼腥草素合成出来了，并在“五七干校”制药厂进行了小批量的生产。这应该是最早用人工合成方法生产鱼腥草素的尝试。鱼腥草的挥发油中还含有甲基正壬基酮、月桂醛和辛醛等成分，可使 HSV- 流感病毒和 HIV 失

图 6-8 鱼金注射液药盒贴（肖培根提供）

① 肖培根访谈，2015 年 11 月 9 日，北京。资料存于采集工程数据库。

活。当时,“五七干校”制药厂还试制了鱼腥草和金银花水蒸气蒸馏得到的提取物针剂，简称为“鱼金注射剂”。这种针剂以后在我任韶关小分队队长时在当地还用过。由于从鱼腥草中提取的黄色油状物对多种致病细菌、真菌、病毒、钩端螺旋体等均有抑制作用。因此，现在有关药厂已有鱼腥草的注射剂问世。此外，鱼腥草还具有抗炎、抗过敏、抗辐射、利尿等多种药理活性。①

虽然两个新药的发明得益于书本，但肖培根不是整天抱着书啃的书呆子。他特别重视实践，并且自觉地在实践中矫正已有知识的偏差，成为真正具有真才实学的大家：

有人认为我是个书呆子，书念得多了，有时也容易犯教条主义的错误。我在江西工作的时候，在当地是很受欢迎的。地方上称我是一名草药专家，常常邀请我去做一些药物的鉴定、普查和编书等工作。我也常常到江西省的各地去进行草药的考察和整理民间的经验。有一次，我在庐山附近碰到了几名草医，他们问我一种叫抱鸡婆的是什么药？我拿来一鉴定，原来就是中药的商陆。我就给他们讲了商陆是有毒的，用它来治疗妇女的不孕症很危险。他们建议大家一起去基层调查一下。我们根据病例记载去访问了那些患者，原来他们应用商陆的加工和制作过程很特别，即把新鲜商陆的根挖出来后，取一定的剂量和母鸡一块炖了喝汤，就没有什么毒性了，确有服用后就怀孕的例子。这件事对我的教育是深刻的，书本上的知识是可以参考的，但民间的经验更宝贵。实际上，书本上记载很多有毒的中药，像乌头的子根（生附子），经过炮制变成制附子后毒性就大大降低了。本来是大毒的，变成了小毒，甚至接近无毒。是不是新鲜商陆经过特殊加工，即高温处理后毒性大大降低，成为疗效很好的中药了呢？这就是我们传统草药经验的宝贵之处，所以任何事情一定要用事实来说话，不能

① 肖培根:《绿药觅踪》。北京：中国医药科技出版社，2011年，第45页。

犯本本主义的毛病。民间在实践中所积累的宝贵经验，可以为研究工作提供许多有用的线索，这些经验经过科学实验的验证，可能发展成为新药，这也就是传统药物学应该要做的事情了。[①]

鱼腥草又称蕺菜、岑草。叶卵状心形，初夏开花，揉碎叶片即可闻到一股野菜的清香并夹带鱼腥味，因而得名。它主要分布在我国中部、东南部和西南部各省区。四川、云南、贵州、湖北、湖南等长江以南的省区居民，喜欢用其嫩叶和根茎作为一种开胃爽口、味道独特的山野佳肴，或凉拌，或煮粥，或炖肉，有各种的吃法。

每年入秋，鱼腥草满山红翠，正是采食的好时节。《吴越春秋》记载有这样一则典故："越王（勾践）从尝（夫差）粪（诊病）恶之后，遂病口臭，范蠡乃令左右皆食岑草，以乱其气。"又《嘉泰会稽志》云"越王嗜蕺，采于此山。"由此可知，鱼腥草在春秋时期即已开始采食。

鱼腥草属于三白草科的一种多年生草本，地下生有白色横走的根茎，地上的叶心形，常生在山坡的潮湿林下、路旁、田埂和沟边。过去大家都是采挖野生的，近年来由于需求量大，已有较大规模的栽培，在超市即可买到。

鱼腥草在香港也很受青睐，拿来泡凉茶。日本将其干燥后沏茶，称为"十药"。

鱼腥草仍具有很大的潜力。现在肖培根有多位博士生致力于鱼腥草所在的三白草科植物的研究，这个原始的小科所有植物几乎均可药用，相信一定会有所发现，有所前进。我国已将其列入政府批准的药食两用的名单之中。

正是源于这种思想，肖培根近年又目光转向研究保健食品、保健饮品[②]。

---

① 肖培根:《绿药觅踪》。北京：中国医药科技出版社，2011 年，第 47 页。

② 同①，第 110 页。

急寻美登木

1971年11月，肖培根结束了江西永修“五七干校”的“劳动锻炼”，回到北京没几天就奔赴调查草药，此行还算顺利。整理好采集的标本和样品，打点好行装，大家返回昆明就准备回京了。此刻一项新的“特殊使命”降临。

调查队回到昆明以后，我一天之内接到了好几个从卫生部打来的电话，电话的内容大致是：接到总理办公室的通知，要我马上到云南采集美登木，这是一个特殊的使命。接到这个任务之后，我马上向当地卫生部门汇报，也很快就到云南昆明植物研究所查阅美登木的标本，我看了标本以后，就和昆明植物研究所的同志乘飞机到热带植物园，找到两位同伴李朝晖和裴盛基，我们三个人一起到原始森林里去调查美登木。

在原始森林里调查是非常艰苦的，我们在原始森林里待了七八天的时间，晚上就住在少数民族居民的竹楼里。白天，我们到森林里四处寻找美登木，也见到过野象的粪，还碰到过“狸”一样的动物，比较幸运的是，我们没有碰到更凶猛的野兽。在原始森林里调查时，最辛苦的和最难受的是晚上回到了竹楼，主人住在竹楼的里面，我们住在外面，晚上蚊子叮得我们无法入睡。我们就把很厚的胶皮雨衣披在头上，把全身裹起来。这样蚊子是挡住了，但是人在里面闷热不堪，就这样我们终于在一个小溪旁边找到了第一棵美登木，当时心里特别高兴，之

图6-9 美登木

后又找到了好几棵。我们用刀把它们砍成小片，装进袋里背回云南热带植物园，然后带着这些样品回到北京。上级说要做一些实验，很快我们就把这批样品送到药物研究所的肿瘤组进行筛选。筛选的结果证明：它的抗肿瘤效果不错，但毒性非常大，不能直接应用于临床。

若干年之后，我才知道这批样品是为我们敬爱的周恩来总理采集的，他患了膀胱癌。一方面我们为自己找到了美登木而庆幸，另一方面也为没有用美登木把周总理的癌症治好而非常遗憾。这个特殊的使命把我和敬爱的周总理联系在了一起，也使我体会到野外调查的艰辛和重大意义。①

自从国产美登木发现以后，位于西双版纳大勐龙的中国科学院西双版纳植物园便引种栽培了成片的美登木，对它进行了植物学、药物化学、临床应用的初步研究。结果表明，美登木化学提取有效部位及中草药复方水煎剂，对若干实验动物及人体恶性肿瘤均有明显的抑制作用。

云南美登木为无刺灌木，植株高达 4 米。单叶互生、叶柄长、叶片宽椭圆形或倒卵形，先端短渐尖或急尖，边缘有浅疏齿，基部渐狭。圆锥状聚伞花序，2～7 枝丛生，总花梗不明显，每花序有花三朵以上，花白绿色，雄蕊着生于花盘之下。蒴果倒卵形，种子棕色，基部有浅杯状淡黄色假种皮。

美登木有一种特别的清香，可化瘀消症、清火解毒、消肿止痛、防治早期癌症，采鲜叶或晒干泡水喝能增进食欲。在西双版纳傣族地区，人们很早以前就用其根、茎、叶捣碎泡酒治疗跌打损伤。

光阴荏苒，倏忽间五十余年了。今天作为景点的中国科学院版纳植物园的南药园里，美登木长势良好。

① 肖培根:《绿药觅踪》。北京：中国医药科技出版社，2011 年，第 27 页。

第七章
建立药植所

白纸绘宏图

1983 年 5 月 30 日，药物研究所党委向中国医学科学院递交了“关于建立药用植物资源开发利用研究所的报告”。报告说：中华人民共和国成立后药用植物的研究与应用，虽然有了长足进步，但是与欧美日等相比差距很大。主要原因是分散，缺乏统一领导，没有专门的研究机构统一规划，并用现代科学技术来指导这一规划进展。因此，为适应新时代需要，建立一个全国统一的研究机构药用植物资源开发利用研究所，是当前迫切需要解决的一个组织问题。如果仍然留在药物研究所，由于该所组织过于庞大（共 800 名职工），任务十分繁重，承担着寻找防治重

图 7–1　药用植物资源开发利用研究所建所时期的办公室
（药植所提供）

大疾病新药的任务，势必不能全面照顾植物药、中草药开发利用、推广生产等任务，限制了这一工作的开展，对事业是非常不利的。药物研究所党委认为：建立药用植物资源开发利用研究所，不仅是必要的，而且条件已经成熟。

报告经中国医学科学院上报卫生部。不到 90 天，8 月 22 日，卫生部下达了“关于中国医学科学院药物研究所下属三个药物试验站（场）改站为所的批复”。于是，中国医学科学院药用植物资源开发利用研究所（以下简称药植所）诞生了。肖培根任所长，与党委书记于普、副所长朱兰书，组成首届班子。

改站为所，尤其是转变成为一个全国独一无二的国家级研究所，绝非易事。

访谈时，谈及药植所的创建，肖培根对当年的困难局面感慨万千：

> 我们研究所前身是西北旺药用植物试验场。那边很荒凉，条件很差，建所初期整个药植所的仪器设备，总价值不到十万块。设备只有天平、冰箱。考虑到咱们国家在药用植物资源开发方面是短板，当初院领导跟部领导都强调，要把药用植物资源开发工作发展起来，所以创建药用植物资源开发利用研究所，就是要把资源可持续利用、保证老百姓的用药、中药跟药用植物都发展起来。在这样的一个背景下成立了药植所。①

面对巨大的挑战，为什么要义不容辞挑起这副担子呢？肖培根说：

> 因为工作需要，药用植物资源的开发很重要，所以即使是在这样的困难条件下也要做。我是党员，要服从党的安排。我是搞植物资源研究的，现在党需要我组织这么一个研究所，我义不容辞。当初感觉骑虎难下，只能紧紧抓住老虎往前跑，必须有这个决心。西北旺大家

① 肖培根访谈，2015 年 12 月 25 日，北京。资料存于采集工程数据库。

都熟悉，以前大家是去劳动，那边很荒凉，有一种说法叫北京的西伯利亚，但是西伯利亚确实有很好的开发前景，还有一个很好的基础就是土地资源。①

具体而实际的困难还有很多，比如最简单的上下班。在药物所上班时，研究所和宿舍都在南纬路二号的大院里，上下班不出大院，中午还能回家休息，平时照顾家里的老人孩子也方便。到药植所上班是起早贪黑，坐敞篷大卡车上下班。说到这里，肖培根记忆犹新：

图 7–2　肖培根主持药植所学术会议（肖培根提供）

最严重的时候是冬天零下 18 度，天还没有亮，大家都要坐敞篷汽车到西北旺上班。咱们也没有宿舍，早上六点不到就要起床，那个时候是比较艰苦的。因此，动员大家到西北旺去，还是有一定难度的。②

首任党委书记于普同志回顾这段历史时说：

为了发展我国药用植物研究事业，1983 年在北京成立中国第一个国家级药用植物研究机构——药用植物资源开发利用研究所，但是地点设在西北旺的药用植物试验场。各方面条件极差，人、财、物极缺，困难重重，而肖培根同志却表示：三年内保证发展起来。这是他的决心和誓言。经党政一班人共同研究，发动群众，区分轻重缓急，

---

① 肖培根访谈，2015 年 12 月 25 日，北京。资料存于采集工程数据库。

② 同①。

先从容易的做起来。缺人，所长亲自到处招募聘请科研人员；钱不够，书记带头向有关单位求援①。

招贤纳士

“三顾茅庐”在中国家喻户晓，而“十顾茅庐”则在药植所成了历史佳话。

建所之初，药植所整建制的研究室只有栽培室一个，实验室就是两排平房。如果作为药用植物试验场的配套研究科室，在20世纪五六十年代还相匹配的话，作为改革开放后的国家级研究所的人才组织构架显然是不行的。按照卫生部建所的批复精神，药植所科技人才的来源是在中国医学科学院内调剂，不增加国家正式编制。此时，“文革”结束已经七年，科技人员已经“归队”，基本都在适宜的工作岗位上，正在“争取把失去的时间夺回来”，为“争取多出成果”努力奋斗。在这个节骨眼上，谁愿意到

图7-3 药植所门口肖培根题写的所训：求真务实 科学发展

① 于普：祝科技创新药用植物学家——肖培根院士健康长寿。见：中国医学科学院药用植物研究所编，《肖培根院士八十诞辰纪念》。内部资料，2011年，第84页。

没有实验楼、没有实验仪器设备的“西伯利亚”去呢？每天还要“浪费宝贵的三个多小时”在路上？

作为曾经的药物研究所最年轻的室主任，肖培根知道要把“西伯利亚”，打造成为学科齐全、国际一流的药植所，必须要招贤纳士，因此必须创造吸引人才的条件。怎么能够把城里的人才吸引过来呢？肖培根有过办“五七药厂”、实现“创收大户”的经历，自然就把更新仪器设备、改善职工生活的目标寄托在药植所的药厂身上，并且他心里已经有了最佳的人选孙载明。为了把孙载明从药物所“挖”到药植所，肖培根反反复复不知往孙载明家里跑多少次：

> 当时药植所最需要的就是办药厂的人才，孙载明办厂是很有经验的，所以我到他家里去了十几次。他自己讲，肖所长到我家不是三顾茅庐，而是“十顾茅庐”。那当然是开玩笑了，主要原因还是大家志同道合。①

2016年年初，采集小组在孙载明家明亮的客厅里，与同为药植所创业元老的孙老的老伴陈月明畅谈往事。耄耋之年的老两口，精神矍铄，谈及往事，娓娓道来②：

> 我在药物所真是不出院门就能上班，很方便。到西北旺早上六七点钟就走，月亮还当空呢，晚上回来也是挺晚了，所以当时思想斗争很厉害。西北旺当时要什

图7-4 老厂长孙载明谈起“十顾茅庐”感慨万千

① 肖培根访谈，2015年12月25日，北京。资料存于采集工程数据库。

② 孙载明访谈，2016年1月20日，北京。资料存于采集工程数据库。

么没什么，根本就没奖金。我要到那边去肯定奖金也没有了，收入肯定要减少好大一块。

肖所长一次次来跟我谈，确实从事业出发，过去不是为别的，是为创业。他是把一个所给建起来了，希望我去能把经济搞上去，让大家有福利，在科研上有经费，可以买仪器设备。他跟我谈了很多次，我被他的创业精神感动了，所以我什么都不考虑了。我老伴也劝我，她说肖所长很重视你，你去了一定要把这药厂搞好，一定要创收，给大家发奖金。

开始药物所坚决不放我，拖了一年不转关系弄得我很为难。肖所长很负责任，他已经下了这个决心，不论多么困难也要把我调过去。他带着我亲自找当时的中国医学科学院院长顾方舟。为了调我，他不知去了顾院长家多少趟。最后党委书记钱昌年也出面了。院长、书记全出面了，给药物所做了很多工作。在这个过程中，有的领导泄气了，实在不行让孙厂长还回药物所吧。开弓没有回头箭，怎么还能回药物所呢？肖所长说对同志一定要负责到底，而且我们这个事情，对国家、对单位都是有利的，是为了事业的发展，最终做通了各方面的工作。

孙载明接手的是一个什么摊子呢？为什么肖培根独具慧眼选择孙载明？以下几段故事颇有“将相和”的味道：[①]

原来那个药厂是搞兽药的，厂里什么也没有。肖所长把这个药厂的平台给了我以后，在国家政策允许下，放手让我做。到任后，我说我们堂堂的中国医学科学院搞兽药成何体统？于是把兽药全部淘汰，去报批新的产品。随后招新职工，把档次提高了，把设备都进行更新。当时没资金，我就向银行贷款，人家来跟我谈了一次话，看了我的设想和计划，在没东西抵押的情况下，贷给我70万元。对我真够信任的！我把这个情况跟肖所长汇报，他说好，我支持你。我贷了

① 孙载明访谈，2016年1月20日，北京。资料存于采集工程数据库。

款以后就买了设备，马上开始生产“西洋参蜂王浆”。这是第一个打响的产品，国内外的销售都很好。

图7–5　肖培根在药植所做学术报告（肖培根提供）

在报批药品文号的时候，都是我跟肖所长两个人一次次去跑。这个蜂王浆给我们药厂打下了很好的基础，外汇收入在全医科院是最高的。我们一个集装箱就卖90万美金，一个月两个集装箱。在马来西亚，我们这个产品叫“瑞草”，家喻户晓，所以马来西亚总理巴达维，到现在跟我关系都很好，到现在还喝“西洋参蜂王浆”。我们半年不到把贷款给还了。由于是创汇大户，国家科委跟外经贸委还给医科院发来一个创汇奖状。

肖所长平时不找我的，只要到所里给职工发福利的时候了，他就找我商量。说所里没钱，你们药厂得想办法给所里多交一点，过年过节的时候给大家发点福利。这个事情我老记在心上，我不能辜负他对我的期望。所以那几年确实也是下最大的力气来干，发展得比较快。

肖培根是知人善任的伯乐，孙载明也不愧是“能征善战”的千里马。药植所的药厂“日进斗金”，不仅给所里的科研注入了发展资金，也给全所职工改善生活、增加福利作出了极大贡献。每每南纬路二号院的人们，看着药植所的职工拎着鸡蛋、鸡腿、白薯等，从大轿车里下来的时候都会说：看，人家西北旺今非昔比了！

在肖培根的动员和感召下，药物所植化室的陈迪华、余竟光、徐丽珍，还有孙南君和刘永滏，以及分析室的陈健民、从浦珠和药理室的于澍仁等诸多教授，都愿意到西北旺来和大家一起艰苦奋斗，齐心协力，共同建设好药植所。这批业务骨干和专家，以后大都成了科室领导，对

图 7-6　肖培根（前排右三）与建所时期的老同志合影（肖培根提供）

药植所的发展起到了关键作用。[①]

肖培根的老搭档、首任党委书记于普，回首创业往事，不禁感慨万千：

在建所初期极其艰苦的条件下，广大职工意气风发，积极行动。实际还不到3年，经过全所职工的共同努力，药植所已初具规模。8个研究室、6个党政管理部门基本成型。又在云南、海南和广西组建了分所，北京为总所。修建了药用植物园、药厂和科研大楼等配套设施。这一切都凝结着肖培根及全所职工的心血，也体现了“艰苦奋斗、同舟共济”的药植所精神！[②]

建所方略

尽管初建的药植所一穷二白，但是国家赋予的使命是明确的：大力开展中国药用植物资源的开发利用。对此，肖培根制定了“三级开发”“五大开发”的药用植物资源开发战略，也为药植所规划出了前进的方向，使其从困顿走向坦途。即使是40年后的今天，依然可圈可点，特别是中药资源的“三级开发”思想，依然是我国药用植物资源发展的基本方略。

① 肖培根:《绿药觅踪》。北京：中国医药科技出版社，2011年，第49页。

② 于普：祝科技创新药用植物学家——肖培根院士健康长寿。见：中国医学科学院药用植物研究所编,《肖培根院士八十诞辰纪念》。内部资料，2011年，第84页。

一级开发是瞄准药材和原料的开发，要生产出更多的原料以保证供应，而且原料必须是高质量的，同时原料是可持续发展的。所以，一级开发一面要大力发展优质高产的原料，另一面要保护已有的资源。如果仅仅有一级开发，原料就不能转化成为产品或新产品，就不能被进一步地利用，其附加值的增加会受到很大程度的限制，所以必须在一级开发的基础上进行二级开发，以创制出更多的中药产品和其他新产品。

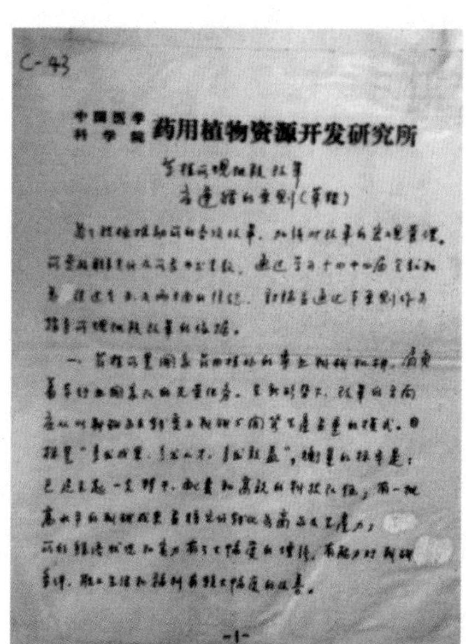
C-43

中国医学科学院 药用植物资源开发研究所

-1-

图 7–7　肖培根关于“研究所现阶段改革应遵循的原则”的手稿（肖培根提供）

二级开发和一级开发是相辅相成的。一方面在一级开发的基础上加大利用度，积极开展二级开发，另一方面在二级开发的同时也要注意保护资源，以便做到资源的可持续利用。仅仅有二级开发还是不够的，凡是中药产品和其他新产品，在经过一定的时间以后，依据市场规律，会逐步由高峰走向低谷，所以必须进行三级开发。

三级开发是以寻找和创制新药为目标。每经过一次开发，需要以科研为支撑，大幅度地提高附加值。

三级开发之间存在既要利用又要保护的相辅相成的关系。这种理论和现在的可持续发展、可持续利用是完全一致的[①]。

大政方针确定之后，哪里是突破点呢？肖培根把重点放在了具有开发前景的中药上，制定出“五大开发”计划：西洋参，由刘铁成教授主要负责；天麻，由徐锦堂教授主要负责；沙棘，由肖培根和陈迪华、周远鹏、刘永漋等教授主要负责；灵芝孢子粉，将它转化为肌生注射液；金荞麦，

① 肖培根:《绿药觅踪》。北京：中国医药科技出版社，2011 年，第 53 页。

图 7–8　肖培根在观察灵芝的生长状况（肖培根提供）

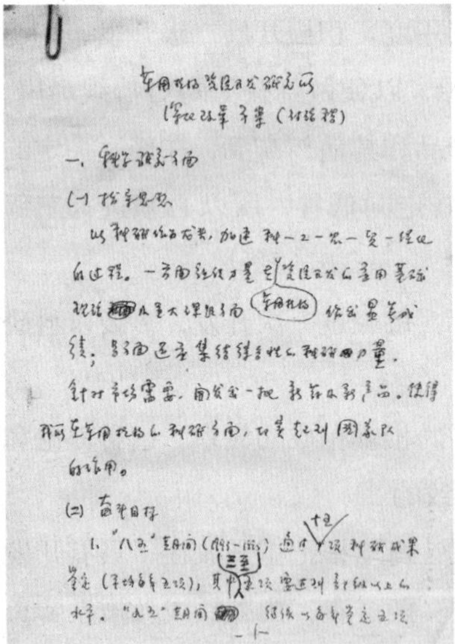

图 7–9　肖培根起草的研究所深化改革方案手稿（肖培根提供）

将其开发为金荞麦片。

这五种药作为龙头，既有长期的研究积淀又有对其发展前景的深入考察。以肖培根承担的沙棘为例可见一斑。肖培根说：①

就拿沙棘来说吧，因为我还在药物所的时候，上级常给我们一些信息。比如苏联的领导来中国访问时，总要打听宇航员吃了沙棘以后会有什么反应。我知道沙棘这个植物曾经被苏联宇航员食用过。据中国驻蒙古使馆反映，蒙古人民共和国的蒙医对治疗严重的胃病有独到的经验，而且疗效很好。使馆就专门派了两个患胃病的老病号去试着治一治，这两位老病号的胃病得到了很好的治疗。后来一打听，蒙医用的就是以沙棘为主的一个处方。

药植所一成立，我就组织不同学科的科技人员集中力量研究沙棘。有搞植物的，有搞生药的，有搞化学的，有搞药理的，组成了一个综合研究组进行深入开发。

据史料记载，元朝的忽必烈就将沙棘作为保健饮料。我们经过研究发现，沙棘的果肉部分维生素C和维生素E的含量很高。经深入研究，发现

① 肖培根：《绿药觅踪》。北京：中国医药科技出版社，2011年，第53页。

沙棘油对胃溃疡有很好的治疗效果，还有一定程度的预防和治疗肿瘤的作用。果实里面的黄酮也被开发为治疗心血管病的一种药物。沙棘的叶子也含有很多不同的生理和药理作用活性成分。

因为山西有很多沙棘的资源，所以我们同山西大同食品厂合作。从山西将原料运到北京，做成沙棘的浓缩果汁，也做成沙棘汽水和保健饮料。对于沙棘油也进行了深入的研究。这样综合研究和开发的结果，救活了大同食品厂，当时就有文章报道了这件事的过程，说明沙棘的开发是很成功的，这个项目获得了国家“星火科技奖”。现在看来，沙棘作为一种预防、保健、治疗作用的药用植物还值得进一步研究开发。

西洋参也叫花旗参，从清朝开始就是我国大宗进口的重要药材，《红楼梦》中就记载了成熟的使用方法。在国产西洋参没有引种栽培成功以前，每年进口 200 余吨。在外汇紧张的年代是一笔大开销，而且寻常百姓还享用不起。药植所先是在北京怀柔县庙城公社试种成功，之后将成功经验推广至全国各地，乃至青藏高原。

西洋参是从美国和加拿大引种的，从生态条件、药效比较都证明我们国家引种的中华西洋参，与美国和加拿大的西洋参的质量是一样的，可以

图 7–10　西洋参大面积农田种植获得成功的刘铁城教授等获奖（药植所提供）

图 7-11 1986 年，世界卫生组织总干事中岛宏（右一）授予药植所“世界卫生组织传统医学合作中心”（药植所提供）

取代进口西洋参，后来被国家批准为一类新药，这一技术随即在全国推广，这个成果也获得了国家科技进步奖。

利用西洋参开发的西洋参蜂王浆口服液，曾创造了一年创汇数百万美元的海淀区记录。与此同时，各种西洋参保健品琳琅满目，物美价廉，不仅满足我国人民的需求，结束了依赖进口的历史，还可以作为商品出口。

以五大开发形成的“拳头”产品，在药植所早期发挥了奠定基础、凝聚人才、稳定队伍、平稳而迅速发展的历史性贡献。作为其理论基础，中药三级开发理论指明了药用植物开发研究的前进方向，对未来也具有重要的指导意义。

建所之初，肖培根曾立下誓言：三年内保证发展起来。1985 年 7 月 24 日，《人民日报》发表了“一个世界性的研究中心——记药用植物资源开发利用研究所”。1986 年 8 月 4 日，药植所被世界卫生组织命名为“世界卫生组织传统医学合作中心”，世界卫生组织总干事中岛宏先生，亲自将命名信件制成金色复印件，授予中心主任肖培根。

主持第三届国际传统药物学大会

1994 年 9 月 6 日，第三届国际传统药物学大会在北京友谊宾馆隆重召开，肖培根作为执行主席主持了大会。大会由药植所、卫生部国际交流中心和国际传统药物学会主办，世界卫生组织协办。出席会议的有来自五大洲 40 个国家的近 500 名专家学者，是历次传统药物国际会议规模最大、水平最高的一次，更是中国医药界空前的盛会。中国科学院院士吴阶平、全国人大常委会副委员长李沛瑶，卫生部部长陈敏章，世界卫生组织西太区主任韩相泰等出席了开幕式，会议盛况在新闻联播中播出。出席学术大会的国际著名专家学者有：美国的生药学家 Farnsworth、药物化学家 Cassady、人类学家 Etkin，法国的药物化学家 Anton，德国的药物化学家 Wagner，瑞士的药物化学家 Hostettmann，瑞典的传统药物学家 Bruhn，英国的生药学家 Phillipson，日本的生药学家难波恒雄等。

今天，我国举办大型国际会议早已司空见惯，但是在三十年前可不一般。1992 年，在瑞典乌普萨拉（Uppsala）举行第二届国际传统药物学大会期间，召开了国际传统药物学会全体会员大会。代表们一致通过了在具有悠久中医药历史的中国，举办第三届国际传统药物学大会的决议。这不仅是中国，而且是整个发展中国家第一次获得举办国际传统药物学大会的机会，有不少发展中国家的代表来信表示祝贺，这也是肖培根自 1980 年 7

图 7–12　1994 年 9 月，肖培根在第三届国际传统药物学大会主持主席团会议（药植所提供）

月，在法国斯特拉斯堡参加第一届国际药用植物研究大会之后，历经十五年努力的结果。

这次大会，起到了展示我国中医药研发成就，了解国际药用植物研究最新进展的积极作用。肖培根在大会上做的学术报告“抗衰老中药的研究”，与瑞士Hostettmann教授设计的自动化的药用植物化学成分研究体系，即把各种分析仪器联用，大大提高了对中草药有效成分筛选效率的报告，引起了各国代表们的关注。

这次大会真正让药植所登上了国际药用植物研究的舞台。会议专门安排外国专家到药植所参观药植园、标本馆和实验室，近距离考察交流，让他们实实在在地认识到中国药用植物研究的状况，增进了了解，架起了交往的桥梁。会后，肖培根代表研究所聘请了一批国外知名的学者专家，作为药植所的客座教授，他们都是国际生药界、药用植物界的顶级专家。这种走出去、请进来的方式，使药植所的学术地位和国际影响力有了大幅度的提高，肖培根也与这些客座教授们建立了良好的学术联系。比如后来还和Wagner教授编写了中药专著*Chinese Drug Monograph and Analysis*，到现在已经出版了70多部介绍中药的分册，*Chinese Drug Monograph and Analysis*在国际上产生了很大的影响。

第三届国际传统药物学大会已过去快三十年了，但是所里一些老同志提起来，依然激动不已。2016年3月17日，笔者在药植所老干部活动室，见到了已经退休的张新国同志，他当年是药植所外事处处长、大会的副秘书长。他说：

图7-13　药植所大门左侧的“世界卫生组织传统医学合作中心”铭牌（药植所提供）

这个会的筹备非常苦，没有通信设备，和国外联系就是一台传真机。我记得会议期间，工作特别忙，每天晚上一两点睡觉，早上四五点又起来接人，几天下来，我瘦了一圈。（为开会）我买了一双新皮鞋，脚上磨了好几个大泡。回想起来跟肖所长共事那几年，是忙是苦，但对我是一种精神财富。我每想到那一段日子都感到兴奋和自豪。那个时期我们出的成绩是比较多的，自己虽然累，但是心情好，是一种快乐。人生不是仅仅为了钱，精神追求也非常重要。①

十年巨变

图 7–14　正在建设中的药植所科研楼（药植所提供）

1994 年 9 月 23 日，卫生部下达了中国医学科学院药用植物资源开发利用研究所更名为药用植物研究所的文件，此时距药植所创建整整十年。怎么评价药植所从建立到成长的十年呢？20 世纪七八十年代，中国流行着一句话：实践是检验真理的唯一标准。当年旅美作家、香港记者殷德厚用八个字高度概括药植所：十年巨变，成果辉煌。1984 年，药植所成立一周年时，他曾来所里参观采访。十年后的 1994 年，他故地重游，触目所及，感慨万千。回去后在香港的报刊上连续发表了几篇报道，这里我们辑录一段：

十年来，这个研究所的科研能力、制药能力、制药水准，变化

① 张新国访谈，2016 年 3 月 1 日，北京。资料存于采集工程数据库。

图 7-15 肖培根在药用植物园开工仪式上讲话（药植所提供）

之大让人赞叹。我了解到这样一些令人惊喜的数字：十年前所有的仪器设备价值总和不超过十万元，现在仪器设备总和已不止五百万元，是建所初期的 50 倍；十年前两万元以上的仪器设备一件都没有，而今天正在采购的仪器一台便在百万元以上；十年前有高级职称的科技人员仅有 18 名，目前这种高级人员有 69 名之多（包括云南、海南两个分所）。该所培养的硕士、博士研究生，这十年来也急剧增加。十年前仅有两名研究生（均由肖所长指导），十年来全所培养的研究生多达 129 名，仅肖所长指导培养的研究生便有 43 名，其中博士为 24 名。中国在生药学学科内有条件和能力培养博士的博士点仅有 4 个，药植所是其中之一，由此可见该所科研能力之强和水准之高。十年来，科研成果和科研论著也成就辉煌。该所科研课题有 162 项属院级以上重点课题，有 80 项科研成果已通过鉴定，其中 4 项获国家级奖励，45 项获部级奖励。十年中发表论文六百余篇，编撰专著 26 部（卷）。十年来，所长肖培根在开展学术交流方面，也作出了极大的贡献。在制药水准上，药植所这十年来也有飞跃的进展。十年前不仅制药种类极少、质量不高、制作方法也简单，今天已开发出以西洋参蜂王浆为“拳头产品”的二十余种产品，制作方法也从过去的手工操作，发展到今天的自动化操作。质量方面更有重大突破。

沃恩（Vaughan），是澳大利亚著名药学专家、澳大利亚卫生部药政局局长。沃恩 1984 年作为墨尔本药学院的院长访问过药植所，并在所里住了一个星期。十年后，他作为澳大利亚卫生部药政局局长重访药植所，看到了沧海桑田般的巨变，情不自禁地发出赞叹。步入药植所西侧大门，十年前那一片植被参差不齐的地方不见了，取而代之的是山丘茂林、亭台楼榭、小桥流水、曲径通幽的大型中国式园林。漫步在园林之中，依不同地貌环境，种植着各种温带药用植物，以及荫生水生药用植物。据说，药植所植物园曾经是中国北方地区首屈一指的药用植物园。除了科研科普之用外，还是电视剧、电影剧组的拍摄外景取景地。

图 7-16　已经成为首都知名景观的药用植物园一角

沃恩感兴趣的还有颇具中国民族特色的科研大楼。楼内是依据需要布局的现代化实验室，其仪器设备与发达国家的实验室相比毫不逊色。彻底与仪器陈旧、灯光灰暗的平房实验室告别。一大批风华正茂的青年科学家紧张工作的画面，给他留下了极其深刻的印象。药植所这栋科研大楼，曾荣获北京市优秀建筑奖。

药植所第一个十年证明，肖培根向国家和人民交出了合格的答卷。

第八章 友好使者

世界卫生组织的首位新中国技术官员

1978年9月14日至10月27日，肖培根奉派参加世界卫生组织（World Health Organization，WHO）主持召开的常用药用植物药的选择和标准化会议。这是改革开放之后，我国首次参加的重要国际专业会议。本次WHO会议旨在推广药用植物在世界各国保健事业中的应用。计划先从各国目前所常用的、疗效确切的，并经过一定科学研究的药用植物中，选出一批最常用的品种，提供给各国进一步研究、生产、应用，因此组织了这次带有咨询性质的专家论坛。肖培根代表我国向会议提交的“中华人民共和国1977版药典中药用植物的简要介绍”和“中国最常用的药用植物名录——初步选择”两篇学术论文，均被大会作为会议文件刊载印发，肖培根还被会议推选为工作委员会的成员。经过一周的方法讨论，从药用植物的定义，如何选择，以及今后如何进一步开展研究等方面交换了意见。最后，在全球范围内选出最常用的药用植物200余种，其中属于我国应用的药用植物100余种，占总数的一半多。比如我国常用中药人参、地黄、黄连、远志、大黄、麻黄、黄芪、当归等均被会议选中，充分显示了中国在药用植物领域的实力。因此，会上各国代表在发言中多次提及中国大规模推广和应用中草药，并在药用植物的科学研究、整理等方面取得的成就，希望与中国专家交流协作。①

这次会议，肖培根以专业知识广博、外语沟通能力优秀等，给WHO官员和各国代表留下了深刻印象，成为他迈向国际药用植物广阔舞台的第一个重要台阶。

1979年，肖培根奉派赴瑞士日内瓦的WHO总部工作。世界卫生组织是联合国负责国际卫生事业的专门机构，相当于联合国的卫生部，协调各国医疗卫生方面的工作。肖培根到WHO总部的任务是负责世界药用植物名录编制等方面的工作，他是新中国第一个奉派到WHO总部工作的技术官员。

1978年10月，我国卫生部部长和WHO总干事，在北京签署了“卫生技术合作谅解备忘录”。在此历史背景下，肖培根颇受WHO总部重视：

图8-1　1978年，肖培根参加世界卫生组织的学术讨论会（肖培根提供）

① 肖培根：欧洲四国行。《药学通报》，1979年第2期，第93页。

WHO 就是联合国的卫生部，我是新中国的第一个技术官员，所以他们都很重视。我去了以后，接待我的就是中岛宏，当初他还是科长，后来他任 WHO 总干事，相当于部长，到哪儿访问都是他安排，陪着我一块去。①

WHO 总部设在风景秀丽的日内瓦，有一幢庄严美丽的主楼和少数侧楼，药物部门则在侧楼中办公。和联合国总部一样，各成员国也都有礼物送给 WHO。肖培根记得在总部大楼附近，有一处精致小巧的东方式小庭院是日本赠送的礼物。他经常到那里坐坐，不仅身心得到了放松，而且也有回家的感觉。

肖培根回忆说："我到 WHO 作为技术官员，也叫临时顾问，并不是常年聘请的，但是拿的是联合国的蓝皮护照，世界通用，到哪儿去都可以很快办好手续，落地就给签证。"②

图 8-2 工作之余小憩（肖培根提供）

作为来自新中国的第一位技术官员，WHO 总部非常重视。肖培根一到就很快安排他出访欧洲国家，先后访问了英国、荷兰、瑞士、意大利等国家。

第一站是荷兰。接待方安排肖培根住在与他在 WHO 总部相识的范仆蒂（R.Verpoorte）家里。范仆蒂是一位著名的生药学专家，也是《传统药物学杂志》（*Journal of Ethnopharmacology*）的主编。

① 肖培根访谈，2015 年 12 月 25 日，北京。资料存于采集工程数据库。

② 同①。

这段经历给肖培根留下了深刻的记忆：

> 在他家里住的时候，我感觉我们国家和欧洲的生活差异太大了。比如我们一起吃完饭，他就把盘子、碗放在洗碗机里，说：好了，不用管了，自动的。我一看，他们的生活真是太方便了，什么都是自动的。在一座三层楼的房子里，他专门给我准备了一个房间、一套被子，这样既解决了我的吃住，对我也是一个很好的礼遇。晚上，和他闲聊中，我就发现自己的英文在短短的几天里有了很大的进步，能天南海北随便讲了。荷兰访问结束后，我的英语过了关，WHO 安排我到英国访问，心里就踏实多了。①

第二站是英国。伦敦大学把肖培根奉若上宾，他到英国各地的参观考察，安排得细致周到，在贵宾室里有一个专门的房间吃饭、谈话，这是一种很高的礼遇。不仅因为肖培根来自新中国，而且还是 WHO 总部官员，接待方希望得到 WHO 的一些支持。当然，在英国的访问也是一种考验。

图8–3　1996年9月25日，冰岛总统接见肖培根（中）（肖培根提供）

① 肖培根:《绿药觅踪》。北京：中国医药科技出版社，2011 年，第 70 页。

他们看肖培根是从中国来的，是从事生药学研究的专家，几乎全英国搞生药学的专家学者都被邀请过来开会，还请他作学术报告。报告之后，大家提了方方面面的问题，而且一个接一个：

> 我在会上对答如流，他们认为这个中国人不简单，肯定是在美国或哪个国家的学校里拿的博士，要不然怎么会讲这么好的英语？而且讲出来的东西和西方能够接轨，了解的信息这么多？在当时，能够和西方接轨是很不容易的，因为那是在20世纪80年代前后。[①]

当大家搞清楚肖培根是新中国培养的“土”专家，没有上过“洋学堂”、没有喝过“洋墨水”，不禁肃然起敬，刮目相看。

图8-4　1981年，肖培根（左二）在意大利与意大利科学院院长马里尼·彼得罗合影（肖培根提供）

同样的故事以前也发生过。那是在20世纪70年代，美国尼克松总统访华之后，美国的第一个草药学代表团访问中国，肖培根陪同他们参观药植所的药用植物标本园。

> 代表团团长问了我很多问题，我都能回答，他感觉我回答的问题是可以和国际接轨的，因为很多国外的动态我都清楚。回美国后，他们写了一本考察报告，封面是黄色的，在报告里，他们写了在中国考察的情况和每

① 肖培根:《绿药觅踪》。北京：中国医药科技出版社，2011年，第71页。

个人的感受。比如，有人好像在监视着他们，讲话很拘束，提的问题也不敢正面回答等，但是当他到北京西北旺药用植物标本园参观的时候，碰到了一个名叫肖培根的人，说我是一位很杰出的科学家，与我讨论了很多问题，我都很清楚。美国人猜想，我一定是从国外的某所学校里毕业的，结果一问，是新中国自己培养的专家。①

多年后，肖培根回忆在 WHO 总部工作的经历，感触最深的是：锻炼了和世界上不同肤色、不同背景的外国同行们共同工作的能力；在业务方面，熟悉了世界上药用植物的情况。1986 年，中岛宏总干事来到北京西北旺，主持授予药植所为世界卫生组织传统医学合作中心（WHO Collaborating Centre for Traditional Medicine）的仪式时，很少有人知晓当年在 WHO 总部，肖培根就与他结下了深厚的友谊。

奉派到日内瓦 WHO 总部期间，肖培根的工资是按天计算的，其中包括住宿费、交通费、伙食费、杂用费等。每天有 120 多美元，月底可到

图 8-5　1996 年，联合国粮农和工业发展组织，在泰国召开的药用植物和芳香植物工业利用国际会议上，肖培根（左）当选大会执行主席（肖培根提供）

① 肖培根:《绿药觅踪》。北京：中国医药科技出版社，2011 年，第 71 页。

银行领取。肖培根将它折算成人民币，觉得是个天文数字。那时我国驻外人员实行类似供给制，支出凭发票可以实报实销。按规定他可以住四星级宾馆，可以每天往返乘出租车。肖培根想我在宾馆睡一个晚上，等于花掉了国内几个月的工资。假如在四星级宾馆住，一个晚上就要花许多钱，他觉得国家派自己出来很不容易，不能瞎花钱。因此，他吃住在使馆的招待所，处处精打细算，自觉地节省。他前后节省了四万多美元，全部上交给了国家。这件事受到了国家的表扬，并刊登在《人民日报》。

肖培根认为，为国家节省每一块钱都是自己的责任。

去斯特拉斯堡

图 8-6　肖培根（右）在世界卫生组织传统医学合作中心主任会议上担任主席（肖培根提供）

1979 年，肖培根收到欧洲药用植物学会的邀请函，请他出席于翌年 7 月在法国斯特拉斯堡（Strasburg）举办的第一届国际药用植物研究大会（International Congress on Medicinal Plant Research），这个大会是由药用植物研究学会、美国生药学会、欧洲植物化学学会、法国制药学会联合主办。他觉得自己参加大型的国际会议没有经验，对参不参加颇为犹豫，考虑再三，最终做出了“参加”的决定。

肖培根认为应该在国际

上宣传我们在中草药研究方面所取得的成就，因此他受邀在大会上做了“中草药的传统经验及其在药物研究和新药寻找中的运用”的学术报告。这个报告连同回答问题将近一小时。在这个报告中，他系统介绍了中国中草药的研究进展以及所采用的方法学，强调了传统经验的重要意义，介绍了中国草药研究不是广泛筛选，而是重视几千年来应用中草药的传统经验，用这种方法来筛选收获相对会大些。

以后，尽管肖培根参加过很多规模更大的国际学术会议，但斯特拉斯堡会议被他认为是走向国际药用植物舞台的重要转折点：

> 因为我是第一次站在大型国际讲坛上做报告，面对1000多位博士以上学历的代表和水平很高的学者。说老实话，开始时我也有些胆怯，讲稿虽然准备好了，但上去怎么发言？的确有些心虚。后来，我发现在我前面发言的一个法国人，是位很有名、很权威的专家，叫达拉弗（Delaveau），大概80多岁了，他发言时讲的英文带有很浓重的法文腔调，似乎还不如我讲的清楚，我的信心倍增。我心想：他那么大的人物，又是权威，英文讲得也不标准，而我是年轻的中国人，我怕什么呢！信心增加，讲得就很好了。那次会议，我是新中国成立以后，在有关中草药的大型国际讲坛上发言的第一个中国人，给大家的印象非常好。当时参加那次大会的还有已故的香港中文大学的张雄谋教授，在我解答问题的时候，他还给了我一些帮助，因为他的英文很好。我当时的报告，一直到今天来看，内容都还是很不错的。我讲到如何利用传统医学的经验，如何将其用在新的产品开发上。这种思路、举的例子，完全能被他们接受。我的报告结束的时候掌声非常热烈。[①]

肖培根的报告，不仅是经验的汇总或介绍，而且是运用现代科学方法进行研究的成就，同时他对于世界各国的信息掌握也十分到位：

---

① 肖培根:《绿药觅踪》。北京：中国医药科技出版社，2011年，第72页。

图 8-7　1996 年，肖培根应邀访问意大利 Indena 药厂并出席联合国工业发展组织学术讨论会（肖培根提供）

在我的发言中举了一些例子，比如中国发现了鹤草酚，是从鹤草芽里分离出来的，它是一种间苯三酚类的化合物。这种化合物可以驱绦虫，这是中国新发现的。再一查，在欧洲的一种含间苯三酚类的植物，即绵马的根茎也可以驱绦虫；在南亚，一种含间苯三酚类的植物，即粗糠柴的果实，以及东非的柯索花也可以驱绦虫。我的这个例子就说明，老百姓在相距遥远的不同的地方，利用各地不同的植物和经验来防治疾病，这就叫作异途同归，均有科学道理，其物质基础都是间苯三酚类，由此得出了一个科学的、规律性的结论。这样一讲，大家就感觉你不是在讲空话，内容是与国际接轨的，说明中国还是了解世界各地动态的。……这就使我感觉到同国外的交流，必须自己要有扎实的专业基础和了解最新的动态。在那个会议报告之后，我认识了一大批国外知名的专家。瑞士有名的生药学家斯蒂（Sticher），对我说："你讲得很好。你讲的内容我几乎百分之百都听明白了。"他的话给了我很大的信心，因为他当时已经是有名的专家了，而我在国际上还没有人认识呢。谁知这个会议之后不久，我被世界卫生组织聘为专家，到各国访问，我就又认识了一批专家。后来，德国（当时是西德）一位叫 Reinhard 的专家，是 Planta Medica 的主编，也是胡之壁院士的导师，邀请我去访问，我就和 Wagner 教授、Amon 教授等都认识了。尔后，我也成为中国在天然药物与传统药物研究领域，担任国外杂志编委最多的一个人。国外的杂志，只要是与中药、天然药物有关的差不多我都是编委。①

① 肖培根:《绿药觅踪》。北京：中国医药科技出版社，2011 年，第 72 页。

出席斯特拉斯堡国际会议，让肖培根真正登上了国际讲坛，除了结识一批国外专家并建立了良好关系、提升了专业的学术水平外，他认为更重要的是开阔了视野、跳出了传统的窠臼：中药现代化必须与国际接轨。不出去见世面，中药怎么能发展？人家已经是用分子、基因技术、数学、统计、电脑等手段，观察、研究中药和植物药了！因此中药不走现代化的道路，一定会被时代所抛弃，是没有出路的！

中泰友好大使

泰国是君主立宪制国家，我国重要的友好邻邦，泰国国王普密蓬与王后诗丽吉育有一子三女：大公主乌汶叻，王子玛哈·哇集拉隆功，二公主诗琳通女王储和三公主朱拉蓬。肖培根院士与小公主建立了深厚友谊，为中泰友好关系作出了积极的贡献。

因为三十余次访华，中国人民最熟悉的是诗琳通公主，为促进中泰两国人民的相互了解和传统友谊，推动中泰教育、文化、科技等领域的务实合作作出了积极贡献。1995 年 3 月她访问西双版纳时，专程访问药植所云南分所，并且在研究所楼前种植了一棵象征中泰两国人民友谊的龙血树。如今，此树已经根深叶茂郁郁葱葱了。

因为工作关系，从 20 世纪 80 年代开始，肖培根多次到泰国访问考察，与泰国相关领域的专家学者关系熟络。1988 年 3 月，肖培根应邀出席世界卫生组织和世界保护同盟在泰国举办的药用植物保护会议。他在大会上做了“中国药用植物的方向——它们的利用与保护”的报告。

图 8-8　泰国诗琳通公主在云南分所种下的龙血树

图 8-9 泰国公主朱拉蓬

报告以大量的事实，介绍中国以及药植所在这方面做的工作与取得的成绩。会下，泰国一位知名的女教授，在与肖培根交谈中讲：我可以介绍小公主朱拉蓬到你们药植所访问。肖培根回国后，将其作为一件重要事情向领导汇报。不久，泰国驻华大使馆正式向我国提出访问，特别提出要到药植所访问。泰国小公主朱拉蓬本身就是一位生物学和医学领域的专家，肖培根的精彩报告，激发了她一定到中国、到药植所看看的想法。

我国按国家首脑级别接待朱拉蓬公主。小公主访问药植所之前，起码有三批人实地考察。比如她的行走参观路线如何，什么时间休息，什么时间再继续考察，都要事先确定好。届时谁来接待，怎么接待，安排得非常细致。我国外交部礼宾司司长也亲自检查，具体到怎么样接待、怎么样介绍等。

图 8-10 1988 年年底，泰国朱拉蓬公主在药植所作学术报告，肖培根（右）现场口译（药植所提供）

1988 年 12 月 15 日，药植所经过数月准备，泰国公主朱拉蓬终于出现在药植所。在参观了药植所多方面的药用植物研究工作后，朱拉蓬公主表示很满意。随后，她在礼堂与全体药植所的员工见面，并做了学术报告，主要是介绍泰国研究药用植物方面的情况。她是用英文讲的，肖培根给她做翻译。朱拉蓬在药植所的访问很圆满，在药植所访问结束的当天晚上，李鹏总理和夫人在钓鱼台国宾馆宴请朱拉蓬公主，祝贺她在药植所访问的成功，卫生部部长陈敏章和药植所所长肖培根作陪。陈敏章在宴会上对李鹏总理讲药植所很漂亮，种了很多草药，他们工作做得很好，邀请总理有空到药植所去看看。泰国公主的访问使药植所的地位提升了很多[①]。

朱拉蓬访问药植所已经过去 30 多年了，她与肖培根的友谊保持至今。在与肖院士访谈至此时，他随手从书柜中翻出有朱拉蓬亲笔签名的照片和一沓贺年卡：

> 你看，这是一九九几年的贺年卡。从 1988 年到现在，每年都相互寄送贺年卡，去年的贺年片我还保存着。中泰之间，上下层间我们的来往还是比较密切的，奠定了很好的基础。后来泰国的药检所所长，还有很多教授也经常来访问药植所。我多次去泰国，要保持中泰的友好情谊，中国跟泰国的合作还应当加强[②]。

肖培根院士是中泰友好大使，几十年如一日，默默地为中泰友谊添砖加瓦。做好当下，筹划未来，令人钦佩之至。

结缘港澳台学术界

肖培根说自己的香港情结缘于 1948 年，那年，他希望借道香港回上

① 肖培根访谈，2015 年 12 月 25 日，北京。资料存于采集工程数据库。

② 同①。

海，没想到差一点滞留香港。那时的香港，他觉得还不如上海发达，这是他对香港的最初印象。大学毕业后分配到北京工作，外事任务频繁，常在香港转机或顺访，每次总要抽时间看望姨父姨母。因此，香港情结中多了一份浓浓的亲情。随着香港回归的日子一天天临近，肖培根觉得应当为祖国统一大业尽一份心出一份力。

1997 年香港回归之际，肖培根向当时的香港工业署（现香港创新科技署）建议，把发展中医药列为香港创新科技的重点领域；向香港卫生署建议，利用香港的国际化优势，拟定香港中药标准；向香港浸会大学建议，成立中医药研究所。三项深谋远虑、高屋建瓴的建议，得到相关机构的高度重视并被采纳①。

作为国内著名学者，肖培根在回归前即与香港多所大学有合作，其中关系比较密切的是香港浸会大学。香港回归前夕，谢志伟教授任浸会大学校长，他与肖培根志同道合，一致认为：今后中医药在香港会有很好的发

图 8–11　2000 年 10 月 23 日，肖培根（前排右三）在香港与陈马富珍（前排左二）和特区卫生署的官员们合影（肖培根提供）

① 刘良：良师益友，人生财富：贺肖培根院士八十诞辰。见：中国医学科学院药用植物研究所编,《肖培根院士八十诞辰纪念》。内部资料，2011 年，第 163 页。

展前景，因此积极鼓励中医药在香港的发展，聘请杨维益教授和香港的一些知名专家学者，筹备浸会大学中医药的教学、研究机构。肖培根作为顾问，主要从科研方面介入，参与了浸会大学中医药研究所的筹建。

图 8–12　在香港浸会大学图书馆肖培根专著陈列柜前（肖培根提供）

中医药研究所最艰难的时期是创业阶段。首任所长杨显荣教授当时面临的情况与肖培根当年初建药植所时的状况有几分相似：一缺经费、二缺人才、三缺校舍，真正的“一穷二白”。实验室设在被人们戏称的“七个小矮人”的平房里，办公设备仅有几台电脑①。

面对重重困难，肖培根不是能做多少做多少的顾问，而是满腔热忱把中医药研究所的建设当作分内的事情做。他觉得研究所的成败，关乎统一大业、关乎中医药事业发展的大计。他不仅领衔担纲，还把自己的几位得力学生先后派到研究所工作。党毅教授、李文魁副研究员、彭勇副研究员、陈四保博士等，他们被人戏称是“一支中药研究的先头小分队”。“小分队”很快初战告捷，建立了中药有效成分的数据库，这是配合攀登计划所进行的一项科研工作。以党毅为主还做了一个“中国保健食品的研究与应用”的数据库。他们为香港浸会大学中医药的科研工作，奠定了良好的基础。

肖培根除了定期去研究所指导工作外，还常常利用出差顺访之际，抽时间看望学生，帮助排忧解难，让学生们深深体验到“扶上马送一程”的温暖。下面辑录几段党毅和陈四保的感言：

① 党毅：促进香港医药发展，扶植学生事业有成。见：中国医学科学院药用植物研究所编,《肖培根院士八十诞辰纪念》。内部资料，2011 年，第 163 页。

肖老师非常关心我们的成长，每次来香港时，都会询问我们的学习、工作和生活情况，经常鼓励我们要不懈努力。他不但指导我们选定研究课题，还支持我们与中药研究有关的专家“强强结合”，进行跨学科合作研究。当我们的工作取得了一些进展，例如：完成了一篇论文或著作时，他还鼓励我们发表或为新书作序。在肖老师的直接指导下，我和几位师弟、师妹合作，发表了10余篇论文，并出版了《中药保健食品研制与开发》（人民卫生出版社，2002年出版）等著作①。

2002年春，在浸会大学工作了两年后，我再一次面临抉择。香港一家保健品公司希望我加入，当时在公司工作的月薪比在学校里做研究要高，我很想去。肖老师仔细地帮我分析了形势，劝我不要为眼前利益诱惑而放弃科研的道路，并推荐我到当时正在筹建之中的香港理工大学现代中药研究所。这样，我才得以继续在科研的领域里耕耘。这件事使我不得不佩服肖老师的高瞻远瞩，使我在人生的十字路口，能朝着正确的方向前进②。

1996年7月，肖培根赴香港出席香港卫生署主办的“香港中药标准会议”。此前，肖培根曾积极建议在《中华人民共和国药典》标准的基础上，再做一个具有香港特色的《香港中药标准》。一方面可以促进中药材在香港的转口贸易，另一方面能更好和有效地保证香港人使用中药时的安全、有效和可控。以后，肖培根连续数年出席香港中药标准会议，为香港的中医药事业建言献策、作出了积极的贡献。2002年12月，他被特区政府聘为香港中药材标准国际顾问委员会委员。

不仅在香港，在澳门、台湾，肖培根也都尽其所能构筑友好的桥梁。

1995年3月，“大陆中医药大学校长访问团”首次到台湾地区。龙致贤

① 党毅：促进香港医药发展，扶植学生事业有成——写在恩师肖培根院士八十华诞。见：中国医学科学院药用植物研究所编，《肖培根院士八十诞辰纪念》。内部资料，2011年，第164页。

② 陈四宝：师者，所以传道授业解惑也——肖老师对我的言传身教。见：中国医学科学院药用植物研究所编，《肖培根院士八十诞辰纪念》。内部资料，2011年，第161页。

为团长，肖培根为秘书长。第一次踏上宝岛台湾，他为台湾同行做了名为“大陆新药审批程序及中药质量控制”的报告，并且热忱地邀请台湾同行参加大型学术专著《中国本草图录》的编写，共同振兴国粹中医药。此举冲破了两岸学界近五十年的隔膜，拉近了两岸学人的情感，架起了友好的桥梁。

《中国本草图录》是由香港商务印书馆和人民卫生出版社共同出版的，自 1988 年至 1997 年先后共出版了 12 卷，每卷包括 500 张彩色中草药图片。这些图片都是由各合作单位的科学家历经千辛万苦，亲自到各个中草药野外产地拍摄的，这部书由肖培根担任主编。在 20 世纪 80 年代末、90 年代初，要出版一部书投入是很大的。需要一笔不菲的出版资金投入，以香港商务印书馆的陈万雄总编为代表的一批人，认为《中国本草图录》是非常有价值的，大型图鉴世界上还没有，很值得投入资金支持出版。于是他们投入了几百万港币，这在当时可以说是一个冒险之举。没想到，这套书出版后第一次印刷，在全世界就发行了 1 万套，12 本一套。谁也没有想到发行量会这么大，这套书不仅没有赔钱，而且盈利几百万。《中国本草图录》出版的形式是这样的：每一种中草药都配有一张原植物的照片，除 6000 张彩色图片之外，还有简要的文字说明和描述。肖培根等在编完第十

图 8-13　首开两岸中医药教育交流研讨会（肖培根提供）

图 8-14　1987 年，肖培根（左一）获得第三届立夫中医药学术奖。在肖培根著作展柜前，与台湾中医药学院哈鸿潜教授（右一）和中国中医研究院李经纬教授（中）合影（肖培根提供）

本以后就想到，要编写这么一部代表中国文化的巨著，必须要邀请台湾和香港的同仁们一起参加。在 1992 年，他邀请了香港李宁汉教授等人；1995 年，访问台湾时他又邀请了谢明村教授和邱永年先生等，全书在 1997 年出版完成。

图 8-15　1998 年访台时，肖培根（右）和陈立夫合影（肖培根提供）

第一次访问台湾时，肖培根还见到了陈立夫。陈立夫晚年竭力推动海峡两岸的交流。提出“中国文化统一论”，在两岸都得到积极回应，他也因此当选为“海峡两岸和平统一促进会”的名誉会长。

1998 年，肖培根以立夫中医药学术奖获奖人的身份第二次访问台湾。该奖项是陈立夫先生为促进中医药研究发展而设立的，自 1994 年开始，每两年为一届，奖励对中医、中药及针灸有卓越贡献者。大陆获奖者有陈可冀院士、韩济生院士和尚天裕教授。肖培根是第三届中医药学术奖的获奖人。此次，肖培根有幸与陈立夫先生长时间交谈，成为肖培根难忘的记忆：

图 8–16　陈立夫把奖杯授予肖培根（右）（肖培根提供）

> 陈立夫先生住在一幢小洋楼内，第二次见到他时，已是近百岁高龄，但他仍神采奕奕，耳聪目明，很是健谈。谈话中知道，他和我母亲是同乡，也是浙江湖州人，他和我的外祖父张剑秋上的是同一所学校。我们代表团送给他的浙江产的龙井茶，引发了他对家乡的思念。两次见面都谈到了优秀的中国文化——中医、中药和中医养生之道。陈立夫先生第一次送给我的墨宝是“中华文化重视本末先后之道故中医亦以培本为先。”还比喻说：“培根这个名字也是这个意思。”第二次赠予我的墨宝为：“长乐永康”。陈立夫先生还将他的养生之道用歌诀的形式归纳为：养身在动、养心在静、饮食有节、起居有时、物熟始食、水沸始饮、多食果菜、少食肉类、头部宜冷、足部宜热、知足常乐、无求常安。①

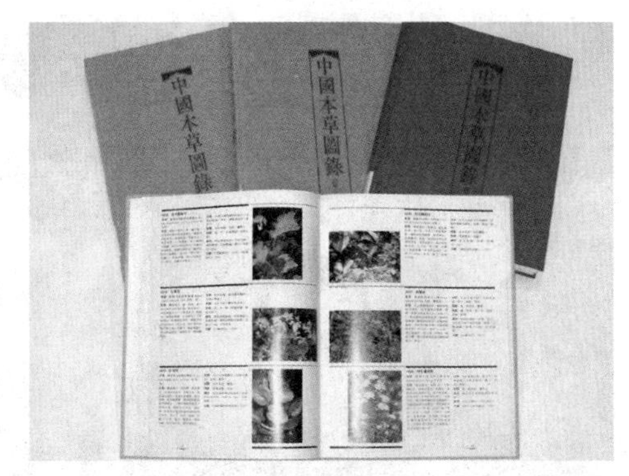

图 8–17　中国本草图录

《中国本草图录》先后获得全国第六届优秀科技图书奖特别奖、国家中医药管理局基础研究一等奖、莱比锡国际书籍设计

① 肖培根:《绿药觅踪》。北京：中国医药科技出版社，2011 年，第 151 页。

展优异奖、首届立夫中医药图书奖。它不仅是一部栩栩如生地传达中医药信息的鸿篇巨制，也是与港澳台科学家携手弘扬祖国传统文化的一次成功之举。

20 世纪 90 年代，肖培根被包括港澳台学者在内的学界同仁们推举为海峡两岸医药卫生交流协会的会长，并在相关机构荣膺职务。在台湾，立夫医药研究文教基金会，聘请他为立夫中医药学术奖协助委员会中国大陆委员。在香港，他被香港浸会大学、香港理工大学、香港中文大学聘为客座教授或学术顾问。

2002 年 12 月 10 日，香港浸会大学为肖培根等四位教授，举行了隆重的荣誉博士授予仪式。证书上第一位签名的是香港特别行政区特首董建华先生。香港浸会大学授予肖培根这一荣誉，是表彰他在中医药研究方面所取得的成绩，肯定他为香港中医药的研究、为香港浸会大学中医药的发展所作的贡献。

香港浸会大学颁授荣誉博士学位的典礼十分隆重。事先还特地为肖培根定制了专门的荣誉博士服，并邀请了他的亲朋好友前来参加典礼。荣誉博士授予仪式的现场，有肖培根的妻子冯毓秀、小女儿肖伟和外孙刘萌昕，有中国医学科学院的副院长兼药用植物研究所所长何维教授、副所长陈士林博士、办公室主任张新国副研究员等，还有他在香港的姨父冯兆铭先生、姨母张励志女士和他们的大女儿。卫生部、国家中医药管理局等单位及肖培根在香港的学生们，特意送来祝贺的花篮。授衔后，由肖培根代表四位同时获得荣誉博士的学者（其他三位分别是英国的 Bridges 教授、美国的 Golub 教授，北京大学的季羡林教授）致辞，题目为

图 8–18　2002 年 12 月 10 日，在香港浸会大学肖培根与夫人冯毓秀、小女儿肖伟和外孙刘萌昕合影（肖培根提供）

"弘扬龙的精神，再创新的辉煌"[①]。

今天，香港浸会大学授予我们四人荣誉博士学位，对我们来说，是一种极大的荣誉。在这里，我谨代表其余几位表示我们衷心的感谢。

出席今天这样隆重的仪式和盛会，对我个人来说，自然思绪万千，浮想联翩：

回忆我最初与香港浸会大学建立业务联系是在1997年，也就是香港将要回归的前夕。当时浸会大学在中医药的教学和科研工作方面可说完全是"从零开始"的。那时我推荐了我得意的三名学生和助手参与了中医药研究所的筹建工作。经过五年的艰苦奋斗和努力建设，今天我们欣喜地看到，香港浸会大学在各方的支援下，已经建成了人员配套，设备齐全，集中医药的教育、研究、医疗以及科技开发为一体的，并具有相当实力的教学机构了，逐步实现了当初大学所制定的发展中医药的宏伟蓝图！

回忆起我与香港的联系则可追溯到1948年，那时我作为厦门大学一年级的学生，为了返回上海途经香港。记得那时的香港仅仅是一个普通的中小海港城市，代表香港的标志性建筑便是那座旧的汇丰银行。经过半个世纪的努力建设，香港的经济飞速发展，各方面都发生了翻天覆地的变化，并回归祖国。

图8-19　2002年12月10日，香港浸会大学授予肖培根理学荣誉博士（肖培根提供）

在东方，人们崇拜"龙"，并把许多美好的品质和龙的精神联系在

① 肖培根:《绿药觅踪》。北京：中国医药科技出版社，2011年，第176页。

一起：例如，将朝气蓬勃、开拓进取的精神面貌比喻为“生龙活虎”；形容不懈努力、勇往直前的进取意识为“龙马精神”。总之，人们总是把敢于拼搏、努力进取、不断创新和积极向上的精神风貌用“龙”和“龙的精神”来加以概括和表达。

回顾我本人从事中药研究已有半个世纪，从不懂中药，到熟悉中药；从学习和调查整理中药，到研究并创制新的中药，并在传统药物的研究方面取得了一些成绩；这些又何尝不是“龙的精神”在发挥着决定性的作用！

再来看我们尊敬的前辈、著名的季羡林教授，他在梵学、佛学、吐火罗文的研究，以及中国文学、比较文学和文艺理论研究等多个领域中取得了杰出成就，并赢得了世界性的声誉。季教授坚韧不拔的治学精神，为我们树立了一个弘扬“龙的精神”的光辉榜样。

一种优秀的精神和道德风范，应该是不分国界和具有广泛性的。就像我们尊敬的英国 James Bridges 教授，他在毒理学、食品营养和安全性以及环境保护等方面取得的杰出成就；以及我们尊敬的美国 Gene Golub 教授在电脑领域中所取得的杰出成就，均与他们在科学领域内，发扬了勇于实践、开拓进取的优秀精神息息相关。

因此，今天这样的盛会，从某种意义上来说，也是为了弘扬在教学和科研方面所应该倡导的优秀品质和精神。有了这种品质和精神，各项事业和工作才能取得胜利并创造出优良的业绩。

最后，我们表示：在获得浸会大学荣誉博士学位的荣誉后，将敦促我们继续发扬努力不懈的奋斗精神，在各自的岗位上不断作出新的贡献。

同时，我们还要衷心祝愿：

香港浸会大学今后有更迅猛的发展！

香港明天的经济，以及文化教育等各项事业更加繁荣！更加辉煌！

谢谢诸位。

自学四国语

肖培根的外语天赋，在 20 世纪 50 年代就崭露头角了。那时中苏友好，他负责接待陪同苏联专家，成为没有外语学历的俄语翻译。1978 年之后，随着改革开放，说英语的外宾来访日渐增多，他又以英语翻译的身份出现在研究所的报告厅。先后在药物所和药植所作外事工作的张新国，说起肖培根的外语天赋感触良多：

图 8–20 肖培根自学俄语时使用的辞典（肖培根提供）

从药物所开始就感觉他外语非常好，非常流利，特别是他的听力。像印度来的外宾，有时候做报告或者交流，我们都听不懂，他听得懂，特别涉及一些拉丁文，专业词汇，因为专业词汇不是简单的拉丁文，而且一会儿化学，一会儿药理，哪方面他脑子都能装下，他知识特别丰富。他的翻译或者交流都有一些技巧，根本感觉不到他遇到障碍……我们是专门学外语的，但是感觉达到肖老师这个水平太难了。①

因为出色的语言能力，肖培根多次在重要的国际学术会议上“救场”。对此，他的博士生马小军教授记忆犹新：

记得在 1994 年药植所承办的第三届国际传统药物学大会上，一位英国专家做完报告之后，一名非洲提问者提问。因有严重的口音，反复重复了几次问题，英国专家都没听懂，就在这时肖老师上台解围

① 张新国访谈，2016 年 3 月 17 日，北京。资料存于采集工程数据库。

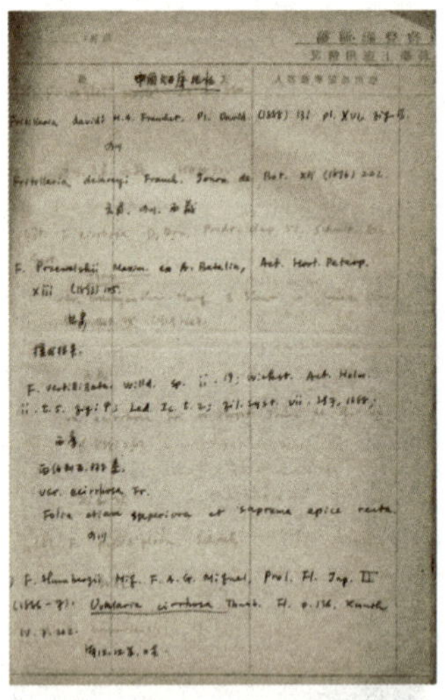

图 8-21　20 世纪 60 年代的肖培根中西文笔记（肖培根提供）

了。他轻松、熟练地把非洲英语翻译成英国英语，使那位英国学者恍然大悟，认真圆满地回答了问题。我真没想到从没留过洋的肖老师，在听“怪”英语方面的能力，居然好过英国人。还有一次，所里邀请一位外国植物化学专家来做报告，我们所很优秀的植化专家刘永溍教授担任英语翻译。开始还比较顺利，但讲到后面一个很专业的化合物时，刘教授翻不出来了，时间一分一秒地过去，场面越来越尴尬，这时又是肖老师伸出援手。只见他迅速在黑板上写出了一系列化学分子式，轻松地解释了外国专家的意思。外国专家一边看着分子式，一边点头称是。听众都很惊讶：太神奇了，一个非植化专业的人，怎么可能在英语环境下，能这么系统地掌握这么复杂的植化问题呢？[①]

肖培根没有上过专门的外语学校，也没有留学经历，那么出色的外语能力是天分使然？肖培根并不认同[②]：

我没有在国外留过学，英文基本上能做到四会。在俄文方面基本可以与人自如地交谈，可以阅读专业书籍，可以阅读并书写植物分类拉丁文。所以，有人说“肖培根有一点外文的天分”。实际上并不是我有什么“天分”，而是我在学习外文方面比较刻苦的，并摸索出了一套适合自己的方法。英文的学习，我常听外国的新闻报道或广播、讲座，特别是有一段时间，我坚持每天六点钟起床听国际广播电台的英语新闻。这样，我既能了解时事，又能学到外文。有好的内容我还

---

① 马小军：对外传播中药文化的使者。见：中国医学科学院药用植物研究所编，《肖培根院士八十诞辰纪念》。内部资料，2011 年，第 159 页。

② 肖培根：《绿药觅踪》。北京：中国医药科技出版社，2011 年，第 25 页。

要录音后复读。从一个地方到另外一个地方，路上如果超过一个小时，我就要带录音机跟着录音机念外文。在专业方面，我经常抄录一些好的和有代表性的例句，用来指导我写英文摘要和英文文章。我的英文基本上是通过自学、练习，利用一切机会多与外国人交流学成的。

图 8-22　英语例句笔记（肖培根提供）

学习俄文很有意思。我在大学里没有学过俄文，工作后因为向苏联老大哥学习，大家都要突击学习俄文，我也参加了俄文的突击班，大概有一两个月的时间把俄文字母、拼音都学会了。简单的词汇都能认识，但就这一两个月的学习功底是远远不够的。后来，我要同苏联专家一起工作，特别是经常陪他们一起到各地去做报告等。开始时，苏联专家基里扬诺夫做报告时，他的俄文部分我不听，利用这个机会闭目养神，等到翻译用中文讲时再听是什么意思。后来我发现，如果我能用心去听苏联专家的俄文报告部分，有些也能听得懂。如有听不懂的地方，带一本俄文小字典查一查，就可以多学几个俄文单词了。这样，每次苏联专家做报告，我就不再打瞌睡了，遇到听不懂的词我就马上翻翻小字典。采用了这个办法后，积少成多，我的俄文进步就很快，慢慢发现有时一段话也能听懂了。我也利用一切机会和苏联专家多交流，慢慢地我就可以和他们直接交谈了。学语言是需要通过刻苦勤奋地学习、大胆地实践、不断地练

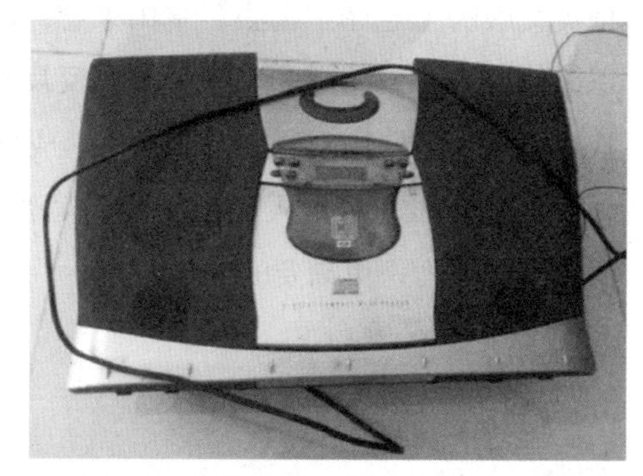

图 8-23　肖培根学习英语使用的收放机（肖培根提供）

习才能有进步的，而且不要总是不好意思，要敢于开口说话。我记得和保加利亚专家依丽诺娃工作时，她的俄文是保加利亚式的，我的俄文是中国式的，但我们两个人能够用俄文交流。她讲什么我大概都能明白，我讲的她也能明白。交流之后，我们都为自己俄文的进步打下了基础。

虽然肖培根谈起学习外语的经历很平静、侃侃而谈，其实超人的技艺必有超人的付出。没有经过“文革”的人怎么也体会不到，在那个特殊的年代，学习外语是要冒“里通外国”的政治风险的。许多人避之不及，肖培根却“痴心不改”持之以恒。马小军说：

在药植所流传着许多关于肖老师学习英语的故事。听药植所的老人讲，早在那场乱哄哄的“文革”中，有一个阶段肖老师被发配到西北旺试验场劳动改造。他负责看果树，正好利用这个难得的机会，在果树下如饥似渴地学习英文版的毛主席语录。药植所刚建所时，在药植所每天早晨的班车上，人们都能见到肖老师像年轻人一样，戴着耳机专注地听英语录音和广播，几年如一日成为铁的规律。[①]

不仅在北京西北旺如此，后来发配到江西的卫生部“五七干校”他也如此，而且还增加了一门德语。在劳动休息的时候，别人找地方凉快，他把英文版的《毛泽东选集》拿出来念一段。因为要学习植物化学分类的知识，他找来一本德文的化学分类书反反复复研读，并对照这本德文书，查找周边有用的植物，研究它们的化学成分，具有怎样的治疗作用。

学好外语，对常人来说需要的是毅力。对“外语天才”肖培根来说，不仅需要毅力，更需要的是勇气！

---

① 马小军：对外传播中药文化的使者。见：中国医学科学院药用植物研究所编，《肖培根院士八十诞辰纪念》。内部资料，2011 年，第 159 页。

首创英文版中药学期刊

肖培根如此不合时宜地“玩命”学外语，他心中有一个远大目标——让中医药走向世界。在被下放到北京远郊的平谷县东升制药厂“劳动锻炼”时，肖培根与刘昌孝，还“秘密”地做了两件不敢公开的事。

2015 年 5 月，在南宁的荔园山庄宾馆，刘昌孝院士就往事侃侃而谈。除了那个事（指小檗胺）以外，他们在“文革”当中还干了两件事[①]：

事情一：写了一本《中药概论》，后来在协和出版社出版[②]，主要是规范一些药物的名称，还有就是药物的药理作用。讲中药、中医的归经、四气五味、功效，好多名词都是我们俩创造的。后来国内有好多写中医中药方面的文章都用我们那些专用名词，这是一个大事，那时候（“文革”中）干这个事也不容易的。

事情二：写了《中国药用植物的现代研究与应用》[③]，600 页，大开本的英文版。我俩先搞了一个提纲，选了品种，哪些该写，哪些不该写。那本书是对我国 1949 年到 1980 年这段时间的一个总结，即一个国内研究的总结，包括药

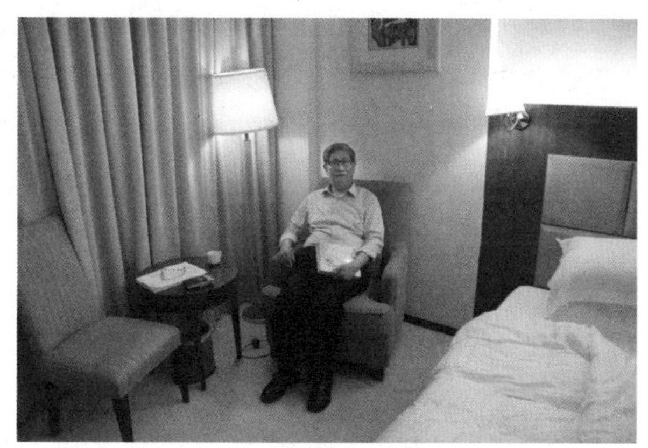

图 8-24　2015 年 5 月，刘昌孝院士在南宁接受访谈（采集小组提供）

① 刘昌孝访谈，2015 年 5 月 26 日，南宁。资料存于采集工程数据库。

② 刘昌孝，肖培根：《中药概论》。北京：协和医科大学出版社，1993 年。

③ 刘昌孝，肖培根：《中国药用植物的现代研究与应用》。香港：香港医药出版社，2000 年。

用植物的资源，传统药理学的一些作用，过去哪儿被书记载过，哪个经典的药书上写过这个药，来源从哪里来的，还有些药物的性状归经、治疗、功效等用途。现代研究的结果，像药理学的、化学动力学的，甚至临床应用的东西，都在那本书体现出来了。因为那时没有像现在有电脑，我们用手动的打字机吭哧吭哧一页页打起来的，现在保存的手稿还多着呢，都是当时打印的稿子。

这两件事，实际上也算是对我们国家中药走向世界的贡献。后来《中国药用植物的现代研究与应用》在欧洲、美国的有些学校当教材用。

时间跨入2000年。面对中医药现代化与国际化发展的大趋势，年近古稀的肖培根深感国家尚无一本英文版的中草药学术期刊实为一大缺憾。于是，他与老搭档刘昌孝院士再度联手主持，由天津药物研究院和药植所共同创办国内第一家英文中药学术期刊 *Chinese Herbal Medicines*（CHM）。

2003年11月27日，中草药英文版筹备委员会正式成立。会议一致推举肖培根为刊物主编，刘昌孝院士、陈士林院士和汤立达研究员为副主编。筹备会上，肖培根对创办CHM英文期刊的可行性、必要性组织了论证，并对刊名、办刊宗旨、栏目设置等提出了构想。会后，根据会议精神上报了申办材料。没想到的是，从申报到刊号获得，竟历时六年！肖培根从71岁到77岁，多次与中草药杂志社总编辑陈常青研究员一趟趟去国家新闻出版总署向领导汇报、沟通，阐述中草药英文版杂志对中药国际化的重要意义和国内科研工作者对英文版的迫切需求，CHM期刊终于在2009年年初获得了刊号。

在刊号取得之前，编辑部的工作已经开始。肖培根以其在国内外的影响力和人格魅力，与两个主办单位一起，拟定并邀请了19位海外专家和30位国内专家（其中，两院院士10人，香港3人，台湾1人）组成编委队伍。2008年年底，肖培根主持召开了CHM杂志第一届编委会，亲自查阅搜集大量国内外有关中药及天然药物的期刊，进行深入的比较和研究，确定CHM的办刊宗旨为："继承和发扬祖国医药学遗产，报道和反映中草药研究最新进展，宣扬我国中草药传统特色，加强与世界各国传统药物研究的经验交流，在中医与西医、传统与现代、东方与西方之间架起一座理解与沟通的桥梁，促进中药现代化、国际化。”同时对刊物的定位、发展方向、任务、目标以及栏目设置等都提出了明确要求，并亲自着手约稿、撰稿和审稿工作，为 CHM 的创刊奠定了坚实的基础。

作为主编，肖培根为创刊号撰写序言，并与副主编刘昌孝合作为创刊号撰写了长篇英文述评性论文“Challenges in research and development of Traditional Chinese Medicines”，以此向世界展示中国中草药研究开发和应用的进展。

目前，CHM 连续多年被中国科技核心期刊、ESCI、Scopus、PMC、DOAJ、CAS 等国内外知名数据库收录，多年来被评为中国国际影响优秀学术期刊，首批入选中国科技期刊卓越行动计划，位于 Web of Science“医学和化学”分区 Q1，科技期刊世界影响力指数在“中医学、中药学、结合与补院医学”学科排名 Q1（2024 年影响因子 4.7、即时影响因子 7.8），多篇论文被中华中医药学会和中华医学会评为百篇优秀论文和优秀科技论文。CHM 已被美国《化学文摘》(CAS，Chemical Abstracts Service)、波兰《哥白尼索引》(IC，Index of Copurnicus)、美国《乌利希期刊指南》(Ulrich PD，Ulrich’s Periodicals Directory) 等国际检索系统和国内万方数据库及中国学术期刊全文数据库（CNKI）收录。①

编纂首部英文《当代药用植物典》

《当代药用植物典》的编写与出版，凝聚着肖培根对中医药、对青年学者走向世界的殷切期望。

1999 年，肖培根在香港浸会大学见到来校工作不久的赵中振。初次与这位在国内获得学士、硕士学位，又在日本获得博士学位的青年学者交

① 陈常青：情系中药期刊国际化。见：中国医学科学院药用植物研究所编，《肖培根院士八十诞辰纪念》。内部资料，2011 年，第 101 页。

图 8-25 《当代药用植物典》英文版

谈，谈到编写一部中英文药用植物专著的设想与宏愿。

肖培根说：迄今中药典籍外文版甚少，致使外国人对中药的了解挂一漏万；同时，国外植物药的状况，中国人也难以窥其全貌。编纂《当代药用植物典》的目的之一是，要让西方人了解中国，也要让中国人了解世界。香港作为国际信息中心，是对外展示中医药的窗口与东西文化交流的桥梁，在此地完成一本这样的中英文版巨著有着得天独厚的条件。从这天起，两人便开始了一项卷帙浩繁的工程。从书的整体设计、药用植物品种选择到样稿的审定，无不倾注着肖培根的心血。他身体力行亲自带领青年学子远赴欧洲，进行西方草药的考察与拍摄；他殚精竭虑，如春蚕吐丝般地将自己宝贵经验与心得，倾注到每篇文稿的评注之中；他的献身精神、人格魅力，使许多中外学者，投入这部惠及世界的鸿篇巨制之中。

《当代药用植物典》的内容分为名称、概述、原植物照片、药材照片、化学成分与结构式、药理作用、应用、评注、参考文献等 9 项。共收载世界范围内常用药用植物 500 条目，涉及原植物 800 余种。全书共分为四册，第一、二册为东方篇，以东方传统医学常用药为主，如中国、日本、朝鲜半岛、印度等；第三册为西方篇，以欧美常用植物药为主，如欧洲、俄罗斯、美国等；第四册为岭南篇，以岭南地区出产与常用的草药为主，也包括经此地区贸易流通的常见热带与亚热带药用植物。

翻开《当代药用植物典》，给读者留下的第一印象便是精美的图片。全书共收录图片 1358 张，其中植物图片 763 张，药材图片 524 张，种植基地图片 71 张。反映自然生长环境以及特殊采收加工的照片也收录其中。

为了《当代药用植物典》走向世界，除了要有真实、可靠的数据外，也需要流畅、专业的语言载体。英文版绝不是简单的对中文版的直接翻译。在编辑英文版的过程中，不仅弥补了中文版的一些不足，而且增加了一些新的药用植物品种。为方便西方人理解，还适当地补充了背景知识。可以说,《当代药用植物典》英文版的编撰，是一次再创作的过程。

《当代药用植物典》中文版（简繁体）出版之后，得到了陈可冀、孙汉董、姚新生、李连达等院士和众多专家学者、医药工作者的好评。德国慕尼黑大学 Hildebert Wagner 教授、美国哈佛大学医学院 David M Eisenberg 教授、德国柏林的 Paul U. Unschuld 教授、世界传统药物学会主席 Michael Heinrich 教授、全球中药大联盟主席耶鲁大学郑永齐教授等，在认真评阅英文书稿后，也先后撰文予以推荐。世界卫生组织西太区主任 Samdan 博士看过此书后赞不绝口，当即购买一批赠送给有关国家的政府机构和学术部门，希望大家能以此书为范本，提高当地的药用植物研究水平。

《当代药用植物典》2008 年荣获第七届引进版科技类优秀图书，是这类优秀图书著作中唯一的香港作品。2011 年,《当代药用植物典》荣获了第二届中国出版政府奖[①]。

① 赵中振：构架东西方植物药研究交流的桥梁——《当代药用植物典》编后记。见：中国医学科学院药用植物研究所编,《肖培根院士八十诞辰纪念》。内部资料，2011 年，第 183 页。

第九章
放眼中药的未来

延年中药

肖培根与“长生不老药”结缘还是在懵懂的童年。为躲避因失业而脾气暴躁的父亲，他常领着几个小伙伴，木箱为船、木棍为桨，憧憬着划到天涯海角，寻找长生不老的仙草神药。大学毕业奉调北京，冥冥之中走进药用植物世界，更不可思议地开始了“仙草”人参的研究。1954年，在做栽培人参调查的时候，细心的肖培根发现，人参既是治病的上品药，又是绝佳的保健品。研究后发现，人参适用于体虚和衰弱的患者，其中在药理方面有一种称为“适应原样作用”（Adaptogen），也就是

图 9-1　肖培根在香港浸会大学中药标本馆（肖培根提供）

具有双向调节作用。

经过调查发现，我国有记载历史和应用的药食两用植物超过 1000 个物种。我国的药食两用植物体系在地理上大体可分为四个区域：①东北产长白山人参、五味子、赤芍等珍稀药食两用植物较多；②华北和华东北产山药、菊花、金银花等“四大怀药”，以及浙贝母、杭白菊、白术等“浙八味”为代表的药食两用植物；③西南、华南有丰富的岭南文化、南药和傣药等少数民族药食两用植物，如当归、天麻、巴戟天、化橘红、广藿香等；④内蒙古、青藏高原、西北一带产黄芩、甘草、冬虫夏草、雪莲花、肉苁蓉等维药、蒙药及藏药为主的药食两用植物。与此同时，豆科、唇形科、菊科、蔷薇科、锦葵科是传统的药食两用植物大科。悬钩子属、冬青属、胡颓子属、蒿属、无花果属、女贞属的药食两用植物的品种较多。

肖培根在研究药理作用的同时，也时时留意抗衰老的功效，他相信今后抗衰老药物会有光明的开发前景。肖培根任所长后成立了免疫室，把寻找抗衰老药物作为重要的研究任务，发现很多抗衰老药物与机体的免疫系统、内分泌系统、神经系统等生理系统有密切的关系。

经调查研究：我国可用于抗衰老的中药有 386 种，目前常用中药仅 50 余种，因此无论是在研发领域还是在应用领域皆前景广阔。

中医在发展的历程中，一直提倡“医食同源，药食同用”，常见的有药粥、药菜、药茶、药酒等。中医在数千年的生活实践中，积累了丰富的经验，总结出很多有益于养护身体的药膳食谱。比如山药粥、茯苓粥、枸杞羊肾粥、绿豆粥、红枣木耳汤等。唐代著名医药学家孙思邈

图 9-2　20 世纪 80 年代，肖培根主持召开的开发长白山药物资源学术报告会（肖培根提供）

说过："夫为医者，当须先晓病源，知其所犯，以食治之，食疗不愈，然后用药。"

哪些中药是可以药食两用的？哪些中药可以作为保健食品？哪些中药在保健食品中是禁用的？还缺乏明确的概念。卫生部（现国家卫生健康委员会）对这个问题很重视，卫生部食品卫生监督司专门设立了一个研究课题，由肖培根、冯毓秀、郭宝林、彭勇、党毅、谢宗万、郝近大、黄璐琦八人组成了一个研究小组，专门就"既是食品又是药品的物品""可用于保健食品的物品""保健食品禁用物品"三个研究课题开展研究，经过两年的紧张工作，提交了一个适用于保健食品的品种名单。2002 年 2 月，卫生部公布的"适用于保健食品物品和保健食品禁用物品名单"，就是以他们的这项研究为基础制定的。这是我国千百年来第一次对"医食同源，药食同用"理论与实践的科学总结，从此对药食品种有了科学的界定与使用规范。

肖培根对保健食品的研究没有停留在理论上，他身体力行参与技术开发：浙江有一个生产黄岩蜜橘饮料的饮料厂，想开发更多的产品，请肖培根出主意想办法。肖培根根据人们喜欢的口味和保健功能，试制出"碧茶猕猴桃"饮料，即用新鲜的猕猴桃榨汁和新鲜的绿茶提取液混合，口感很好，在市场上小规模销售后，得到了广泛的好评。玫瑰茄、广西甜茶等都含有一种多酚类的成分，对于与高血压有关的酶有作用，肖培根以罗布麻、玫瑰茄、甜茶为主要原料，试制成了降压茶，口感很好，药理实验证明效果也不错。

图 9-3 新疆罗布麻

肖培根研发的保健食品，既有中国特色也有国际色彩。在他率领下，研究组把在西方国家排名第一第二的、有提高机体免疫功能的草药紫锥菊和中国传统医学认为有提高免疫功能的黄芪配伍，做成保健食品。在临床试用阶段，对于感冒初期和感染性疾病起到了防止感染、增强机体抵抗力的作用。中成药里有一个抵抗外邪的方剂叫“玉屏风散”。由此，肖培根就给紫锥菊和黄芪结合的保健品起了一个响亮的名字“金屏风胶囊”。

2002 年，由党毅教授和北京大学医学院肖颖教授主编的《中药保健食品研制与开发》，由人民卫生出版社出版，在社会上收到了很好的反响。香港大学中医药学部的学位课程和香港浸会大学中医药学院的中医专业、中药专业的本科生课程，均以此书作为中医养生保健课程的主要教学参考书之一，这是一个意外的惊喜与收获。

党毅教授回忆说：

> 2002 年 9 月，我结束了在英国 Middlesex 大学客座教授的工作后返回香港，在香港大学专业进修学院（SPACE），以《中药保健食品研制与开发》一书为基础，为中医学士学位课程的学生讲授《中医养生保健学》等课程。期间，还应邀为香港浸会大学中医药学院的全日制中医、中药学学士学位的学生讲授《中医养生保健学》。我惊喜地发现，香港是一片非常适合中医养生康复专业生长的沃土，有着良好的发展前景。应该怎样干呢？我根据中医养生食疗的特点，本着“科研与科普结合、论文和著作并进”的原则，探索出了一条适合香港现实需要，使知识服务于社会的道路。因此获得了 2004 年度和 2005 年度“优秀教学奖”，并于 2006 年香港大学 SPACE 建院 50 周年庆典时，荣获杰出教师奖。①

山西沙棘

沙棘，顾名思义是一种沙地植物，是集生态保护、医疗保健为一体的

① 党毅：促进香港医药发展，扶植学生事业有成。见：中国医学科学院药用植物研究所编，《肖培根院士八十诞辰纪念》。内部资料，2011 年，第 165 页。

图 9-4 肖培根（右一）畅谈西部开发（肖培根提供）

宝贵植物资源。在环保方面，它有保水节水的功能。一株五年生的沙棘，一次储存雨水后可延续对地上部分供水三四十天。沙棘根瘤和弗兰克氏菌共生，弗兰克氏菌的固氮量相当于豆科植物的 1～2 倍。沙棘是恢复植被生物链的先锋树种，与沙棘混交的杨树、榆树、刺槐，分别比荒坡栽植的单一树种提高生长量 129.7%、110.5%、130%。沙棘能减少泥沙，防止水土流失，是黄土高原上天然的生物屏障；在医疗保健方面，它的根、茎、叶、花、果和种子均可入食入药，且营养价值非常高。现代科学研究显示，沙棘果含有 200 多种人体必需的生物活性成分和多种微量成分。

图 9-5 肖培根在承德考察（肖培根提供）

1983 年药植所刚一成立，肖培根制定的“五大开发”就将沙棘列为开发项目之首。多年防沙治沙的经验证明，沙棘产业是沙区集生态、经济、社会效益为一身的特色沙产业。目前，我国沙区已形成大面积的沙棘种植资源，沙棘已被广泛应用于食品饮料、医药保健、化妆品、饲料和工业原料等八大类约 200 多种产

图 9-6 沙棘

品，年产值近20亿元。

经过40多年的努力，琳琅满目的沙棘食品饮料走进了千家万户，既增强了国民的体质，又为产区人民脱贫致富开辟了门路，还促进了防沙治沙工作，可谓一举三得。

宁夏枸杞

近二三十年来，枸杞在保健食品中异军独起，尤其是人们对宁夏枸杞情有独钟。应该说“枸杞热”，肖培根功莫大焉。

20世纪90年代，党和政府提出了西部大开发的伟大战略。肖培根被聘为宁夏和青海的科技顾问，直接参加了西部大开发。四川、贵州和其他地区有一些与中草药有关的西部大开发的工作，肖培根都积极地参加。作为宁夏的科技顾问，肖培根第一次访问宁夏考察的重点是宁夏枸杞。因为枸杞为宁夏的特产，也是宁夏地区的道地药材，在全国也有很大的影响。在考察过程中，肖培根提出了一个问题：“宁夏枸杞究竟有多少产值？”他得到的回答是八千万元人民币。整个宁夏枸杞的产值还没有超出一个亿？肖培根知道八千万仅相当于一个中小企业的产值。肖培根对他们说：“看起来对宁夏枸杞还应该进行深入开发，综合利用，提高它的附加值，这样就可以突破一个亿或几个亿。当然，关键是在搞好一级原料开发，致力于试制出二级开发好的枸杞深加工产品。以枸杞作为主要原料，进一步开展三级开发，创制出新药来。”

中医认为，枸杞具有补肝肾的功效，没有明显的毒副作用，煲汤、做菜都可以放，是大家很熟悉的滋补中药。深入开发就要从枸杞的饮品或它的有效部位和多糖和类胡萝卜素类成分上下功夫。肖培根看到宁夏枸杞研究有很好的基础，如有专门从事枸杞研究的宁夏农林科学院枸杞研究所，宁夏枸杞已经选育出优良的品种，可以使用无污染的培植技术，还得到了绿色食品（Green Food）证书。深入开发需要资金投入，肖培根得知

图 9-7　肖培根（左三）主持宁夏枸杞抗衰老中药国际学术研讨会（肖培根提供）

上海实业集团要找一个好项目时，就跟他们介绍了宁夏枸杞。肖培根提这个建议本来是想试试看，没想到上海实业集团很有魄力，在 1 周之内就派了 3 名博士到宁夏实地考察，很快双方就签订了合作协议，开发了一个鲜枸杞速溶颗粒剂，使宁夏枸杞的转化有了很好的基础。肖培根还帮他们策划在第一届枸杞文化节期间，召开了一次国际枸杞和抗衰老中药的学术研讨会，邀请了很多国外的专家，比如美国的 Etkin 教授、日本的难波恒雄教授、瑞典的 Bruhn 教授、德国的 Wagner 教授、韩国的 Cherl Ho Lee 教授和 Hoon Park 教授，还有来自英国、斯洛文尼亚、新加坡等国家的专家学者。

外国专家学者中也有多位是带着质疑而来的——枸杞怎么可以作为保健品呢？印度学者 Harsh 教授 1989 年发表的一篇论文中说，宁夏枸杞的根、茎、叶各部位和它的组培产物均含有托品类生物碱——阿托品，他还建议宁夏枸杞可作为提取托品类生物碱的新资源。肖培根面对质疑坦然以对，坚信实践是检验真理的唯一标准，他认为宁夏枸杞作为保健中药，我们已经使用 2000 多年了，大量临床应用也从未发现托品类生物碱副作用的报道。为得出符合事实的结论，为宁夏枸杞正名，他安排得力弟子彭勇展开

图 9–8　2001 年 8 月，肖培根（前排左二）组织专家在宁夏召开建言献策座谈会（肖培根提供）

“中国枸杞属植物的生药学研究”。

研究工作从查阅文献资料开始。在中国科学院植物研究所国家标本馆，彭勇发现一份中国学者刘慎锷先生，于 1932 年采自印度西部的枸杞属欧枸杞。但是采集印度学者提到的产于印度的宁夏枸杞却困难重重。后来辗转从印度找来的所谓宁夏枸杞标本，与国产的宁夏枸杞比对，在形态上有很大不同，肯定不属于中国产的种类。彭勇将其与刘慎锷先生采集并命名的欧枸杞比对，形态一致，属于同种，显然这是 Harsh 教授的鉴定错误。后来彭勇多次在国际学术会议上，专门就宁夏枸杞与欧枸杞的不同做学术报告，还把研究成果发表在国际学术刊物上，为中国枸杞“恢复名誉”，以正视听。

进一步的研究表明，枸杞富含蛋白质、纤维、维生素 C 和矿物质等营养物质，以及花青素、原花青素、多糖、精胺和亚精胺生物碱等非营养生物活性化合物的良好来源。如今，枸杞在全球功能性食品市场上可以作为食品或食品补充剂，具有多种生物活性和健康益处，如抗氧化、抗炎、抗菌、免疫刺激、抗糖尿病、神经保护、抗癌、益生元和抗肥胖的作用。在意大利，枸杞已被列入具有生理抗氧化特性的食品清单，常见于食品补充剂中。

宁夏政府把发展中药材作为促进经济的主导产业，因此有没有拳头产品至关重要。当地的领导常问的一句话就是："肖院士，我们宁夏适合发展什么药材？"经过反复调研，肖培根推荐了种植葫芦巴的项目。肖培根说：

> 我当时没有马上回答他们，因为我没有做调查研究，不能随便发表意见，我的建议提对了，农民会很高兴。如果我提错了，他们骂我还是小事，使农民和国家蒙受损失才是大事。所以，我从多个方面考虑，经过调研后，提出种植葫芦巴的建议。①

葫芦巴为豆科一年生草本植物，全株有香气，花期4～6月，果期7～8月，主产于安徽、四川、河南。中医认为，葫芦巴具有补肾阳，祛寒湿，治寒疝、腹胁胀满、寒湿脚气、肾虚腰酸、阳痿等症。据考证，葫芦巴约在宋朝时引入我国作为中药使用。目前，全世界种植葫芦巴的面积约5.7万公顷，年产葫芦巴种子约6.8万吨，其中印度是生产大国，约占世界总产量的2/3。

当初肖培根之所以推荐葫芦巴，是基于以下几方面的原因：第一，葫芦巴生长周期短，农民种下以后，一两年就可获利；第二，比较容易种植，宁夏的土壤气候等条件适合其生长；第三，有多方面的用途，可用作提取薯蓣皂素的原料，还可以用作调香料（大家熟悉的咖喱粉中就含有葫芦巴），它的多糖黏液质胶在多种工业（包括制药工业和化妆品工业）中均有应用；第四，它不仅是中药中的一味补肾中药，而且近年各国的研究表明，它在降血糖和降血脂等方面均有一定的开发前景；第五，国际市场上的需求量很大。基于上述因素，使得开发生产葫芦巴几乎没有多大的风险，优点也是显而易见的。宁夏当地对肖培根提出发展葫芦巴的建议很重视，短短几年的时间产量直线上升。现在葫芦巴在宁夏，已经变成几乎可以与宁夏枸杞并驾齐驱的产业了。当然，宁夏的山区农民也从中得到实惠。

① 肖培根:《绿药觅踪》。北京：中国医药科技出版社，2011年，第142页。

别 样 茶

图 9-9　畅谈别样茶

2015年11月9日，在肖培根的家里，笔者就药用植物亲缘学采访他。在大约两个小时的时间里，他将跨越60个年头的药用植物亲缘学，从萌芽、创立到不断完善成熟，条理清晰娓娓道来。那天，耄耋之年的肖院士兴致颇高，自称“80后”的他，在访谈快结束时告诉我们，他还要把“三件事”继续发展：药用植物亲缘学、别样茶、适应原①。这里我们先介绍肖培根院士别样茶的研究。

所谓开门七件事：柴米油盐酱醋茶。当然，做了一辈子药用植物研究的肖培根，对于“茶”自然是从“药”处着眼。“神农尝百草，日遇七十二毒，得茶而解之。”从20世纪90年代，他开始关注草本茶在治疗与保健方面的重要性并做了深入的研究，继而提出“别样茶”（Non-Camellia Tea）的概念，并指出了别样茶饮发展的四个方向：适口化、保健化、求属化、跨界化。

肖培根“别样茶”的研究范围，是“有应用传统，不属于山茶科山茶属的植物，迄今在民间仍广泛用作茶饮的植物”。这些植物饮品人们比较熟悉的有：菊花茶、金银花茶、姜茶、甜茶，以及近年流行的绞股蓝茶、

---

① 适应原，英文为Adaptogen，即能使机体处于“增强非特异性防御能力的状态”的药物。适应原这一术语发源于1947年，由苏联科学家拉扎雷夫提出。他定义一种“适应原”为一种可通过产生非特异性抵抗力，从而使有机体可中和不利的物理、化学或生物应激的药物。

苦丁茶等。为什么他如此关注“别样茶”呢？现代药理和临床研究证明，“别样茶”具有降血压、降血脂、降血糖、抗氧化等作用，是中医“治未病”有效方法，更是应对“亚健康”的良方。同时，它对于促进三农经济的发展具有极其重要的价值。比如：菊花茶、金银花茶具有清火，姜茶具有祛风寒的明确疗效，苦丁茶更对现代人的三高症具有疗效。名叫“苦丁茶”的植物来源，我国竟有 7 科 8 属 15 种之多；名叫“甜茶”者，全国也有 10 科 14 属 18 种植物，因此亟待加以研究整理和规范化。肖培根特别提出：别样茶的应用要建立在严格的科学基础上，成熟一种，肯定一种，推广一种，逐步由少到多，由稀到广。最终将在茶文化的宝库中增添更多宝贵的品种。

肖培根带领团队对全国各地多种别样茶品种进行了广泛的收集和研究，根据别样茶富含多酚类化合物的特点，深入研究了别样茶改善调整慢性代谢性疾病的物质基础和机理，在国内外发表了近百篇文章。别样茶与“适应原”植物、补益类中药，共同为慢性代谢性疾病防治与抗衰老研究开辟了崭新的路径。

在别样茶中，藤茶、老鹰茶、苦丁茶占据重要位置，因为他们都是我国民间流传已久的古茶种。从 2010 年开始，在肖培根的指导下，由许利嘉、何春平、姜保平等博士展开了藤茶、老鹰茶、黄芩芩叶茶、沙棘叶茶、雪菊等的研究，已经在基础与应用层面上都取得了可喜的成绩。

图 9-10　肖培根作学术报告

藤茶又称野藤茶、白茶、白茶饼，属葡萄科蛇葡萄属的显齿蛇葡萄的多年生藤本植物，是一种名贵珍稀的保健古茶。茶圣陆羽一生嗜茶，精于茶道，在他所著的世界第一部茶叶专著《茶经》中，将其归为新梢枝性状的藤茶类中。我国粤、桂、琼、闽、湘等省区的壮、瑶少数民族和客家族，将野藤茶幼嫩茎叶加工后当茶泡饮，即使烈日炎炎的夏季也数日不馊，称其为“神茶”“甘露茶”。

根据民间长期饮用实践和现代科学研究证实，野藤茶具有清热润肺、平肝益血、消炎解毒、降压减脂、消除疲劳等功效，尤其对因烟酒过度、油腻过多、肝火过旺引起的身体不适，如咽喉炎、消化功能障碍等症，具有独特而灵妙的保健功效。

现代研究表明，黄酮类化合物为藤茶的主要成分，含量高达45%，主要有双氢杨梅树皮素、杨梅树皮素、福建茶素等。对藤茶全面广泛的药理研究发现，其功效主要在以下几个方面：第一，藤茶有非常好的广谱抑菌和抗炎作用；第二，藤茶中的总黄酮能够降低血脂和血糖，对高脂血症和心血管系统疾病能够起到较好预防作用；第三，藤茶能有效清除自由基，显著增强机体的抗氧化能力；第四，藤茶总黄酮还可以提高非特异性免疫功能；第五，最新的研究表明，藤茶在体外能够明显抑制肿瘤细胞生长，并且能够防止敏感细胞感染艾滋病病毒。在临床上，藤茶饼用来治疗咽喉肿痛，化脓性皮肤病等。

图 9–11　藤茶

由藤茶开发出的产品非常多，上市的藤茶产品主要有“茅岩莓茶”“龙藤茶”“中国京湘片藤茶”等，此外复方藤茶、藤茶含片、藤茶饮料、显齿蛇葡萄果冻、茅岩莓消炎制剂等产品，使得藤茶的开发利用被提升到了一个新的层面。

老鹰茶民间饮用历史已有数千年。相传大禹治水，盛夏过三峡，积劳成疾。神女投梦，嘱其就采茶树枝头老鹰口中所衔之叶

图 9–12　老鹰茶

泡水饮用。禹循梦行之，牢疾霍然而去，因此得名为老鹰茶。

史料中有确切证据表明，老鹰茶距今有数百年的饮用历史，是始饮于贵州大娄山区古老民族的古茶种。据调查，作老鹰茶用的主要有樟科的毛豹皮樟、川黔润楠、贵州润楠（狭叶润楠）和红果黄肉楠，其中毛豹皮樟为主流品种，分布也最为广泛。在安徽、浙江、福建、广东北部、广西、贵州、河南、湖北、湖南、江西、四川、云南、台湾等地均有分布。老鹰茶的特点是“高数丈，有细白毛”，是老鹰喜欢栖息之大树，因而得名老鹰茶，也称大树茶或白茶。老鹰茶汤色金黄带红，有强烈的樟科植物芳香味，性甘凉，能防馊防腐，止泻止嗝，有明显的消暑止渴和消食去胀的功能，是民间一种非常特殊的天然饮料。

现代研究表明，老鹰茶主要含有黄酮类化合物和多酚类成分，且不含咖啡碱。它的药理活性主要有以下几个方面：第一，老鹰茶中的黄酮类成分具有明显的抗氧化，预防酒精性肝损伤和抗炎的作用；第二，老鹰茶茶汤或总黄酮能够明显降低血糖和血脂，调节脂质代谢；第三，老鹰茶还具有抗突变和体外抗癌的效果。

目前，老鹰茶的资源在西南地区以及安徽等地已被开发利用，初具产业化规模，市场上有了不同老鹰茶的产品和饮料。此外，老鹰茶还被用来制作虫茶。将老鹰茶搁置于通气阴暗之器皿中，撒糯米饭少许引诱昆虫取食，自然接种繁殖，经常加料，日积月累自然产生大量昆虫屎粒，经筛选得到均匀灰黑色小颗粒，称“虫茶”或“茶砂”，虫茶的特点是用量极少，色香味极浓，茶渣少，汤色透明纯净，因而备受青睐且价格较老鹰茶昂贵许多。

图 9–13　苦丁茶

苦丁茶早在东汉时期的《桐君录》中就有记载：“南方有瓜卢木，亦似茗，至苦涩，取为屑，茶饮，亦通宵不眠。”经考证，瓜卢木即今之苦丁茶，已有近两千年的使用历史，是我国特有的传统纯天然保健饮品。苦丁茶入口味苦、清香，而后甘凉，具有清热消暑、明目益智、生津止渴、降压减肥、抗衰老、活血脉等多种功效，素有“保健茶”“美容茶”“减肥茶”“降压茶”“益寿茶”等美称。

近年来苦丁茶异军突起，享誉大江南北，既是时尚饮品，又是馈赠亲朋好友的礼品。早在2006年，肖培根就安排博士生李丽，开始对苦丁茶进行深入细致的研究。苦丁茶主要分布在长江以南地区，是我国除山茶科茶属茶叶以外的最大类的别样茶品种，是一个极具发展潜力的天然资源。苦丁茶与普洱茶、老鹰茶、绞股蓝、龙井、花茶等混合冲泡时，既有这些茶的香味，又有苦丁茶回甘和润喉的优点。

图9–14　李丽博士毕业时与导师合影（肖培根提供）

李丽查阅文献发现国内关于苦丁茶的文献有400篇之多，涉及苦丁茶同名异物的植物，更有8科20多个品种，而且找不到正品与伪品区分的依据。肖培根指导李丽说，“苦丁茶”虽然品种复杂繁多，但从应用历史上看，冬青科冬青属（*Ilex*）的植物为苦丁茶的基源植物，起源于东汉时期，距今有两千年的历史。目前市场上应用的苦丁茶，可归结为两大类：大叶苦丁茶（冬青科苦丁茶冬青 *Ilex kudingcha* 及大叶冬青 *Ilex latifolia*，故又可称冬青苦丁茶）和小叶苦丁茶（木犀科粗壮女贞 *Ligustrum robustum* syn. *Ligustrum purpurascens*，故又可称木犀苦丁茶）。

由于长期缺乏系统整理、质量控制及规范化管理，导致其他一些相似的植物也被充当苦丁茶应用。应该从两大类最主要的苦丁茶入手，从植物形态特征、化学成分、质量控制入手，找出他们各自所具有的特征，将两大类主流苦丁茶品种中的混淆品与正品区分；苦丁茶在脂质代谢方面，具有非常重要的应用价值，应该重点在脂质代谢方面对它进行深入的研究。

肖培根每次开组会的时候都会强调：苦丁茶在我国西部许多贫困山区的农村，作为主业或主要副业，对农业、农村、农民的经济发展具有重要作用。

在肖培根的指导下，李丽课题组在 2006 年至 2010 年，采集和收集了全国范围内的苦丁茶样品 100 多份。品种鉴定后，将它们特征性的化学成分进行比对，并逐步建立了主流品种苦丁茶的质量控制方法。在苦丁茶的研究过程中，她逐渐对苦丁茶这个课题产生很大的兴趣，并认识到对苦丁茶的研究还处于起步阶段，还有许多方面的工作需要深入开展。2009 年，李丽毕业的时候选择了留在肖培根的课题组，作为博士后继续从事苦丁茶的研究工作。目前，李丽和肖培根课题组的多个成员，从资源及产品调查、化学成分、质量控制、降脂药理活性、分子生物学等方面，对苦丁茶进行了多年的研究，已有多篇论文在国内外学术期刊上发表。

2010 年，在肖培根的带领下，课题组编写的《苦丁茶研究与开发》一书出版，是我国第一部全面总结苦丁茶研究成果的专著。内容涵盖自 20 世纪 80 年代至 2010 年的有关苦丁茶资源学、生药学、药理学、药物化学和临床医学等多学科的研究成果，不仅对各种苦丁茶的基源、化学成分、药理、临床应用进行了归纳，还对苦丁茶产业的开发提出了质量控制的目标，并对该产业的发展前景进行了展望。《苦丁茶研究与开发》对科学开发苦丁茶资源、规范苦丁茶市场、提高苦丁茶资源利用具有重要参考价值，并且苦丁茶品种混乱、长期缺乏质量控制等问题逐步得到解决，对企业和研究机构的决策具有一定的指导意义[①]。

2013 年，肖培根参加以“健康中国战略实施的突破”为主题的北京香山会议，担任共同主席，会上做“健康系统工程的药食同源：以茶饮为例”的专题报告，总结了别样茶研究的阶段性成果，并展望了未来的发展趋势。近些年来，山西、贵州、广西等将药茶作为健康产业发展的品牌产品，全力推动发展，成为各地经济发展的新热点。

---

① 李丽：“苦”中有乐有收获。见：中国医学科学院药用植物研究所编，《肖培根院士八十诞辰纪念》。内部资料，2011 年，第 171 页。

国家药用植物园体系建设

肖培根与药用植物园结下了终生的情缘，从先农坛的苗圃，到西北旺的试验场，再到国家药用植物园体系建设，他为之努力奋斗了六十余年。

1979 年，肖培根在日内瓦的 WHO 总部工作，给他留下印象最深的是慕名已久的邱园。

邱园（Kew Gardens），位于伦敦西南部的泰晤士河南岸，是久负盛名的世界著名植物园和植物分类学研究中心。邱园始建于 1759 年，初期只有 3.6 公顷，经过两百多年的发展，已扩建成为面积 120 公顷的规模宏大的皇家植物园。园内建于 1844 年至 1848 年的巨型棕榈温室（Palm House），是现存最大的维多利亚时代的玻璃温室，热带植物种类繁多。邱园也是植物博物馆，生态环境优美。徜徉其间，肖培根多么希望中国也有这样的植物园，多么希望中国的药用植物研究者也有这样的一片天地啊！

梦想伴随药植所的诞生而成真。1986 年，药植所成立的第三年，工程

图 9-15　再访邱园（肖培根提供）

浩大的药用植物园建设开工了。肖培根的设计理念是“园林外貌、科学内涵、民族特色”与“物种保存、科学研究、文化传播、观光养生”和谐共融。全园占地300余亩，由本草纲目园等11个园区组成。收集保存4000种35000份药用植物种质资源，已迁地保护保存药用植物1500余种。重要物种有：铁皮石斛、金线莲、人参、枸杞、丹参、灵芝、地黄等。人们漫步在假山、长廊、水榭、小桥之间，曲径通幽，令人流连忘返。作为一个面向世界的窗口，药用植物园通过大量活体植物标本，全面展示中国传统医学悠久的历史和丰富的药用植物资源，发挥沟通国内外药用植物研究的作用，已跻身于世界五大药用植物园之列。

20世纪90年代，随着国内外的“中药热”，如何有效地开展药用植物种质资源的保护，引起肖培根的关注，因为药用植物是国家重要的生物战略资源，药用植物园是药用植物多样性保护和可持续开发利用的最有效方式，对于搜集保存和迁地保护药用植物物种，展示我国传统中医药文化，服务“三农”经济等方面都有着无可替代的作用。

肖培根在努力办好本所的北京药用植物园和云南西双版纳、海南万宁两个分所植物园的同时，打破条块分割的思维模式，从20世纪90年代开始，率先与广西药用植物园和新疆药用植物园建立了全面合作的联盟，成立了广西分所、新疆分所，形成了地跨五省，南北兼顾的格局，继而提出中国药用植物园体系建设的思想。肖培根指出：如果能建设一个全国范围的保护体系，就能有效地保护我国的中药资源。

图9-16　建所初期的药用植物园（药植所提供）

据统计，我国约有38所专业药用植物园。他们分属于中央直属或地方农林单位、科研院校、医药企业等不同机构，几乎遍布我国所有省、市、自治区，引种保存全国本土药用植物7000余种，约占我国药用植物资源的63%，其中珍稀濒危物种200多种。比较知名的有中国医学科学院药用植物研究所的北京药用植物园、广西药用植物园、西双版纳南药园、海南兴隆南药园、重庆药用植物园、贵阳药用植物园等。其中，属于高校的药用植物园有20多所。另外，有35所植物园中设有药用植物园或草药园。除此之外，还有一些民营企业已建或在建一批药用植物园或特色草药园。药用植物园在我国药用植物种质资源的保存、保护和利用上发挥了重要作用，同时也是医药类大中专院校学生和相关企事业单位专业人员必要的实习场所，在弘扬中医药文化和建设城市生态环境上也作出了突出贡献。

由于体制和运行机制等多方面的原因，全国药用植物迁地保护机构的发展和交流存在很多问题。主要表现在以下五个方面：第一，缺乏整体设计与协调，目标与特色不够鲜明：各区域的药用植物园在保存保护其区域的种质方面不够全面，相互沟通和联系很薄弱；第二，资源信息缺乏共享交流与宣传平台：大部分药用植物园对自身的基础信息缺乏科学有效的采集和管理，物种保存数量、种类、保存状况等，尚无可靠、权威的数据，缺乏共享交流平台，从事药用植物研究的科研人员、医药企业以及爱好者等，无法获得针对某种药用植物的详细信息；第三，建设管理缺乏规范与标准，保存物种能力亟待加强：建立和推行药用植物园建设管理规范，促进药用植物园有序发展，根据不同类型药用植物园的功能定位（综合园、专类园如何体现各自的特色和优势等），编制长远发展规划等；第四，保存力度和研究推广尚待加强：目前我国人工栽培的药用植物200多种，如何加强对野生药用植物的保存保护，特别是珍稀濒危药材的保护和利用尚不够充分；第五，传统医药文化及科普宣传有待提高：药用植物园中丰富的药用植物资源、专业的研究和管理人员，是进行中国传统医药文化及科普宣传的强大支撑力量，如何让公众在游览美丽的植物景观、欣赏奇特的植物形态、感受大自然魅力的同时，将中医药文化与自己的生活联系起来，达到寓教于游的效果等。

2008年12月，肖培根高屋建瓴地提出“建设国家药用植物园体系”的宏伟构想：药用植物种质资源是国家重要的生物战略资源，物种和生物多样性的保护是基础。构建国家药用植物园体系，建立规范和标准，是时代的需要和行业的需求。

2013 年 7 月 29 日，由药植所牵头举行的“国家药用植物园体系建设研讨会”。从黑龙江哈尔滨到海南兴隆，不同系统、不同省份的 22 个实力雄厚、各具特色的药植园代表，在北京西藏大厦胜利会师，会上一致通过了“国家药用植物园体系建设的总体思路”方案。体系由主体园、共建园和联系园三部分构成。各园之间相辅相成、协同发展、互通共享、相互促进、逐步完善，大家携手并肩，共同推进国家药用植物园体系的圆满实现。

全体代表就推动国家药用植物园体系建设的近期规划，达成六点共识：第一，推动在中国工程院或国家中医药管理局层面上的国家药用植物园体系建设，扩大国家药用植物园体系的国内外影响；第二，建成国家药用植物园信息共享平台，实现各园信息和物种的无障碍交流；第三，制定“药用植物园体系建设管理规范”，促进各园规范建设；第四，进一步明确各药用植物园定位、特色，特别是特色和重点保存物种、特色保存方式，促

图9–17　2011 年年底，在药植所召开的全国药用植物园会议（药植所提供）

进各园特色发挥，增强实力，大幅增加保存物种；第五，制定国家药用植物园体系宣传方案，提升各园影响，争取更多支持，更好地服务国家和地方；第六，探索更加符合市场规律的药用植物园服务和商业模式，促进各园持续发展能力的提升。

目前，“国家药用植物园体系建设”正沿着肖培根的设计思路顺利推进，已经有跨行业、跨地区、遍及全国的 38 家药用植物园加盟。

药植所北京药用植物园

位于北京中关村科技开发区，占地 300 余亩。收集保存 4000 种 35000 份药用植物种质资源，已迁地保护保存药用植物 1500 余种。重要物种有：铁皮石斛、金线莲、人参、枸杞、丹参、灵芝、地黄等。几十年来，在天麻人工繁育、西洋参引种栽培、白木香通体结香技术、肉苁蓉人工种植等研究上，取得重大成就。已成为学科齐全、人才济济、设备先进的国际著名药用植物研发机构。

广西药用植物园

该园位于南宁市，创建于 1959 年，面积 202 公顷。园区已通过迁地保护保存的药用植物 7400 余种，其中珍稀濒危药用植物 180 种，珍贵及市场价值高的有 72 种。以面积最大、药用植物物种最多载入吉尼斯世界纪录，2011 年荣获“世界最大的药用植物园”美誉。园内还保存有药用植物蜡叶标本近 20 万份、药用植物馏分 10000 余份，离体保存珍稀濒危药用植物 280 余种，5000 余份。广西药用植物园被誉为“立体的《本草纲目》”，是国家 4A 级旅游景区、科普教育基地和中医药文化宣传教育基地。

图 9–18　广西药用植物园百病主治验方长廊（药植所提供）

药植所海南分所海南南药园

该园是我国收集保存南药资源最多的研究机构之一，位于海南岛东南部万宁市兴隆镇，园区 180 亩，拥有药用植物 1600 多种，有百年古树龙眼、

图 9-19 海南分所珍稀濒危南药园区（药植所提供）

见血封喉、荔枝、樟树等43株，国外引进有胖大海、印尼萝芙木、催吐萝芙木、马拉巴紫檀、麒麟血竭、丁香、越南肉桂、肉豆蔻、马钱等22种，坡垒、青皮、降香、海南苏铁、土沉香等珍贵药用植物94种，民间、民族药及海南特有种海南草珊瑚、海巴戟、槟榔、白桂木、草海桐等958种。

药植所云南分所西双版纳南药园

西双版纳南药园面积250亩，由南药秘境、百草园、兰园、姜园、傣药园、胖大海种质园等十余个特色功能区组成。园内引种栽培有阳春砂仁、檀香、诃子、儿茶、龙血树、金鸡纳、石斛等南药、民族药等药用植物1500余种，并拥有全国最大的胖大海、马钱、催吐萝芙木种质资源库、300多种原生兰科植物以及国内人工种植年限最长的土沉香、印度紫檀等

图 9-20 肖培根（右二）与云南分所原所长周庆年（右一），在云南分所观察砂仁的生长情况（肖培根提供）

重要南药，保存有药用植物标本20000余份。在西双版纳推广种植的阳春砂仁产量占全国的60%。

新疆药用植物园

位于新疆焉耆盆地的紫泥泉镇，将建设成为特色鲜明的中亚区域药用植物种质资源迁地保育、特色药用植物科技创新、科普教学实习和生态旅游休闲的综合基地。园区面积2670.7亩，规划分为特色药用植物专类区、学术交流培训区、原始沼泽湿地和沼泽草甸景观区、药材种植生产试验区和引种繁育实验区5个功能区，将为中国干旱区域野生药用植物多样性保育与可持续开发利用研究作出应有的贡献。

图9–21　阿魏是新疆独特的药用植物

重庆药用植物园

位于重庆金佛山国家级自然保护区北麓，始建于1947年，是我国建立最早的药用植物园，园区面积约100亩。植物园以“中医药文化传承及生物多样性保护”为展示主题，设有药用植物标本园、腊叶标本馆、生药标本馆、药用动物养殖中心及科技成果陈列室。保存有活体药用植物2500余种，腊叶标本25万余份，生药样品1500余份，养殖林麝、梅花鹿等100余头，是集药用植物资源保存、研究、开发、科普、中医药文化宣传于一体的综合型园区。

贵阳药用植物园

园区面积47公顷，建有苗药园、红豆杉园、石蒜园、蕨园等专类植物区，收集保存了以贵州资源为主的药用植物1600多种，主要有珙桐、石斛、头花蓼、天麻、淫羊藿、杜仲、黄柏、黄连、八角莲、宽叶水韭等，挂牌展示有181科670属1149种，其中珍稀濒危植物40余种。植物园对100多种贵州道地药用植物进行驯化栽培，其中头花蓼是贵州省第一个通过GAP认证的苗药品种。太子参、铁皮石斛等优质种苗，实现了规模化生产。

图 9-22 第三军医大学学生在重庆药用植物园实习（药植所提供）

湖北省农业科学院中药材研究所华中药用植物园

始建于 1979 年，位于恩施新塘下坝村长岭岗，海拔 1680 米，占地 1688 亩，年均降水量 1600 毫米，年均气温 10.6 摄氏度，是集资源保存、科技示范、旅游观光为一体的多功能植物园。园区由草本、木本、藤本、荫生药用植物区及活化石、珍稀濒危、道地药材、药食兼用植物区等 8 个保育研究区组成。其中，木本药用植物区建有银杏、红豆杉等 10 个专类园区，收集展示药用植物 1500 余种，其中国家级珍稀濒危药用植物 38 种。

图 9-23 湖北特有药用植物贯叶连翘

上海第二军医大学药用植物园

1956 年由我国现代生药学先驱李承祜先生创建，是华东地区种类最多的药用植物园，栽培药用植物 151 科 980 余种。园内树龄 60 年以上的树木 59 种 113 棵，包括：使君子、木犀榄、榧树、黄檀、一叶萩、青灰叶下珠、花榈木、扁担杆等。道地药材区内保存了浙八味等华东道地药材原植物；珍稀植物区内有红豆杉、珙桐等国家重点保护植物；标本馆保存生药标本2000余件，其中有我国早期植物学工作者100多年前采集的植物标本。

中国药科大学药用植物园

创建于1958年，2009年迁至江宁新校区，园区面积50余公顷，核心区20余公顷，建有温室1000平方米，荫棚1100平方米；园内种植药用植物1000余种，收集射干、麦冬、丹参等种质资源，建成各专类植物园，如鸢尾园、牡丹园、丹参园等。建设中的植物园将以药用植物为元素，以中医药文化为背景，建成集教育与科研、园艺展示为一体的药用植物园，并成为国家级药用植物实训教学中心及示范基地。

广州中医药大学药用植物园

总面积约3公顷，收录有1100种岭南药用植物。植物园由两部分组成：三元里药圃，始建于1956年，采用盆栽和模拟自然生态种植方式；大学城校区园，2006年建立，以中药功效与植物分类学方式分区。园内设有蕨类药用植物圃、石斛和阳春砂种质圃。既有阳春砂、巴戟天、广藿香等道地药材，还有密花豆、溪黄草、白木香等岭南特色药材。药用植物园具有种质资源收集与保存，以及科研、教学、弘扬中医药文化的功能。

辽宁省经济作物研究所药用植物园

位于古城辽阳，占地40公顷，是辽宁省专业从事药用植物保存、展示、利用及科普教育基地。园内建有日光温室、组培室、低温储藏库等设施，共保存药用植物800余种，四大园区各具特色：玫瑰园占地9亩，保存我国古老月季、现代玫瑰共280个品种；菊花园占地7亩，保存我国传统药用菊和观赏菊品种500多个；五味子园占地20亩，保存辽五味子等品种20个；道地药用植物园保存辽宁道地药材品种100多个。

山东中医药大学药用植物园

地处济南市长清区，占地30余亩，分3区：一区教育教学区，承担教学、科研、科普、对外展示和服务功能；二区种质资源区，拥有金银花、瓜蒌、丹参、黄芩、北沙参等50多种，山东道地药材种质1200余份，从全国各地收集的珍稀野生药用植物资源50余种；三区建有1500平方米的高标准温室，集药用植物种质资源保存、种苗生产为一体。

成都中医药大学药用植物园

图 9–24　金佛山兰

始建于 1956 年凌一揆先生创建的药圃，2010 年 5 月在温江校区复建。占地 80 亩，园内栽培 200 余科 1000 多种药用植物。东区为植物系统分类区，西区为特色药用植物区。园区西侧将建成国家中药种质资源库，东侧已建成人工气候室、温室。植物园已建成具有中药资源繁育、保护及资源可持续利用的科学研究、中药资源教学、中药传统文化交流与传播的三大功能，形成具有国际影响力的药用植物精品园和国家中药保护研究的基地。

河南农业大学药用植物园

包括大学科教园区的“中药材资源圃”和禹州“河南省药用植物园”，核心区占地 200 余亩，是中原地区特色药用植物园，保存着黄淮地区常见药用植物 350 余种，包括：怀地黄、怀山药、怀牛膝、怀菊花、千金子、红花、金银花、旋复花、丹参、柴胡、半夏、何首乌、栝楼等河南道地药材，既有绞股蓝、薄荷、留兰香、藿香、迷迭香、水菖蒲、艾蒿等药食兼用或香料植物，还有白及、卷丹、山丹等野生保护植物。

江西中医药大学药用植物园又名神农园

园区总规划面积 200 余亩，其中圃地 30 余亩，林地 180 余亩，水面约 1 亩；园内引种栽培了药用植物 400 余种，计划 3～5 年收集物种达 2000 种以上。园内设有药用植物分类区、中药药性展示区、江西特色药材区、珍稀濒危保护区等 9 个功能区。其中，珍稀濒危药用植物保护区栽有金线莲、羊耳蒜、重楼、细辛、八角

图 9–25　江西大红鸡冠花

莲、黄连等珍贵药用植物。

黑龙江中医药大学药用植物园

建于1970年，占地1.2公顷。园区已迁地保护保存珍稀濒危和重点开发的野生药用植物、栽培药材及近缘种药用植物710余种。面积600余平方米的现代化温室，保存热带药用植物标本100余份。园区的植物药标本区，设一年生、多年生、木本、藤本、阴生、水生等六类植物区。园内还保存有药用植物蜡叶标本500余份、生药标本100份。

图9–26　黑龙江特有药用植物五味子

内蒙古医科大学药用植物园

占地150亩，创建于2011年。园区中心为蒙药特色区，周边为道地药材等7个功能区，是集教学、科研、展示及种质保存为一体的多功能植物园。引种甘草、蒙古黄芪、黄芩、草麻黄、防风、小秦艽、沙棘、香青兰、北乌头、蓝盆花等特色道地中蒙药材50余种，其他药材100余种。收集甘草种质63个、蒙古黄芪种质9个、黄芩种质11个，为种质资源保护和优良品种繁育奠定基础。

甘肃农业大学药用植物园

创建于2004年。园区一个在校内，一个在海拔1860米的陇西县首阳镇董家堡村，总面积33亩。主要引种的物种有当归、党参、蒙古黄芪、红芪、掌叶大黄、唐古特大黄、牛蒡、柴胡、红花、秦艽、羌活、款冬花、苦参、连翘、银杏、甘草、黄芩、益母草、甘西鼠尾、桔梗、紫菀、川赤芍、乌头、瞿麦、藿香、土贝母等药用植物85种，以西北高原地区大宗栽培药用植物和珍稀野生药用植物为特色。

图9–27　甘肃特产唐古特大黄

福建省农业科学院药用植物园

图 9–28　福建药用植物园（药植所提供）

位于福州东张水库上游，东临石竹山风景区，占地 30 多亩。步入闽台道地药材区，泽泻、马蓝、薏苡、绿衣枳实等福建道地药材与砂仁、栀子、山麦冬等闽台常见药材争奇斗艳；在特色草药园区，保存着民间常用药用植物和雷公藤、钩吻草等有毒物种；还有金线莲、石斛、石仙桃以及高雄金线莲等珍稀兰科药用植物；素有“植物黄金”之美誉的南方红豆杉等资源，在这里得到保护和繁育。

山西省药物培植场

创建于 1956 年，位于山西省绛县南樊镇，是山西省唯一从事药用动植物资源保护、引种、驯化、选优、栽培、饲养等的研究单位。场内药用植物园占地 50 亩，收集药用植物 108 科 361 属 608 种，以山西道地药材及中条山药用植物为特色。建场近 70 年来，对山西的柴胡、黄芩、知母、远志、连翘等 20 多个道地药材进行野生变家种的研究，先后引种并推广了地黄、白芍、牡丹、杜仲、板蓝根、三岛柴胡等 40 多个国内外药材品种。

安国药材种植场

始建于 1949 年，位于安国市东南，隶属河北省卫生厅，主要从事野生变家种、南药北移、北药南迁的试验、推广。目前保存有 220 余种中药植物，占地20余亩。栽培着南方的杜仲、银杏、川楝子、厚朴，北方的藁本、威灵仙，日本的柴胡、白苏等药材。野生变家种有毛知母、桔梗、黄芩、防风等中药材。

中药持续发展之路

1996 年，肖培根卸下繁杂的行政事务之后，担任药植所名誉所长。他把主要精力投向中药发展的百年大计之上，扛起“中药可持续发展之路”的大旗。用他的话说：决不能吃祖宗饭，断子孙路。

伴随着“回归自然”与中医药学的热潮，传统中药良好的疗效，较低的不良反应，在全球得到广泛认同。国际大型制药企业竞相在中国设厂，并纷纷介入中药的研发。如：罗氏（Roche）、默克（Merck）、格兰素（Glaxo）、拜尔（Bayer）等世界最重要的制药企业均在中国设厂。与此相对应的是，世界各国对天然植物药的需求每年呈两位数速度增长。中国天然植物药的国内年需求量已高达 60 多万吨，另外每年还要出口 30 多万吨。许多人只看到了前所未有的机遇，却忽略了中药资源正在遭受前所未有的破坏。

图 9–29　1996 年，肖培根在国家中医药管理局中药资源利用与保护研究中心成立大会上讲话（肖培根提供）

以利用野生动植物为主的三四百味常用中药的资源问题最为突出，其中一百多种出现资源量急剧下降。一些道地药材优良种质正在消失，部分种类衰退甚至濒临灭绝，许多珍稀药用植物，如冬虫夏草、红景天、雪莲，因滥砍乱挖已濒危。人参、霍山石斛等药材的野生个体已很难被发现，近几十年来竟未能发现一株野生三七①。野生资源的破坏，正沿着“越贵越挖，越挖越少，越少越贵”的恶性循环而走向枯竭。

与此同时，无论是生物多样性保护还是生态环境保护，其形势在我国均十分严峻。中国沙漠、戈壁及沙漠化土地面积达 160 多万平方千米，其中人类导致的沙漠化面积达 37 万平方千米，由于沙化造成的直接经济损失每年高达 5210 亿元。产自内蒙古、新疆等地的甘草、麻黄、黄芪、防风、发菜等固沙植物，其滥挖滥采是导致沙荒和沙尘暴的主要原因之一。比如，甘草根茎可覆盖 6 平方米的土地，垂直生长的根茎一般深 8～9 米，甚至 10 米以上，每挖 1 千克甘草将破坏 60 平方米的土地，使当地脆弱的生态环境雪上加霜。

野生中药资源虽说品种上万，但资源并不丰富，部分野生中药资源日益减少，造成经常使用的 400 余种药材，每年有 20% 的短缺，这又直接影

图 9–30　2001 年，肖培根在 21 世纪国际生药学研究战略目标研讨会上发言（肖培根提供）

① 肖培根:《中药资源可持续利用》。北京：中国医药科技出版社，2006 年，第 11 页。

响着国民的用药需求、治疗的效果。

肖培根说：

> 记得我1961年第一次在西藏调查时，冬虫夏草（以下简称虫草）的数量还很多，当地的牧民用他们采挖的虫草换卷烟，大约1斤虫草和我们交换1包卷烟，任何牌子的烟都可以。当时，我们也不认为它有多么名贵。随着时间的推移，虫草愈采愈少，愈少愈贵，愈贵则大家更抢着采挖。目前，虫草1千克的价格已高达万元。现在一名牧民在山上转上一整天，也仅能采到几根虫草。虫草的命运告诫我们：对于大自然和生物资源的保护是多么的重要！①

越是美好的回忆，越是激励着他为中药可持续发展的百年大计，不遗余力地进言献策。1997年，他受邀参加由国家科委主持的“中药现代化科技产业行动计划”的制定和实施，并受聘成为以“中药现代化基础理论的研究”为核心的国家攀登计划项目组首席科学家。此时，孕育多年的“中药可持续发展之路”的构想也喷薄而出：

> 我曾积极建议：应该尽快建立起一个“国家中药资源宏观管理系统”，以协调管理中药资源的可持续发展。②

国家中药资源宏观管理系统的核心就是：通过现代化的管理，使先进的科学技术与行政管理有机地结合在一起，实现中药资源和经济的可持续发展与富国强民的目的。具体方法是：以群落学、统计学、3S技术和计算机信息系统等高科技技术手段为支柱，建立全国中药资源监测体系和保护体系。该体系，与今天的大数据有异曲同工之妙，不同之处在于20多年前，肖培根已将其成功地运用于中药资源的宏观管理上了。

中药资源宏观管理系统，大量收集国内外对中药（包括相关产品）的

---

① 肖培根：《绿药觅踪》。北京：中国医药科技出版社，2011年，第123页。

② 同①，第167页。

需求动态以及相关信息，包括历年的生产量、需求量、经济蕴藏量、资源再生速率等大量数据，对各种资源作出评估和预计，特别是对那些最常用的中药和珍稀濒危的种类，作出有针对性的发展规划。宏观调控中药资源利用与保护之间的矛盾，做好与自然环境之间的协调发展。中药资源宏观管理系统，将空间数据与属性数据综合分析处理，为中药资源监测体系的建立、规划设计、管理决策提供更加丰富的信息，可以为中药企业及管理部门提供所需的直观的电子信息，最终实现数据化管理，满足各类中药业经营管理的需要。

国家中药资源宏观管理系统由四部分组成：数据库系统（中药资源信息数据库和中药资源信息的地理信息系统）、分析系统、规划和评价系统、决策和管理系统。

建立国家中药资源宏观管理系统是一项“功在当代，福荫子孙”的事业，在保证药源的可持续供应，保护中药的生物多样性，保持生态平衡及环境等诸多方面具有深远意义。中国中医药的长远发展要在保护自然资源和生态环境的前提下，实现中药资源的可持续利用，实现中药产业与社会、自然的协调发展。国家中药资源宏观管理系统通过现代化的管理，将先进的科学技术与行政管理有机结合，使用国际上广泛关注的自然资源和环境保护管理方式，由无序走向有序，由被动转为主动，从而达到中药资源的可持续利用、经济的可持续发展和富民强国的目的[①]。

图 9–31　药植所云南分所资源普查工作（药植所提供）

1998 年，肖培根与陈可冀、甄永苏、于德泉等 14 位中国工程院医药卫生学部院士，共同发起“中药现代化”的建议，中

① 肖培根，陈士林：国家中药资源宏观管理系统的建立——中药现代化的基础。《中国中药杂志》，2003 年第 28 卷第 1 期，第 4–6 页。

国工程院领导很重视这个建议，并作为重大建议向中央领导报告。现在“中药现代化”已经深入人心，而且以科技部牵头、中央8个部委正式公布了《中药现代化发展纲要（2002—2010年）》（简称《纲要》），为我国中药事业的发展指明了方向。①

《纲要》在指导思想中指出要充分利用中医药资源优势。中药现代化发展的基本原则是“资源可持续利用和产业可持续发展。在充分利用资源的同时，保护资源和环境，保护生物多样性和生态平衡。特别要注意对濒危和紧缺中药材资源的修复和再生，防止流失、退化和灭绝，保障中药资源的可持续利用和中药产业的可持续发展。”另外还要注意“总体布局与区域发展相结合。充分考虑总体布局，同时根据各地区实际情况，发挥区域优势，促进区域经济发展。配合西部大开发战略的实施，通过中药现代化的发展，促进改善西部的生态环境，发展生态经济，提高西部地区的综合经济实力。”

回顾发起参与《纲要》的制定与中医药事业的发展前景，肖培根信心满怀：

> 我积极建议在执行《中药现代化发展纲要（2002—2010年）》时，在致力于提高我国中药产业现代化的整体水平的同时，需要安排一定的力量同时发展资源的宏观调控和可持续发展（生态化）、中药基因组学（创新化）和中药信息化和智能化（信息化、网络化）等属于知识经济方面的内容，使我国中药事业不仅能够代表国际先进水平，而且可以为人类的健康作出最大的贡献。应该根据市场经济规律，扶植并建立少数强强结合的实体，在中医药领域内，大力引进优秀的技术人才，如应用数学、信息技术、人工智能、生物技术、基因芯片、植物生态等领域的优秀人才和中医药方面的优秀人才，共同担任一些关键性的重大项目，并通过工作进行学科间的渗透和磨合。中国医药学是一个伟大的宝库，中药现代化的战略与战术应用得当，中医中药在21世纪中的再度辉煌是大有希望的！②

① 肖培根:《绿药觅踪》。北京：中国医药科技出版社，2011年，第152页。

② 同①，第153页。

第十章
桃李芬芳

培养好学生是肖培根对国家中医药事业可持续发展的一大贡献。从20世纪80年代初开始带研究生，他已经培养研究生104名，其中博士生86名，直至耄耋之年他依然把培养人才作为主要工作。他像当年老师对自己一样对待自己的每一个学生，将中国传统师德发扬光大。他既传道授业又解惑，言传身教以身作则，成为学生的人生导师。

2003年，肖培根从事科研工作50周年时，他的学生们从全球各地聚集老师身边。他们英姿勃发、踌躇满志，大多已成为各自工作岗位的青年才俊。学生们对恩师的赞誉凝聚成八个字：学通古今，桃李天下。

肖培根的学生常说，作了他的学生幸福油然而生，处处有人“关照”。如今已是博士生导师的1996级博士郭宝林说：

> 记得入学后第一次野外采集之前，我对未来的任务极其茫然。同事说：肖老师的学生没什么可担心的。到了峨眉、重庆、南川、康定、武汉，果然无数人伸出援手。在学术界的同行中，我时时因为是肖老师的学生而享受着敬意和重视。

图 10-1　2003 年，答谢恩师座谈会（肖培根提供）

2005 级博士李旻辉回忆说：

2006 年 4 月的一天，肖老师把我叫到他的家中，笑呵呵地问我对鼠尾草属植物分类的知识掌握得如何，我当时感觉自己学得还行，就告诉他应该没什么大问题吧。他建议我去药植所的药园里辨认哪些是鼠尾草属的植物，我到了药园时才发现遇到了真正的难题。除了能分辨出丹参外，对本属其他物种的分辨都模棱两可。第二天我就和肖老师又交流了一下，他告诉我只有到野外一边采集样品，一边学习，才能对植物分类知识有更深入的理解。令我感

图 10-2　20 世纪 90 年代，肖培根主持的一次研究生论文答辩

激的是肖老师一口气给我写了六七封推荐信，让我在采样遇到困难时可以找植物界的老前辈寻求帮助。2006 年 5 月，我踏上了采样的道路。我的第一站到了江苏省中国科学院植物研究所，在陈重明老师的帮助下，我采到了第一个样品荔枝草。接着我又去了浙江的天目山，安徽的黄山、大别山区，重庆的金佛山，陕西的太白山，湖北的神农架自然保护区，四川的卧龙、海螺沟自然保护区，云南的丽江、中甸、西双版纳……五年间，涉及我国 15 个省、市、自治区，行程几万千米。对“丹参”类与“非丹参”类药用植物类群进行了深入的研究，同时对唇形科多个类群进行了传统药物学方面的调查。在此期间，我又结识了许多老师、学长。①

年轻人富有幻想，但现实冷酷的一面，又常常使他们不知所措，甚至迷失方向。此时，最需要“贵人”给他指明方向。古人说：师者授业解惑也。肖培根既担当起授业的职责，又承担起解惑的师道。肖培根回忆道：

图 10–3　肖培根和博士生何春年合影

① 李旻辉：读万卷书，行万里路。见：中国医学科学院药用植物研究所编，《肖培根院士八十诞辰纪念》。内部资料，2011 年，第 168 页。

我从1982年开始招收硕士研究生，第一批2名，其中一名是于津，她是北京中医药大学的高才生，我安排她的论文题目是“芍药科药用植物的研究”。她开始很不以为然地说：芍药类植物前人已经做过大量的研究工作，我们大概没有多少工作可做了！哪知她愈做愈有劲，最后在药学学报、植物分类学报等杂志，发表了五六篇有关芍药和牡丹皮的学术论文，成了这方面的专家。①

2007级博士生何春年对老师的感激之情溢于言表：

硕士毕业后，我留在药植所工作，工作过程中发现自己的专业知识不够全面，思路和视野有很大局限，我决定继续在职攻读博士学位。这一次我终于如愿以偿地跟随肖老师了。当我的课题初步确定做芍药属植物的亲缘学研究后，刚开始就遇到了困难：芍药属的研究已经有一百多年了，研究很深入，况且20世纪80年代初师姐于津也做过，那我还能怎么做？还没等我找肖老师诉说困惑，肖老师却先和我谈起这个问题。他说：芍药属是一个特殊的类群，有很多问题没有搞清楚，于津当初在开始做芍药属时说，我们恐怕没有什么值得研究的了，后来却越做越觉得有意思。现在20多年过去了，有些问题依然没有解决。听了肖老师这一番鼓励的话，我就进行了实验设计，打算用植物代谢组学的方法来研究，当我把研究的初步方案交给肖老师后，肖老师很快给了我答复：认为代谢组学研究比较新颖，也是当前的研究热点，是一个很好的研究手段。对我们来说，在可行性方面还有一些问题，如芍药属植物很多种是濒危物种，分布环境也很偏远，样品来源本身就很困难，样品之间缺乏可比性，而且又是多年生的，人工培育更谈不上，预期最后难以取得可靠的结果。经过肖老师的一番分析后我才明白，做研究是永无止境的，但也不能一味跟着热点走，要切实可行的结合自己的实际问题展开。不久后我就收到肖老师给我查的最新文献资料，每份都装订好，并写上大概内容和值得注意的地方，同

① 肖培根:《绿药觅踪》。北京：中国医药科技出版社，2011年，第164页。

时为我多方联系实验用样品。这些看起来不起眼的细节，却都让学生们感激不已，毕竟肖老师年事已高，事务又多，还利用网络数据库为我们学生查找文献，并且每篇文献都阅读批注。①

作为国家级研究所的博士生，毕业论文既要扎扎实实，还要有所发现和创新。因此，在完成毕业论文过程中遇到困难，既是考查学生，也是检验导师。在肖培根的学生中有多位的毕业论文曾获得教育部的优秀博士论文奖章。一份优秀的博士毕业论文，凝聚着师生共同的心血。

如今也是研究生导师的2003级博士许利嘉，说起老师也是感激之情溢于言表：

2003年肖老师从事科研工作50周年时，我作为学生代表为肖老师献花的情景还在眼前，当时因为课题合作需要，我被安排在香港理工大学深圳研究院进行博士课题的研究。肖老师高瞻远瞩地给我定了博士论文研究方向，即五味子科植物活性成分的研究，选择的对象分别是铁箍散和异型南五味子。离开北京刚到深圳的那段日子，实验不顺利，由于缺乏经验，研究进展缓慢。加上对深圳这个陌生城市的不适应，我常常急得偷偷抹眼泪，为什么我做的五味子只有“酸”和“苦”，却没有“甜”？那时的我既怕又盼肖老师来深圳指导工作。怕的是实验几乎毫无进

图10-4　2003年，肖培根（右）和许利嘉在深圳航母参观中心

① 何春年：仰之弥高，钻之弥坚。见：中国医学科学院药用植物研究所编，《肖培根院士八十诞辰纪念》。内部资料，2011年，第174页。

展而无颜面对肖老师，盼的是能有机会面对面坐下来向肖老师倾诉我的问题。事实证明，每次肖老师到深圳的工作指导都像一场及时雨。他耐心地听我汇报，一针见血地点出关键问题所在，给我极大的鼓舞。根据肖老师提出的“不要为了拿化合物而去分化合物，重点应该结合活性来寻找有效成分，这样做科研就不会踏空”的观点，我进入了“越做越起劲”的状态。先后从两个植物中分离得到了近50种单体化合物，其中包括20种结构新颖的木脂素和三萜类化合物，并结合体外抗肿瘤和抗氧化的活性筛选结果，在*Planta medica*、*Helvetica Chimica Acta*、*Chemotheropy*以及*Chemical Pharmaceutical Bulltin*等杂志发表了一系列文章。同时，肖老师还专门帮我联系了生物技术研究所的抗病毒专家陈洪珊教授，亲自领着我去陈老师家拜访。通过与陈老师课题组的合作，我们对分离出的木脂素和三萜化合物进行抗HIV活性的筛选，在筛选中发现了新三萜化合物kadsuranic acid A具有较好的抗HIV作用，申请了国家专利“一种C3,4位断环三萜类化合物及其在防治艾滋病中的应用”并获得授权，同时也在《药学学报》和*Chemistry & Biodiversity*杂志上发表了相关论文。[①]

2005级博士生邹小兴，在完成毕业论文时遇到的困难更大。由于采样遇到困难，博士二年级时不得不更换研究课题。正当他彷徨无助、看不到前进的道路时，肖老师及时给他指明了方向，确定新的课题为

图10-5　邹小兴与肖培根（前）合影留念

① 许利嘉：五味杂陈，苦尽甘来。见：中国医学科学院药用植物研究所编，《肖培根院士八十诞辰纪念》。内部资料，2011年，第166页。

图 10-6 肖培根（中）在指导学生

苍术属植物药用亲缘学研究，并详细地为他分析了当前苍术属植物分类学上存在的问题，引导他以苍术属植物分类学研究为主线，采用形态、解剖、分子生物学和化学成分分析等多种手段相结合的方法，对苍术属植物药用亲缘学开展深入的研究，使邹小兴的研究思路顿时开阔。肖老师还在百忙中抽出宝贵的时间，帮他联系研究单位，并且亲自领他到研究单位与相关领导和老师见面，商讨研究方案。“感人心者，莫先乎情”，肖老师这种事无巨细对学生的关心深深感染了邹小兴，使他在今后的教学岗位上，时时以肖老师为榜样，力争成为像肖老师一样的优秀教师①。

与邹小兴博士出了同样问题、也同样“化险为夷”的另一位是2006级博士生曹聪梅，她回忆说：

> 入学后，博士课题初步定为金粟兰科植物的研究。我之前硕士课题是关于植物化学成分的研究，于是迅速锁定在植化上，查阅了相关文献，根据文献报道的化学成分和相关文献的书目，列出了我的一、二、三号“种子选手”，准备结合原植物的采集情况，确定其中的1～2个种进行研究。很快，我就收到肖老师的亲笔信，答复我的选种计划，结合药用记载和民间应用情况，将我局限在植化范围的小思想第一次拔高。基于该科药典所收载的草珊瑚的研究现状和分布局限，确定本属植物分类学有争议、分布上有交叉的海南草珊瑚为首选研究

① 邹小兴：肖老师的礼物。见：中国医学科学院药用植物研究所编，《肖培根院士八十诞辰纪念》。内部资料，2011年，第168页。

对象。尽管我的“种子选手”都被否定，肖老师却肯定并鼓励我的主动思考，而且耐心地手写了几页纸的文字引导我，这封信我一直带在身边。博士课题的前期，我总是很迷惑，而且金粟兰科特征物质倍半萜在萜类可以富集的部位却找不到。我开始怀疑这个选题，并再一次写邮件向肖老师表达了我的迷惑。某天早晨 8 点钟左右，我突然接到肖老师的电话，要帮我剖析这个课题的走向。于是就有了“从海南草珊瑚的化学成分入手，以点带面，比较草珊瑚属这两个种的区别，然后提高到属间差异，甚至之后的科间差异”这条主线。经过肖老师的提示，我豁然开朗。不是盲从新动向，而是结合现状和优势，找自己独特的切入点。

2009 年毕业后，我决定赴美学习。临行前，肖老师叮嘱我照顾好自己，并帮我剖析了当前及将来的优势劣势，鼓励我按自己的想法前进，最后又嘱咐了一些当地可能的情况。和这样一位慈祥的长者告别时，我不禁落泪。①

1982 年肖培根担任研究生导师之后，他曾经多次被评为中国医学科学院中国协和医科大学“教书育人、服务育人先进工作者”。在教书与育人工作上，肖培根堪称楷模。

于津是肖培根招收的第一批研究生中的一位。硕士毕业后，由于药植所与澳大利亚墨尔本药学院开展合作，肖培根便选送于津和付善林到墨尔本药学院攻读博士学位，哪知于津到墨尔本后不久，便因生活不习惯，特别是每天都要吃冷凉的乳制品等，度日如年，博士不读了也一定要回北京，甚至连回程的机票都买好了。肖培根听到消息后，不但亲自与她的导师联系沟通做工作，而且还动员药植所和于津要好的同事们写信给她，希望她能克服困难，坚持完成学业。渐渐地，于津情绪逐渐平复，也习惯了那里的生活，顺利完成了博士学业。

1996 级博士生陈四保，将老师当作人生的指路人：

---

① 曹聪梅：注定的缘分。见：中国医学科学院药用植物研究所编，《肖培根院士八十诞辰纪念》。内部资料，2011 年，第 170 页。

图 10-7 2005 年，肖培根（左）与陈四保在深圳园博园

1996 年，我考上肖老师的博士研究生，由于有了老师的精心指导，我于 1999 年 7 月顺利完成博士论文答辩，取得博士学位。博士毕业后，看到大多数的师兄师姐纷纷出国，我在所里如坐针毡，对前途和未来依然迷茫。肖老师似乎看透了我的心事，勉励我无论在什么处境下，都要做好当前的事情，然后寻找机会和突破。他形象地比喻为骑马找马。肖老师的话安抚了我躁动的心，我顺利地完成了重点项目“中药材道地性系统研究——当归、丹参”的采样工作。2000 年年初，在肖老师的帮助下，我来到香港浸会大学工作。2002 年春，在浸会大学工作了两年后，我再一次面临抉择。香港一家保健品公司希望我加盟，当时公司的月薪比在学校里做研究要高不少，我很想去。肖老师仔细地帮我分析了形势，劝我不要因眼前利益而放弃科研的道路，并推荐我到当时正在筹建中的香港理工大学现代中药研究所。这样，我才得以继续在科研领域里耕耘。肖老师的高瞻远瞩使我在人生的十字路口能朝着正确的方向前进。①

如今已经是中南民族大学药学院教授、湖北省毒理学会副理事长的廖矛川，1984 年考上肖培根的硕士生。从他来到北京，到读完博士、博士后，直至到武汉顺利发展，每一步都浸注着老师的心血：

① 陈四保：师者，所以传道授业解惑也。见：中国医学科学院药用植物研究所编，《肖培根院士八十诞辰纪念》。内部资料，2011 年，第 161 页。

我是肖老师最早的研究生之一。当时研究所刚刚成立，肖老师是所长，工作非常繁忙，但他对我们研究生十分关心，从论文选题、具体研究过程等都是亲自指导。那时候研究所条件不好，我们在实验中遇到困难老师都会及时想办法帮忙解决。我本科是学药物合成的，对药用植物了解不多，相关知识大都要从头学起，所以肖老师指导我的时间比其他研究生更多。特别是野外采样，老师考虑非常周到，亲笔写信联系当地的熟人当向导，能更快地找到产地采到实验样品。为了我更好地完成论文，老师还请研究所的刘永漋老师，指导我化学成分的分离与鉴定。在肖老师的精心指导下，我喜欢上了这个专业，顺利地完成了硕士研究生的学习任务。毕业后我到中国科学院武汉植物研究所从事药用植物的研究工作，在工作岗位上继续得到肖老师全方位的指导。

图 10–8　肖培根与廖茅川博士毕业合影

1992 年，我再次来到肖老师身边深造，开展博士研究生的学习与研究工作。3 年博士期间从老师那里学到了很多，在肖老师指导下，申请得到国家自然科学基金，对我国小蘖科植物从资源、化学成分、药理作用及化学分类方面进行了系统研究。博士毕业后，肖老师推荐我到北京医科大学做博士后，继续开展小蘖科植物的研究工作。研究重点转向药用植物资源的开发与利用，特别是中药新药的研发。1998 年博士后出站，联系到上海市计划生育科学研究所国家计划生育药具重点实验室，从事与计划生育相关的中药研究。在这里工作了 8 年，这期间虽然得到了国家“863”计划课题、国家人口与计划生育委员会重点项目及不少横向课题的资助，但由于研究领域不够宽与同行的学习交流很少，研究工作进展不是很好。肖老师及时提醒我可以换换工作单位。2006 年，我来到中南民族大学，从事民族药物的研究与开发。①

图 10-9　肖培根（前）再登黄山

2017 年 3 月，采集小组一行在武汉见到了廖矛川教授并进行了专访，那天他主要讲了三点：

我读研究生的时候刚刚建所，条件还比较差。肖老师通过最大的努力，让我们学习好、生活好，想尽各种办法在学习、生活上照顾我们。比如，周末也像职工一样给研究生发鸡蛋。那时候条件很艰苦，但是我们学生还是觉得挺温暖的。过年、过节的时候，肖老师把我们叫到家里吃饭。我们那几届的，基本上硕士的时候都去过。

另外，他最大的特点就是给学生一个课题，让学生充分发挥主观能动性去做，同时。他还帮学生找老师。比如，如果涉及化学方面的，他给找一个研究化学的老师，有什么问题学生可以请教老师。他就是把握方向，做到哪一步，有什么困难都给解决了。我们那时候都是自己去采样，到哪儿去采样，他都给写好信，找什么人，都安排得非常好。他平时那么忙，还那么细致。我那时候到过东北几次，每次都是他写信安排，然后拿着信去找人家，人家就都安排得非常好。

① 廖矛川：26 年的教诲。见：中国医学科学院药用植物研究所编，《肖培根院士八十诞辰纪念》。内部资料，2011 年，第 149 页。

还有，这么多年我们没看到他发过脾气，不管是逆境，还是条件很差的时候，这得有很高的涵养才能做到这一点啊。①

聚时一团火，散开满天星。谈起学生是肖培根最高兴的事情：在国内的许多学生已是学术带头人和研究生导师了，比如高文远、郭顺星、廖矛川、刘新民、霍海如、党毅、夏泉、郭宝林等。他们都已经很好地接棒继续开展药用植物的研究工作，成为研究所或教学的中坚力量了。在国外的以美国最多，有 20 多人。有人戏称：我们在美国也已经可以办一个很有水平的药用植物研究所的分所了！

① 廖矛川访谈，2017 年 3 月 30 日，武汉。资料存于采集工程数据库。

结 语

在当代药用植物学界，肖培根享誉中外。他的学术成长经历颇具传奇色彩：仅有大学本科学历但专业博精，没有专门学习却通晓四门外语，二十几岁就领导研究室出色完成国家的大课题……

无拘无束 快乐成长

科学家早年应具备的潜质，包括良好的基础教育、积极进取的性格、健康聪慧的资质，而这一切离开自由包容的家庭氛围都将大打折扣。肖培根的父亲，初中在德华寄宿学校接受德式教育，之后在德国留学十年，成为我国第一代海归中的佼佼者。他的母亲考入浙江大学，后因照顾家庭肄业。这等文化层次的家庭，即使在当年十里洋场的上海也属凤毛麟角，自然在子女教育上也与众不同：父母不刻意要求孩子学这学那，小时候尽情玩耍，根据个人的兴趣禀赋发展，但是读书求知、做事认真一丝不苟是必须的。肖培根兄妹五人全部大学毕业，各个事业有成。作为长子的肖培根，父母没有为他的发展设限，在生物课老师的引导下喜欢上了生物学之后，他生物考试总是满分并成为终生的事业。

兴趣爱好　成才之本

中学时代肖培根与生物结下了不解之缘，兴趣爱好是他学习生物学的原动力，在生物学不是一门“显学”的时代，凭借兴趣爱好高中时期他就在生物学上“技高一筹”。厦门大学一流的学习环境，使他如鱼得水，如虎添翼。

在厦大，肖培根与众不同之处还是相当突出的。

第一，厦大生物系几乎没有他不喜欢的学科；

第二，在厦大，肖培根接触最多的是三伯父肖贞昌和王亚南校长等一批知名教授，聪慧敏锐的肖培根蓦然间找到了榜样和方向，与中小学时期相比，他有了脱胎换骨般的思想飞跃；

第三，知遇之师——何景教授，何教授不仅给他“吃小灶”、聘他做助教，提前让他进入“师带徒”、不是研究生胜似研究生的学习阶段，而且在他毕业之后还不断给予工作上的指导；

第四，顺时而为，历经厦大的变迁与解放，在时代变革之际顺势而为，积极参与社会活动，担任学生会干部、校刊编辑、厦门日报通讯员、加入共青团，真正地融入新的时代；

第五，为了减轻父母的负担，在鼓浪屿、白土镇的中学兼任生物课老师，在思明区校本部担任生物系的学生助教。

冥冥中，兴趣与爱好，成为肖培根命运之舟的舵与帆。

天降大任　德配其位

1957 年 3 月，工作 4 年、年仅 26 岁的肖培根，被任命为中国医学科学院药物研究所药用植物研究室负责人，这在国家级的研究机构里是不多见的。他为什么能被破格提拔呢？要内外因综合分析：

第一，大学四年勤工俭学、学生会干部、厦门日报通讯员等历练，他具备了相当的组织才能；

第二，自学能力超群。结婚前，他的工资除了吃饭外几乎全部买书，不仅迅速补上了专业的短板，还掌握了工作所需的多种技能；

第三，他谦逊温良的性格，颇受老专家们的青睐，纷纷倾囊相授，无形之间成为多位专家的“研究生”；

第四，那个年代人才匮乏，同时也是年轻人建功立业独挑大梁的时代。比如，为应对国外封锁，他参加工作当年就被派到荒凉的张北沽源，寻找国家急需药物的替代品；

第五，时势造英雄。1958 年 9 月，第一次全国中草药资源普查的重担，落在 27 岁的肖培根肩上。经过两年的努力，第一次全国中草药资源普查圆满完成，向国家交出了合格的答卷。这是中国近代中药资源最权威的科学普查，成为新中国中药资源宏观管理的科学依据。与此同时，肖培根利用所获资料，主编出版了《中药志》，获得国内外一致好评。

融会贯通　学科创新

如果说肖培根研究生涯第一个高度，与时机时势等外因有着千丝万缕的联系，那么创立药用植物亲缘学更多缘于内因：博采众长、触类旁通、持之以恒。1953 年春，国家为麦角碱资源问题，把肖培根从厦门大学招到中央卫生研究院（医科院前身）。数月后，他就被派到荒凉的张北沽源寻找资源，风沙大得睁不开眼睛，最好的交通工具是牛车马车，晚上常常在牛圈里过夜，他没有畏缩退却。

以前他只知道麦角寄生在燕麦上，经过在张北沽源的实地考察，发现其他的禾本科植物上也长麦角，而且含量还比较高。最终找到了含麦角碱最高的植物——拂子茅。药研所用他背回来的拂子茅作菌种，研发出妇科救命药——麦角新碱。在植物研究室同仁的努力下，利血平、阿拉伯胶、安息香、胡黄连等原产于阿拉伯、印度、印度尼西亚等地的药材，短短数年也被国产资源替代，打破了西方的封锁，满足了国家的需求。肖培根没有陶醉于赞美声中，而是反思如何扩大研究成果。“在药用植物界，相似的药材有相似的成分、相似的活性，从这里找到了药用植物亲缘学最初的灵感。”

为了填补全国资源普查唯一空白的省份，1960 年他开始进藏科考，通过实地观察发现“矮莨菪”周围的一些植物都含有莨菪碱，他推测“矮莨菪”也应该含有这种生物碱。经过检测证实了他的判断，而且“矮莨菪”是这类植物中莨菪碱含量最高的，国际上未见报道，属于一个新发现。据此，他认为植物的亲缘关系和化学成分及疗效是存在很密切的联系性、相关性的。如果摸清规律形成理论方法，就能够更快速地找到所需要的资源。

在此项研究没有列入研究所的课题，没有相应的科研经费支持的条件下，他坚持不渝，即使在“文革”期间也没有放弃。以后他又逐步把重点由一个植物，转移到一群相类似的、有共性的植物上。先后做过的类群有人参类、大黄类、乌头类、贝母类等二十多个类群。通过类群的研究发现了其中的规律，并用数学模式和计算机做聚类分析。

1978 年，在《药学通报》复刊后的第 1 期第 1～5 页上，他的重要论文“植物亲缘关系、化学成分和疗效间的联系性”发表。如今 40 年过去了，他的研究经住了时间和实践的检验。

科学的春天，药用植物亲缘学在中医中药学这片肥沃的土地上茁壮成长，已经成为一门新兴的独立学科，开枝散叶，馥郁芬芳。

家国情怀　矢志不移

1996 年，肖培根改任药植所名誉所长。卸下繁杂的行政担子，他又挑起了中药可持续发展的历史重任，他说这是刻不容缓的责任：随着席卷全球的中药热潮，在经济效益急速增长的同时，中草药资源遭受着史无前例的破坏。一些道地药材优良种质正在逐渐消失和解体，许多珍稀药用植物如冬虫夏草、雪莲等已近濒危。产自内蒙古、新疆的甘草、麻黄、黄芪、防风等固沙植物，由于滥挖滥采，成为土地沙漠化和沙尘暴的主要原因。

1997 年，肖培根作为国家攀登计划项目组首席科学家，参与国家科委“中药现代化科技产业行动计划”的制订和实施。他积极建议尽快建立“国家中药资源宏观管理系统”，协调管理中药资源的可持续发展，其核心是：通过现代化的管理，使先进的科学技术与行政管理有机结合，实现中药资源与经济的可持续发展。

1998 年，肖培根与陈可冀、甄永苏、于德泉等 14 位中国工程院医药卫生部院士，共同发起中药现代化的建议，受到国家的高度重视，以科技部为首的中央八个部委，发布了《中药现代化发展纲要（2002—2010年）》，为我国中药事业的发展指明了方向。以后，肖培根又提出“建设国家药用植物园体系”的宏伟构想：“药用植物种质资源是国家重要的生物战略资源，物种和生物多样性的保护是基础。构建国家药用植物园体系，建立规范和标准，是时代的需要和行业的需求。”目前，“国家药用植物园体系建设”，正沿着肖培根的设计思路顺利推进，已经有跨行业、跨地区、遍及全国的数十家药用植物园加盟。

退居二线二十多年，肖培根将中药可持续发展研究推向新的高度。2006年，“中药材三维定量鉴定及生产适宜性的系统研究”荣获国家科学技术进步奖二等奖；2008年，“中国药用植物种质资源迁地保护与利用”荣获国家科学技术进步奖二等奖。

人类迈入新世纪，人口老龄化、亚健康问题凸显，肖培根又推出了延年中药、别样茶的应对方略。目前，他与学生们的研究进入佳境。

行文至此，根据肖培根成长、成就的各个历史节点，进行了认真的梳理，但实事求是地讲，上述可能只是浮光掠影，既不是模式也不是结论，能够传达给后来者的只是：机会总是留给有准备的人。

附录一　肖培根年表

1932年

2 月 2 日，生于上海，祖籍湖北黄陂，父亲肖贺章，母亲张英志。

1933年

父亲肖贺章辞职，无业，家境开始衰退。

10 月，大弟肖培源出生。

1934年

10 月，大妹肖培华出生。

1937年

2 月，小妹肖培玲出生。

随母亲张英志逃难到母亲的故乡浙江湖州。

肖培根和大弟随同父母逃难到福建沙县。

1938年

3 月，小弟肖培榕出生。

8 月，就读于福建沙县小学。

1939年

6 月，因兄弟三人在福建水土不服，均体弱多病，只能再迁回上海，住在公共租界新闸路西园寺。

8 月，进入上海夏光小学就读。

1940年

年初，妹妹们从湖州返回上海。至此，经颠沛流离全家在上海团聚。

8 月，全家从公共租界新闸路西园寺搬家至法租界格罗希路（现为上海市延庆路），转入临近的树德小学读三年级。

1942年

6 月，树德小学毕业。

8 月，进入上海私立南光中学初中部就读初一，任年级级长。

1945年

8 月，抗日战争胜利，父亲开始有固定职业及收入，家境开始好转。

1946年

5 月，参加南光中学英语演讲比赛获得第二名。

8 月，考入南光中学高中部。

1948年

6 月，高中毕业，考取厦门大学。

9 月，入厦门大学生物系，大一在鼓浪屿新生院读书。

1949年

10 月之前，全国处于解放战争阶段，厦门大学不能正常教学。听说在香港搭乘英国轮船可返回上海，故曾在香港短暂停留，但因返沪不成，重返厦门，并在厦门迎接解放和新中国成立。

9 月，任生物系系代表，直到次年 1 月。

1950年

8 月，任生物系干事，同时任厦门校友中学（现厦门二中）兼职教员。任《厦门日报》通讯员、校宣传干事，直到次年 1 月。

1951年

3 月，厦大理学院迁校福建龙岩，与后来著名的数学家陈景润睡上下铺。

8 月，任厦大学生会执委，同时任龙岩东肖中学兼职生物学教员，直到次年 1 月。

9 月至翌年 7 月，因学习刻苦，劳累过度，返沪休学近一年。

1952年

7 月，病愈返校，被何景聘为学生助教，负责低年级学生的实验工作，主管植物生理学和生态学实验，并得到何老师在业务上的指导。

12 月，加入中国共青团，并积极要求加入中国共产党。

1953年

4 月，大学毕业。奉卫生部调令赴北京工作。

5 月，受药学前辈姜达衢教授的启发，选择中央卫生研究院（中国医学科学院前身）药物学系工作，成为该系植物室第一名科研工作者。

8 月，与杨南荣、黄玉山、李传伦等，赴河北张北、沽源县调查野生麦角。

1954年

6 月，发表第一篇实地调查论文“河北沽源县药用植物的调查”，《药学通报》。1954 年第 2 卷第 6 期，第 229–230 页。

6—9 月，在东北各地进行野生麦角的实地调查，根据调查结果，撰写了论文“华北及东北地区野生麦角的调查”，发表在 1955 年第 1 期《药学学报》，发现了一种有效成分含量很高的国产麦角新资源——拂子茅上寄生的麦角。

1955年

1 月，“东北人参的分布、栽培和加工方法的调查”发表在《中药通报》创刊号第 1 卷第 1 期。

2—5 月，参加中国医学科学院举办的俄文突击班，对俄文有了基本了解。继而，苏联专家基里扬诺夫来华在植物室工作，肖培根与之配合十分和谐，并陪同访问国内多地。

1956年

5—7 月，苏联专家来访。中央卫生研究院协助苏联专家考察，由他陪同。

8 月，陪同保加利亚学者依丽诺娃到东北调查野山参。

1957年

继续在东北各地开展中药及药用植物调查，并对东北的一些特产药用植物，如缬草、蔷薇属植物以及东北的特产人参、鹿茸、五味子、刺五加等进行调查。

3 月，担任药物所药用植物研究室的负责人。组织植物室进行国产代用品研究，并在金合欢（阿拉伯胶）、安息香、胡黄连、马钱子、利血平等资源植物的研究中取得成果，产生了“药用植物亲缘学”的萌芽。

11 月 7 日，与冯毓秀女士在北京结婚。

1958年

8 月 7 日，长女肖颖于北京出生。

8 月 15 日，卫生部批复，中国医学科学院药物学系改建为中国医学科学院药物研究所，继续担任植物室负责人。

9 月，以肖培根为首的 38 名年轻人，开启第一次全国中药及药用植物资源普查。他的工作重点在东北地区，对野生人参、栽培人参进行了调查。

11 月，在采集的植物标本制作保存过程中，探索出“原色药用植物标本快速压制法”。

1959年

8 月，与楼之岑、诚静容教授编写的第一部著作《东北植物药图志》，由人民卫生出版社出版。

9 月，主持的新中国第一部中药专著《中药志》，为新中国第一次在中药研究方面取得的有影响的成果，是当代本草权威性著作的代表作。

12 月，在《药学通报》发表“我国含小檗碱的资源植物”。

1960年

6 月，苏联专家米凯兴来华，肖培根全程陪同。当米凯兴提出改变考察路线、带走考察时采集的标本和种子时，他执行上级指示加以阻止，后受到上级表扬。

12 月，被评为中国医学科学院和药物研究所先进工作者。

第一次全国中草药资源普查完成。基本上掌握了除西藏的全国常用药用植物资源。鉴于西藏地区的药用植物资源记载基本是空白，为响应国家号召“整理祖国医药遗产工作”，他主动申请入藏系统调查藏药。

1961年

10 月，第二次进入西藏考察。

12 月，其主持的四大卷、100 余万字、图文并茂的《中药志》全部编写完成。

12 月，植物研究室评为中国医学科学院先进集体，他本人被评为中国医学科学院先进工作者。

1962年

2月，到中国科学院植物研究所开始为期2年的植物分类学进修，对重要药用植物做了大量分类鉴定，共计发现32个新种和11个新变种，澄清了中药贝母、黄连、升麻、大黄、秦艽、茜草、乌头的原植物。第一年与导师王文采教授合作承担升麻族和耧斗菜族的编写任务，其他老师有著名植物分类学家匡可任、钟补求教授；第二年，从事百合科分类研究，参加《中国植物志》的编写，并发表论文5篇。

6月，于《药学学报》发表“我国东北地区野生人参的初步调查”。

7月，晋升为助理研究员。

1963年

3月至6月，与蔡希陶、陈封怀一道访问加纳、几内亚、马里、摩洛哥，采集200余种珍贵的热带药用植物种子，为国家引种热带植物和南药奠定了良好基础。

1964年

4月，结束中国科学院植物研究所的进修。

5月6日，二女儿肖伟出生。

6月，与植物室科研人员赴新疆调查蛔蒿的国产资源，并对新疆维吾尔族草药开展了初步调查和整理。

9月，在《植物分类学报》发表“毛茛科一新属——人字果属”，发现毛茛科新属人字果属（Dichocarpum），其中包括了16个新种及新组合。成为早期代表论文之一。

11月至次年1月，参加吴征镒为团长的中国科协代表团访问柬埔寨，考察当地的热带植物，写出考察报告。

1965年

6月，第三次进入西藏考察。

8月，撰写的新中国第一部藏医药专著《藏医藏药的初步整理》由西藏日报社印刷，自治区内部发行。此著作为 1960、1961、1963、1964 年在西藏科考，对藏医藏药调查整理的总结，开创了对民族药物科学整理的先河。

9 月 30 日—11 月 3 日，对保加利亚药用植物进行考察，写出考察报告，并向天津医药进出口公司建议，推动土木香、野蔷薇果和椴树花等药材的出口。

10 月，在《药学学报》发表“中国毛茛科药用植物研究 Ⅱ－乌头属的药用植物”。成为早期代表作之一。

1966年

5 月，与植物室研究人员共同到北京西郊西北旺药用植物试验场参加农业劳动。

1967年

继续在西北旺药用植物试验场。

1968年

被下放至北京平谷东升制药厂，与刘国声等从小檗碱废液中提取得到几乎等量的小檗胺，与刘昌孝（现为中国工程院院士）等合作发现小檗胺有很好的升高白细胞作用，并推向临床应用。

1969年

9 月，作为卫生部系统首批科技人员，下放江西永修卫生部“五七干校”，参加筹建“五七药厂”，并被任命为排长，负责制剂车间及新药试制工作。

1970年

在“五七药厂”的实践中，经常参加当地草药的调查、整理和总结工作。

12 月，带领“五七药厂”生产出穿心莲片、黄连素片等，使药厂扭亏为盈，成为“五七干校”创收大户。

1971年

创制出“热可平注射液”，至今仍为当地药厂的拳头产品。

8 月，整理出 3 年来“五七药厂”产品技术资料。产品已有 30 余种，其中有强心灵片、鱼腥草片、虎杖片、热可平注射液等。

1972年

7 月，“人参、刺五加及其它具适应原样的药物”发表在《医学参考资料》第 7 期。

11 月，结束江西永修“五七干校”的下放，返京。

接到卫生部通知：紧急去云南西双版纳调查“美登木”，与昆明植物所裴盛基、李登辉，在云南西双版纳热带原始森林调查 7～8 天。

接待新中国成立后第一个美国草药学代表团，结识 Farnsworth 教授。

1973年

6 月，在《植物学报》第 15 卷第 1 期发表论文“中国药用植物中生物活性物质的寻找——五种药用生物碱的资源植物”，系统总结了自 1957 年起寻找进口药的中药代用品工作，指出“利用植物亲缘关系相近，则其化学成分也近似的规律，寻找并扩大药物资源”是一种有效的途径。

6 月，在《植物学报》第 2 期发表“几种主要莨菪烷类生物碱在中国茄科植物中的存在”，对当时中国药用植物资源的开发利用研究起了引导和示范工作，至今仍为认识研究茄科植物化学成分的重要参考文献。

6—11 月，在《新医药杂志》上连续发表“藏医常用药物的整理研究”6 篇文章，总结进藏考察结果，在国内系统介绍藏药，为代表论文之一。

7—10 月，应邀赴阿尔及利亚考察。考察组收集了大量的草医经验及实物标本，圆满完成任务，受到阿方卫生部长的接见和表扬。

1974年

应当事国邀请，赴埃及、坦桑尼亚考察当地药用植物，撰写的“坦桑尼亚药用植物考察报告”，被联合国作为典型文件分发至各成员国，认为深入调查传统民间药是解决第三世界基层保健的一项重要措施。

在《植物分类学报》第 12 卷第 4 期发表“中国产小檗属药用植物资源的研究——分类、分布和药用价值”。

与刘昌孝合作研究，小檗胺有升高白细胞的作用，获中国医学科学院科技成果奖。

1975年

药物所组织科研小分队到粤北边缘韶关地区，肖培根任小分队队长，深入当地卫生所与医院、药检所、药厂等部门，调查和收集当地对防治常见病、多发病的有效草药及方剂。

10 月，编写了内部资料“韶关地区第一、二批中草药制剂初步小结”，内容包括了虎杖片、小檗胺片、热可平注射液等临床试用小结以及当地草药的临床应用经验。

1976年

9 月 1 日，第四次进入西藏考察，发现了常用藏药矮莨菪含托品类生物碱高，还发现了不含蒽醌类化合物的拉萨大黄新种等。对当地资源丰富的小檗属、乌头属、紫堇属等药用植物进行了较深入的研究。

1977年

3—4 月，在《植物学报》连续两期发表两篇论文“植物亲缘关系、化学成分与疗效间的联系及其在药物研究中的运用”及“续”。总结了前期工作成果，奠定了“药用植物亲缘学”的基础。

12 月，与陈敏章等 6 人，成为“文革”后首批晋升副研究员的科技人员。

1978年

1 月，在《药学通报》第 13 卷第 1 期发表“植物亲缘关系、化学成分与疗效间的联系性”。

3—6 月，作为中国医学科学院代表和中国科学院药物所同志，首次访问法国的卫生研究机构。

4 月，担任植物室主任。

9 月，出席世界卫生组织在瑞士召开的“药用植物选择与标准化”国际会议。

其父病故。

12 月，主持编写的《中药志》获得第一次全国科学大会奖。

1979年

1 月，被评为药物研究所先进个人。

作为新中国第一位技术顾问，入驻瑞士总部，参加传统医学项目及编写世界药用植物名录，将节省的 4 万美元全部上交国家。

4 月 19 日，加入中国共产党。

11 月 14—21 日，参加第四届全国药学学术会议，当选为理事。

1980年

1 月，在《药学学报》发表“大黄属的植物亲缘关系、化学成分与疗效间联系性的初步研究”。

在《江苏中医杂志》发表“我国药用植物资源的调查、利用、研究和展望”，概述了新中国建立以来，我国药用植物的研究成果，为我国药用植物研究指明方向。

2 月 9 日，被评为中国医学科学院 1979 年度先进工作者。

5 月，在《植物分类学报》第 18 卷第 2 期发表“中国毛茛科植物群的亲缘关系、化学成分和疗效间相关性的初步探索”。

7 月，在《药学通报》发表科研简讯“羊蹄类中草药的植物及化学研究”。

7 月，应邀赴法国斯特拉斯堡，参加“第一届国际药用植物研究大会”，并在会上作“中草药的传统经验及其在药用植物研究和新药寻找中的运用”，报告受到一致好评，全文收载在出版的专著中。会后，受 *Planta Medica* 主编 E. Reinhart 邀请访问德国，认识了一批德国著名同行，并成为该刊编委。

作为世卫组织的技术官员，相继访问了意大利、荷兰、英国等大学、研究单位和药厂。

1981年

6 月，参加卫生部及药监局的欧洲八国考察，参观药厂等部门。

7 月，第五次进入西藏考察。

9 月，赴意大利 Citta di Castello 参加“第二届国际药用植物及芳香植物学术讨论会”，应邀在大会上作“中国药用植物的新进展”学术报告，并参观当地的芳香植物种植场及加工厂。

11 月至次年 1 月，在瑞士日内瓦世卫组织作为临时顾问，参加整理《世界药用植物名录》。

1982年

2 月，继续被聘为日内瓦世卫组织的学术顾问，其间访问意大利 Indena 药厂，与该厂学术负责人 Bombadellii 博士建立联系至今。随即访问英国各相关大学，结识 Bisset 教授和 D.Phillipson 教授等一批专家，访问邱园。

第六次进入西藏考察。

5 月 26 日，邮电部发行第二套药用植物特种邮票 T.72（6—2），其中贝母原植物暗紫贝母（*Fritillaria unibracteata* Hsiao et K.C.Hsia）系肖培根与夏光成教授命名的新种，并收载于《中国药典》中。

7 月，与朱兆仪、张福泉等合著的《人参的研究及栽培》，由中国农业出版社出版。

8 月 16 日，被国家科委聘为国家科委药械专业组成员。

9 月，招收第一批硕士研究生于津和付善林。

12 月 6—11 日，参加全国民族药学术会议。

1983年

2 月，应广西药学会的邀请，参加一个药学论坛。在讲座中主要讲了 4 个主题：植物亲缘关系、化学成分与疗效间的联系性（药用植物亲缘学），我国药用植物资源的调查、利用、研究和展望，国外药用植物研究与生产概况，传统药物的整理与研究。

8 月 22 日，根据卫生部指示，由药物研究所西北旺药用植物试验场，组建药用植物资源开发研究所（以下简称药植所）。

10 月，被任命为首届所长。任联合国工业发展组织（UNIDO）临时顾问，出席在维也纳召开的“非洲药用植物工业化”咨询会议，并作“非洲药用植物工业化的战略与战术”的学术报告。结识了一批国际知名专家。会后顺访印度，参观了印度药物研究所及药用植物研究所，与该国知名专家建立了学术联系。

本年，在国内外重要学术期刊发表论文 12 篇。

1984年

与陈迪华等应邀访问法国尼斯草药制剂公司。该公司将草药应用于保健品、牙膏、禽兽药等多种用途。

本年度，带领课题组在国内外发表 10 篇学术论文。

1985年

1 月，访问日本，参观以津村为代表的和汉药制药厂。随后访问松浦药业株式会社，与日本同行建立联系。

3 月，晋升为研究员。

4 月，应澳大利亚药学会邀请，在墨尔本做“中国传统药物”演讲博得声誉，被授予澳大利亚药学会奖章。应澳大利亚卫生部门邀请，交流有关中药产品的国外流通和质量控制等事项，交流取得巨大成功和好评。之后，澳政府有关部门商定：今后如有肖培根签字的中药产品，海关应予放行，但此“特权”从未用过。

11 月，赴马尼拉担任世卫组织西太区临时顾问，对菲律宾、巴布亚－新几内亚、斐济以及西萨摩亚南太平洋诸岛，进行药用植物和当地草药考察，了解该地区的草药资源和试用情况并撰写专门考察报告，作为世卫组织西太区的学术文件分发。

1986年

2 月，应邀访问法国做草药考察。

3 月，访问日本，参加“草药科研小组会”会议，重点访问难波恒雄教授为所长的富山大学和汉药研究所，并应邀做“药用植物亲缘学”的报告。

4 月，被卫生部聘为第五届药典委员会委员。

5 月，应邀参加在北京举行的“国际传统医药与现代药理学研讨会”，在大会作学术报告“中国药用植物中的药理活性成分、传统药物的分析研究”，强调药学的传统经验与现代研究需要结合与渗透的重要性。

6 月，与北京大学数学系合作的“中国药用植物传统疗效的计算机统计分析 I 木兰亚纲”，在《中西医结合杂志》发表；与日本学者合作有关毛茛科 Beesia，Cimicifuga 和 Souliea 属化学成分研究的论文也相继发表。

8 月，被评为中国协和医科大学、中国医学科学院 1986 年度教书育人、服务育人先进工作者。

8 月 4 日，药植所被世界卫生组织正式命名为“世界卫生组织传统医学合作中心”，WHO 总干事中岛宏亲自将命名信件制成金色金属复印件，授予该中心主任肖培根，全所职工受到了极大鼓舞。

9 月，为顺应亲缘学学科交叉性强的特点，招收北京大学化学系本科生朱敏就读硕士。

10 月，短暂访问黑龙江黑河对岸苏联边境地区。

12 月 9 日，“中国莨菪类药物资源开发利用的研究”，获卫生部乙级科学技术成果奖，排名第一。

1987年

2 月，赴法国访问学习。

应美国经济植物学会及 N. R. Farmsworth 教授邀请，赴美国芝加哥参加主题为“在初级保健中植物药及传统医药的作用”国际研讨会，并在大会上做题为“中国传统医药在初级保健事业中的作用”的报告。

访问意大利，并接受当地媒体采访，成为意大利 *News* 杂志的封面人物，并访问法国。

6 月，与陈可冀合作撰写的论文“Recent advances in clinical studies of Chinese medicinal herbs 1. Drugs affecting the cardiovascular system”在国际著名杂志 *Phytotherapy Research* 上发表。

7 月，被国家自然科学基金委员会聘为国家自然科学基金委员会学科评审组成员。

9 月，被评为中国协和医科大学、中国医学科学院 1987 年度教书育人、服务育人先进工作者。

10 月，被卫生部聘为卫生部药学专家咨询委员会副主任委员。

10 月 1 日，卫生部为感谢他任卫生部科学委员会委员期间作出的贡献，特予表彰。

1988年

3 月，赴泰国学术访问。参加 WHO 和世界保护联盟在泰国举办的药用植物保护会议，报告题为“中国药用植物的方向：它们的利用与保护”，此次会议和泰国访问，促成了 12 月 15 日泰国朱拉蓬公主访问药植所。

5 月 22 日，被国家自然科学基金委员会聘请为国家自然科学基金委员会第二届学科评审组成员，任期两年。

5 月 31 日，被中国医学科学院聘为第三届学术委员会委员。

6 月 1 日，药植所“中草药新植物的研究”，获卫生部科学技术进步奖三等奖，为中药标准化作出贡献。

12 月，“沙棘资源利用及系列产品开发”的项目成果，获得国家星火奖集体奖和个人奖。

12 月 15 日，泰国朱拉蓬公主应肖培根邀请访问药植所并做学术报告“泰国的药用植物研究”，大大提升了药植所在国际交往中的地位和声望。

由肖培根主编、港澳台专家参编的图文并茂大型著作《中国本草图录》（Ⅰ—Ⅻ），由商务印书馆（香港）公司、人民卫生出版社联合出版。

1989年

1 月，被劳动人事部评为“国家级中青年有突出贡献专家”。

赴美国夏威夷参加“国际生物能医学研讨大会”，做“中国药用植物的研究”的报告，并结识了一批台湾中医药界的同行，希望一起为中医药在国际上的发扬光大作出贡献。

4 月 4 日，被卫生部聘为药品审评委员会委员。

5 月 10 日，被国家中医药管理局聘任为《中华本草》编委会常务委员会委员 / 栽培专业编委会主任委员。

8 月，被中国医学科学院聘为第三届学术委员会新药与药物资源开发专题委员会副主任。

“中药外向的传播与交流的研究”获得了中国医学科学院成果一等奖，药植所前期的国际交流工作得到了肯定。

1990年

应联合国工业发展组织的邀请，赴加纳考察药用植物，并为加纳药用植物发展与生产做了可行性规划。这个报告被加纳有关部门称为“南南合作的典范之一”。

3 月 15 日，被卫生部聘为卫生部医疗卫生国际交流中心理事会理事。

5 月 16 日，被国家自然科学基金委员会聘为国家自然科学基金委员会第三届植物学学科评审组成员。

6 月，赴法国斯特拉斯堡参加“第一届世界传统药物学大会”，在大会上做“从传统药物中能否开发出避孕药物来？”的学术报告，并当选为第一届国际传统药物学会委员。

11 月 12 日，被厦门中药厂聘为高级技术顾问。

1991年

5 月，被卫生部聘为卫生部第六届药典委员会委员。

9 月，药植所被中国医学科学院学位委员会批准为生药学博士点，招收第一批博士生李从军和高文远。

10 月 18—22 日，参加国际传统医药大会并被聘为国际传统医药大会（北京 .91）学术顾问委员会委员。

英文稿“药用植物利用：中国经验的新进展”被 UNIDO 会议负责人 Wijesekera 所著的《药用植物的工业化》专著收录，该文宣传中国在药用植物工业化方面取得的成就和经验。

1992年

药植所国内外影响日益扩大，外事活动与国际交往更加频繁。

2 月，赴菲律宾马尼拉，出席联合国教科文组织主办的“第七届亚洲药用植物、香料及其他天然产物”会议，在大会上做“中国药用植物、香料及其他天然药物的产品开发”的学术报告。

2 月，与刘昌孝合作在国际传统药物权威期刊 *Journal of Ethnopharmacology* 上，发表长篇评述“Recent advances on ginseng research in China”，成为该刊引用频次较多的论文之一。

3 月，应邀访问叙利亚，为该国自主生产草药遴选出口药用植物、成袋泡茶制剂生产做可行性分析与规划。

4 月 20 日，被国务院学位委员会聘为国务院学位委员会第三届学科评议组（药学评议组）成员。

6 月，赴瑞典乌普撒拉，参加“第二届国际传统药物学大会”，在大会上做“中国药用植物的免疫作用及其作为抗衰老药物的可能性”的学术报告，并获得“第三届国际传统药物学大会”的中国主办权。

6 月，赴日本富山市，参加“国际传统药物研讨会”，在大会上做“中药的研究与开发的战略”的学术报告。

8 月，被卫生部聘为卫生医疗第三届药品审评委员会委员。

9 月，赴德国慕尼黑，参加“第四届国际植物药学术大会”，在大会上做“中药的化学、药理及临床研究的新进展”学术报告。

10 月 20 日，被聘为中国保健科技学会保健产品评审委员会委员。

11 月，再次应联合国工业发展组织的邀请，赴奥地利维也纳参加“亚洲及太平洋地区药用和芳香植物工业化利用的咨询”预备会议。进一步加强了与国际同行专家的联系。

11 月，当选为中国药学会第三届天然药物专业委员会委员，第 19 届理事会理事、常务理事。

其母张英志去世。

由其主编、港澳台专家参编的《中国本草图录》获得第六届优秀科技图书特别奖。

1993年

1 月，北京西洋参联合开发公司表彰其为怀柔西洋参科技发展作出重要贡献。

1 月，被卫生部药政管理局聘为《中药新药与临床药理》编委会编委。

4 月，加拿大蒙特利尔植物园园长 Borque 先生访问药植所植物园，继而邀请其回访，进行了专业性考察，探索中加双边合作事宜。

5 月，参观访问英国 Glaxo 药厂，商讨双方合作事宜。转赴突尼斯参加国际天然药物开发与应用学术会议。

5 月，应联合国粮农组织（FAO）的邀请，参加在泰国曼谷召开的“药用植物与芳香植物研讨会”，做题为“Status of Production and Utilization of Medicinal and Aromatic Plant in China”报告，探讨两者如何与农业生产相结合，并介绍了中国相关的情况。

7 月，经多年努力，广西药用植物园正式挂牌“中国医学科学院药用植物资源开发研究所广西分所”，时任中国医学科学院党委书记钱昌年亲临盛大庆典。

8 月，赴美国旧金山等地与美方商讨药用植物方面合作的可能性。

8 月，被立夫医药研究文教基金会聘为第一届立夫中医药学术奖审议委员会委员。

9 月 16 日，被卫生部国际交流中心聘请为第二届理事会理事。

10 月，应联合国工业发展组织的邀请，赴土耳其参加“国际药用植物研讨会”，在大会上作了“传统药物学对中医药所作的贡献”的学术报告。

10 月 8 日，被卫生部聘请为第一届国家中药品种保护审评委员会委员。

10 月，其主编的《新华本草纲要》（1～3 册）获得中国科学院自然科学奖二等奖。

10 月，与刘昌孝合著的 *An Introduction to Chinese Materia Medica*（《中药概论》），由北京医科大学、中国协和医科大学联合出版社出版。本书对世界了解中药认识中药发挥了重要作用，在非洲留学生、研究生中产生较大影响力。

11 月，为发掘传统药物积累的经验，为现代新药的发现服务，国际著名的 Ciba 基金会特组织国际上此领域内著名专家，在赴巴西召开“国际传统植物学与新药开发”小型专题研讨会，做了“中国药用植物的传统药物学研究”的学术报告。报告连同讨论发言均并被收录大会专辑中 *Ciba Foundation Symposium*。

与路安民讨论植物系统学中的科学问题，正式提出“药用植物亲缘学”这一全新学说，以及建立该学科的科学内涵、研究思路和研究方法。共同确定英文名为 pharmacophylogeny，形容词为 pharmacophylogenitic。

1994年

1 月，其主编、港澳台专家参编的《中国本草图录》获得第一届国家图书奖提名奖，并获得台湾首届立夫中医药图书奖一等奖。

1 月，被中国植物学会第 11 届理事会聘请为《植物分类学报》编委会常委。

4 月 25 日—5 月 2 日，药植所与韩国合作举办了“中药展览会”，展览地点在韩国，他在大会上做了“中国传统药物的研究”的学术报告。

5 月，评为享受政府特殊津贴专家。

5 月，被中国药学会聘为《中国中药杂志》副主编。

9 月，由药植所主办的“第三届世界传统药物学大会”在北京隆重举行。他当选为世界传统药物学会主席，并在大会上做“抗衰老中药的研究”学术报告，说明中药防衰老的巨大潜力。

11 月 18 日，被卫生部聘为第一届卫生部进口天然药物专家委员会委员。

12 月 9 日—12 月 21 日，应邀访问波兰，促成了中波药用植物的科技合作。

12 月，当选为中国工程院医药与卫生工程学部首批院士。

1995年

3 月 18—25 日，参加“大陆中医药大学校长访问团”访问台湾，在台湾作了“大陆新药审批程序及中药质量控制”的学术报告，并邀请台湾同行参加《中国本草图录》大型著作的编写，共同振兴中医药。第一次见到了陈立夫先生，并获墨宝“中华文化重视本末先后之道故中医亦以培本为先”，希望将中医药优秀传统文化发扬光大。

11 月 22—28 日，赴韩国学术考察，访问了有关大学的研究机构，其中包括对人参的研究和生产，并参加国家中医药管理局与韩方“中韩传统药物合作”的签字仪式。

12 月 19—22 日，赴印尼参加由联合国教科文组织的国际药用植物讨论会，会上介绍了中国的情况，并参观考察印尼传统草药，特别是草药应用至美容、化妆品的生产情况。

1996年

任药用植物研究所名誉所长。

7 月，赴英国参加主题为“用作食物及药物的植物”的“第四届世界传统药物学大会”，并做学术报告“中国传统药物学及药用植物研究”，参观考察邱园及伦敦多处著名园林。

7月，赴香港参加香港卫生署（冯陈富珍任署长）的“香港中药标准会议”。

9月22日—10月5日，随卫生部部长张文康率领的中国卫生代表团访问冰岛，受到该国总统的接见。代表团还访问了法国施维雅药厂等机构，并顺访了丹麦。

11月4—9日，赴泰国参加由联合国粮农组织及工业发展组织联合举办的“药用植物工业化利用的亚洲研讨会”，任大会执行主席，所做报告收录在大会专辑中。

访问意大利Indena药厂，并应邀参加了联合国工业发展组织的学术讨论会。

11月24—30日，访问香港，参加传统医药及天然药物学会议。

“国家中医药管理局重点实验室，中药资源利用与保护研究中心”挂牌成立，任中心主任。

与国际著名生药学家Wagner教授合著中药专著*Chinese Drug Monograph*开始出版。

1997年

1月9—11日，赴意大利Trieiste参加联合国工业发展组织的有关“地方药用及芳香植物工业开发科学设计及调节”咨询会议，并再次访问Indena药厂。

2月3日，被卫生部聘为卫生部国际交流中心理事会理事。

3月，赴香港参加中药学术会议，做题为“21世纪中药质量问题的挑战”报告。

5月，被国务院学位委员会聘为国务院学位委员会第四届学科评议组（药学评议组）成员。

7月1日，参加香港浸会大学的中医药研究所筹建工作并担任顾问，为香港中医药发展献计献策。

7月1—14日，应邀访问英国、德国，参加“国际药物及食品学”大会，与夏普波鲁公司商谈合作事宜。

8 月，与杨世林合著的《实用中草药原色图谱》(1—4 册)，由中国农业出版社出版。

9 月 18 日—10 月 5 日，赴德国访问，并到专门生产植物药的 Bionorica 药厂参观考察，探讨双方合作的可能性。

参与国家科委主持的“中药现代化科技产业行动计划”的制定和实施，并被聘请任“中药现代化基础理论的研究”为核心的国家攀登项目组首席科学家。

1998年

1 月，被国务院正式任命为中药攀登计划首席科学家，积极组织全国中医药科学工作者参加项目。

1 月，由其主编、港澳台专家参编的《中国本草图录》共 12 卷，荣获国家中医药管理局成果奖一等奖。

3 月 25 日—4 月 7 日，赴香港参加“跨越 21 世纪中药质量问题研讨会”，并在大会做主题报告。

3—4 月，赴香港推动中医药的研究，指导彭勇、党毅、李文魁等在香港浸会大学中药研究所的工作。

4 月中旬，再次访问台湾。获第三届立夫中医药学术奖，并在台湾做“面向 21 世纪的中药现代化”等三个学术报告。期间，访问了相关中医药大学、研究所和药厂，推动两岸中医药学术交流与合作。再次会见了时年 99 岁的陈立夫，并获赠墨宝“长乐永康”。

5 月 1 日，获中国植物志成果奖。

6 月 1 日，被卫生部聘为卫生部医药卫生科学技术进步奖第五届评审委员会委员。

10 月，“动物学习记忆计算机测控系统研制及实验测评方法研究”获得国防科工委科学技术进步奖集体和个人二等奖。

11 月，被中国工程院聘为中国工程院教育委员会副主任委员。

12 月，被立夫医药研究文教基金会聘为立夫中医药学术奖协助委员会中国大陆委员。

1999年

年内，与浸会大学中药研究所，共同在国内外发表有关保健食品、中药信息化、中药化学成分研究等论文共 7 篇。

7 月，赴香港参加“1999 年国际人参会议”，并在大会上做了“人参应用在东方——从经验到科学阐明”的学术报告。

9 月，与连文琰合著的《中药植物原色图鉴》，由中国农业出版社出版。

11 月，获得首届地奥药学科技（中药）一等奖。

2000年

在《中国中药杂志》发表“迎接中医药再度辉煌的新世纪”“21 世纪与中药现代化”；

在《中国药学杂志》发表“21 世纪中药与天然药物的研究与发展方向”等。

受聘为香港理工大学客座教授。

6 月，赴香港参加“香港中药前瞻讨论会”，并在会上做“中药资源可持续利用”的学术报告。

6 月，以访问学者身份在香港科技大学做报告“中药新药开发进展”，该文发表在《中药研究与开发综述》。

9 月，与刘昌孝、李大鹏合著 *Modern Research and Application of Chinese Medicinal Plants*，由香港医学出版社出版。

2001年

8 月 8—12 日，为贯彻国家西部大开发战略，在宁夏组织召开“枸杞及抗衰老中药国际学术讨论会”，有五位院士及德国、美国、日本、瑞典、韩国、斯洛文尼亚等多国专家参加，为促进宁夏枸杞的国际化做准备。

任宁夏政府顾问，为枸杞等的开发牵线搭桥，引进香港上市公司，在宁夏建立制药厂生产“枸杞速溶袋泡茶”等产品。

9 月，获求是基金会中医药研究的集体奖。

与杨世林合著的《药用动植物种养加工技术》（1—27 册），由中国中医药出版社出版。

在香港参加 APEC 可持续发展国际会议，做“中国药用植物可持续发展与利用”报告。

与刘昌孝合作发表系列中药的研究论文共 5 篇，涉及丹参、银杏、甘草、三七、小檗属（三颗针）。

与 Wagner 合作出版 *Chinese Drug Monographs and Analysis* 第 3 卷，涉及品种当归、白芷、川芎、花椒等。

2002年

2 月，卫生部公布“适用于保健食品物品的保健食品禁用物品名单”。此名单是以他为首的小组，根据国内现状及保证安全的需要而起草的，为保健食品的安全使用发挥了关键作用。

4 月，主编的《新编中药志》Ⅰ—Ⅳ卷，由化学工业出版社出版。

7 月 9 日，荣获国家“杰出专业技术人才”称号，并在颁奖大会上，受到胡锦涛等国家领导人的接见。

12 月 10 日，荣获香港浸会大学荣誉理学博士学位，表彰其在中药研究和协助香港及浸会大学发展中药所作的贡献。

2003年

1 月，在《中国中药杂志》提出“国家中药资源宏观管理系统的建立——中药现代化的基础，对中药资源的质控是可持续发展的重要措施”。

2 月，受聘为香港浸会大学中医药学院荣誉教授。

5 月，与王永炎、陈鸿珊，在《中国中药杂志》发表论文“防治 SARS 中药的研究线索”。

6 月，与徐国钧合著的《中国本草彩色图鉴（草药篇）》（1—5 卷），由人民卫生出版社出版。

6 月，应邀赴俄罗斯访问，参观“全俄药用植物与芳香植物研究所”，接触本领域的专家。

8月，其主编的《新编中药志》获国家新闻出版总署第十一届全国优秀科技图书奖二等奖。

11月27日，为实现中医药的现代化和国际化，深感国内外缺少一本高质量的外文期刊，遂与天津药物研究院（现天津药物研究院有限责任公司）共同向有关部门提出申请，开始筹办中国第一家中药专业的英文国际期刊 *Chinese Herbal Medicines*。同日，在药用植物研究所召开筹备委员会会议，专家就刊名、办刊宗旨与国际出版商合作办刊等事宜进行了研讨。

12月28日，药植所隆重举办“庆贺药用植物研究所成立20周年暨肖培根院士从业50周年”庆祝活动。国内外友人和学生们纷纷来信祝贺，与同事和学生们济济一堂。

被聘为广西药用植物园的名誉主任。

2004年

1月，赴香港参加第二届《香港中药标准》国际专家咨询会。

6月13—17日，赴英国坎特伯雷参加“第八届世界传统药物学大会”，并获得了“第九届世界传统药物学大会”的中国主办权。再次访问了邱园，在标本馆中与有关专家商讨世界人参属的分类问题。

7月，肖培根自述集《绿药觅踪》，由中国医药科技出版社出版。

2005年

“中国重要药用植物类群亲缘学的研究”，作为国家自然科学基金重大项目中标并启动。

年内，聘任国内外有影响力的院士和专家为药植所的客座教授，以期加强对药用植物的研究。

2006年

3月，与陈士林合著的《中药资源可持续利用导论》，由中国医药科技出版社出版。

8 月 22—25 日，由其担任学术委员会主席的“第九届国际传统药物学大会”在广西南宁召开，获得了国内外与会者的好评。

主要参与的“中药材三维定量鉴定及生产适应性的系统研究”获国家科学技术进步奖二等奖。

《药用动植物种养加工技术》获中华中医药学会科普著作二等奖。

2007年

为促进广西药用植物园向国际化高水平的方向发展，促成了广西壮族自治区政府与中国工程院合作共建广西药用植物园的协议。

3 月，其主编的《新编中药志》第Ⅴ卷出版，对收载的中药增补了最新研究进展，基本上达到了“与时俱进”。

“中国乌头属植物药用亲缘学”，获中国科协第五届优秀学术论文奖。

11 月，受聘为国家发改委“艾滋病和病毒性肝炎等重大传染病防治论证委员会”成员，并视察北京各基层单位临床防治的现场。

2008年

1 月，获中国中医科学院唐氏中药发展奖。

2 月，与赵中振合著的《当代药用植物典》，由世界图书出版公司出版。

4 月，组织一批科学家（屠鹏飞、蔡少青、孙载明等）赴广西参加“科技支桂研讨会”，探讨当地资源如何进一步发展，以便更好地为西部地区、少数民族和“三农”服务。

2009年

1 月，与陈士林、张本刚、魏建和、周庆年、陈伟平、张昭、杨世林、李学兰等合著的论文集《中国药用植物种质资源迁地保护与利用》出版，荣获国家科学技术进步奖二等奖。

4 月，为落实广西政府与中国工程院共建广西植物园协议精神，中国工程院副院长刘德培率领 9 名院士到南宁参加“中药资源可持续发展高层论坛”，取得良好效果。会议形成上报国务院的“关于中药资源保护若干问题的建议书”，引起国家对中药资源保护工作的重视。

8 月，作为主编在黄山参加第九届《中国中药杂志》编委会。

参与完成的大型著作《中华本草》，获中华医学科技奖二等奖。

10 月，与赵中振合著的 *Encyclopedia of Medicinal Plants*（I–IV），由上海世界图书出版公司出版。

11 月，中国第一家中药专业英文国际期刊 *Chinese Herbal Medicines* 创刊，肖培根任主编。

12 月，“中国药用植物种质资源迁地保护与利用”，获国家科学技术进步奖二等奖，标志着“国家药用植物园体系建设”受到了重视。

2010年

1 月，参加并指导 *Chinese Herbal Medicines* 编辑部工作，制定选题规划。

10 月，与贺震旦、彭勇合著的《苦丁茶研究与开发》，由科学出版社出版。

2011年

1 月，肖培根为副主编的大型著作《中药天然产物大全》，由上海科学技术出版社出版。

1 月 8 日，在北京饭店隆重举行《绿药觅踪》第二版首发式暨肖培根院士从事药用植物研究 58 周年学术讨论会，国内外友人同行、领导参加。

1 月 29 日，国家药典委员会表彰其为历届药典所作的贡献，并由国家药监局邵明立局长颁发奖励证书。

3 月，与赵中振合著的《当代药用植物典》，获新闻出版业最高荣誉——第二届“中国出版政府奖”。

4 月，2005 年立项的“中国重要药用植物类群亲缘学研究”重点项目，由国家自然科学基金委验收，考评结果为“优秀”。报告中列举的分类群明显呈现“亲缘关系、化学成分、疗效间”的相关性，为药用植物资源利用提供了方法、理论，具有深远的战略意义，标志着该学科日趋成熟。

5 月，参加中央人才协调小组组织的“院士、专家来桂咨询服务团”，重点对南宁、玉林等相关单位提供咨询服务。

6 月，被评为北京市教委的优秀共产党员。

8 月，在《中国中药杂志》上发表“对加速中药研究创新步伐”的文章。

2012年

3 月，参加中国工程院“赴广西合作院士代表团”，在医药学小组进行了交流，并在大组活动中做“大南药概念的重要战略意义”的报告，阐述加强与亚、非、拉国家和地区开展南药合作，是具有重大政治、经济、文化意义的事。

同年，团队继续进行对国内外常用的“别样茶”调查、整理，并在《中国现代中药》杂志上发表一系列文章。

2013年

7 月，在《中国药学杂志》60 周年庆贺时，获该杂志所授予的突出贡献奖及忠实作者奖，表彰其 60 年中对该刊所作的贡献和发表数量众多的论文。

9 月 22 日，药植所举办“庆贺药用植物研究所成立 30 周年暨肖培根院士从业 60 周年”纪念大会。中国医学科学院院长曹雪涛及书记李立明出席，授予肖培根终身成就奖及特殊贡献奖。他做了题为“茶的多样性、功能定位与研究的现实意义”的学术报告。会上宣布成立重庆、贵州分所，从而使国家药用植物园体系形成 1+6 的格局。

9 月 22 日，在北京出席教育部学位管理与研究生教育司主办的“全国博士生学术论坛（药学）”，关心青年学生成长。

12 月，参加北京香山会议，主题为“健康中国战略实施的突破”，担任共同主席。会上做“健康系统工程的药食同源：以茶饮为例”的报告，阐述茶及别样茶均富含大量多酚，均具有明显的抗氧化作用。

2014年

4 月，其主编的《中国医学院士文库 · 肖培根院士集》，由人民军医出版社出版，该书总结了他的学术成长经历、收集了其代表性学术著作。

8 月，与彭勇等合著的《南药与大南药》，由中国医药科技出版社出版，总结了在亚非拉热带和亚热带药用植物的调查结果，是南南合作的重要参考书。

2015年

5 月 27 日，在广西南宁召开以张伯礼院士、付小兵院士为首的“广西壮族自治区政府与中国工程院共建广西药用植物园”的验收会。中国工程院副院长樊代明院士亲临参加。

7 月，与郝大程、顾晓杰合著 *Medicinal plants*：*chemistry*，*biology and omics*，由 Woodhead Publishing Series in Biomedicine 出版。

9 月，与郝大程合著“药用亲缘学论纲——知识谱系、知识论和范式转换”，发表在《中国中药杂志》第 40 卷第 17 期第 3335−3342 页。

任《中国现代中药》杂志主编。

2016年

5 月 29 日，会见国际友人巴西 Elisabatasky 教授（国际传统药物学会前主席）访问药植所，为 *Chinese Herbal Medicines* 约国际稿件。

7 月，与李旻辉等合著的《沙棘》一书由中国医药科技出版社出版。

10 月，获中国植物园终身成就奖，并在大会做“药用植物可持续发展——中国药用植物园保育的建立”的学术报告。

12 月，与郝大程合著的《药用植物亲缘学导论》由化学工业出版社出版。

《药用植物典》一、二册的韩文版发行。

2017年

2 月 20 日，在北京参加由中国中医科学院院长张伯礼院士主持的中国中医科学院中药资源中心 2017 年学术委员会会议暨专家研讨会。

3 月，被广西壮族自治区主席陈武聘为自治区主席院士顾问。

6 月，被国家卫健委直属机关授予“优秀共产党员”称号。

7 月，被中国中药协会聘为“脑病药物专业委员会”顾问。

9 月，被中国中药协会聘为“人参属药用植物研究发展”专业委员会顾问。

9 月，与黄璐琦等合著的 *Conservation of Medicinal Plants* 出版发行。

2018年

4 月，被清华大学中药研究院聘为科学顾问委员。

5 月 25 日，在北京会议中心出席“2018 中国脑病大会”。

10 月 8 日，出席在药植所举行的“岚县沙棘产业院士专家工作站”成立仪式，促使全国首个沙棘产业院士专家工作站落户地方。

10 月 11 日，中国中医药报报道“沙棘产业院士专家工作站落户山西岚县”。

10 月 20 日，获北京中医药大学特别贡献奖，表彰其对中药学院发展的特别贡献。

10 月 24 日，在中国农业科学院参加“山西省岚县沙棘产业 2020—2030 年发展规划”评审会。

2019年

7 月 19 日，在北京参加保健食品监管工作座谈会，并就“中国保健食品必须正确定位”建言献策。

7 月，获国家卫健委直属机关优秀共产党员称号。

8 月 8 日，中国医学科学院授予肖培根院士学部委员证书，自 2019 年始任中国医学科学院学部委员。

9 月，与丹阳、陈常青合著的“从 PNAS、NATURE 等名刊探讨实证研究的形式逻辑”，获“天津市科学技术期刊学会第十五届学术年会优秀论文”一等奖。

11 月，中国中医科学院授予肖培根院士学部委员证书，自 2020 年始任中国中医科学院学部委员。

11 月，获《中国现代中药》杂志卓越引领奖，表彰其对创刊 20 余年来的贡献。

11 月 21 日，会见来京访问的 *Chinese Herbal Medicines* 国际编委国际传统药物学会前主席 Elaine Elisabetsky 教授。

2020年

4 月，与郝大程合著的论文“Pharmaceutical resource discovery from traditional medicinal plants: Pharmacophylogeny and pharmacophylogenomics”发表于 CHM 第 2 期。

5 月 12 日，怀化市中医药健康产业发展规划专家评审会在北京召开，肖培根以短信形式向评审团递交了评审意见。

7 月，获药植所“2020 年度优秀指导教师”称号。

9 月 19 日，在北京出席由中国健康传媒集团主办、中国医药科技出版社承办的《中国中药资源大典——中药材系列》编撰出版会议，暨《新编中国药材学》新书发布会议。

11 月，“药用植物亲缘学理论创新与应用实践”荣获中华中医药学会科学技术奖一等奖，中国医学科学院药用植物研究所为第一完成单位、肖培根为第一完成人。

12 月 21 日，被国药集团授予“中国中药 65 周年奋进者纪念章”。

12 月，参加药用植物研究所海南分所成立 60 周年会议，并做“药用植物亲缘学”的学术报告。海南省人才团队负责人魏建和聘请肖培根为“沉香等特色南药产业化技术创新团队指导专家”。

12 月，与黄璐琦院士联合申报中国工程院 2021 年重点咨询项目“世界主要药食两用物品及其在东西方交流中的战略研究”。

2021年

1 月，“世界主要药食两用物品及其在东西方交流中的战略研究”，获得批准并着手实施。

被中国工程院授予“2021 光华工程科技奖”——中国工程院医药卫生学部全体院士特别贡献奖。

4 月，参加首届中国医学发展大会暨 2021 年中国医学科学院学部委员会议。

9 月 15 日，被北京中医药大学王琦书院授予特聘教授聘书，自 2021 年始任北京中医药大学王琦书院特聘教授。

11 月 20 日，肖培根 90 华诞学术思想研讨会在人民卫生出版社酒店隆重举行。

2022年

1 月，与 *Chinese Herbal Medicines* 英国编委 Michael Heinrich、青年编委姚入宇合著药食同源重要论文“Food and Medicine continuum-why we should promote cross-cultural communication between the global East and West”，以主编评述形式发表在 *Chinese Herbal Medicines* 2022 年第 14 卷第 1 期。

在第七届中国科协优秀科技论文遴选活动中，经专家评审与郝大程合著的论文“Pharmaceutical resource discovery from traditional medicinal plants: Pharmacophylogeny and pharmacophylogenomics”发表于 *Chinese Herbal Medicines* 2020 年第 12 卷第 2 期，并入围 2022 年度中华医学科技论文。

2 月，中国科学技术出版社出版的《百篇药学故事献礼建党百年》，收录“汇通古今，踏遍青山建伟业；学贯中西，纵横五洲创未来——中国药用植物学奠基者之一肖培根”。

4 月，中国医学科学院北京协和医学院“关于开展首批两院院士、北京协和医学院一级教授访谈及拍摄工作”，完成对肖培根的访谈录制。

6 月 29 日，中国工程院 2021 年重点咨询项目“世界主要药食两用物品及其在东西方交流中的战略研究”结题验收会以线上线下相结合方式在北京召开并顺利通过项目验收。

6 月，携团队成员何春年、马培博士与黄璐琦院士合作撰写的论文

“我国药食两用物品产业发展战略思考”，发表于中国工程院院刊《中国工程科学》2022 年第 6 期。

9 月，被国家药品监督管理局局长焦红聘任为“第十二届药典委员会顾问”。

11 月 8 日，发表于《中国中医药报》院士论坛的论文“推动药食两用物品东西方交流”被 *Chinese Herbal Medicines* 主编刘昌孝选中，以英文发表在 *Chinese Herbal Medicines* 上。

2023年

1 月，与姚入宇、何春年合作撰写的论文“Food and Medicine continuum in the East and West：Old tradition and current regulation”，发表在 *Chinese Herbal Medicines* 2023 年第 15 卷第 1 期。

4 月，“道地药材品质保障与资源持续利用全国重点实验室”正式获批挂牌，肖培根被聘为学术委员会顾问委员。

4 月，任《中国肾茶》编委会顾问，并为此书作序。

12 月 18 日，线上出席药植所建所 40 周年学术会议并发言。

12 月，《中国现代中药》授予肖培根“一带一路”沿线传统药材优秀专题。

12 月，《中国现代中药》编辑部聘请肖培根任主编。

12 月，北京中医药大学授予肖培根“首届北京中医药大学岐黄奖提名奖”。

2024年

1 月，作为负责人承担道地药材品质保障与资源持续利用全国重点实验室课题“药用植物亲缘学理论指导下的藏区红景天属资源可持续利用研究”。

5 月，“原本山川极命草木——《中国植物志》出版二十周年专题展”，在中国科学家博物馆以专门板块展示了肖培根的先进事迹和科研精神。

10 月 19 日，致信祝贺第十次陈可冀院士学术思想传承座谈会暨从医

75 周年学术研讨会在京举行。

10 月，与张伯礼共同为《本草日历 2025》做顾问。

10 月底，*Chinese Herbal Medicines* 申报中国科技期刊卓越行动计划推荐近两年 5 篇代表性论文，其中有 2 篇为肖培根撰写的。

11 月初，为“守望岐黄六十年：肖培根传”作序并审稿（待出版）。

11 月初，*Medicinal plants*：*Chemistry*，*Biology and Omics* 英文专著 2015 年出版后受到国际市场的欢迎，爱思唯尔国际出版商邀约签署再版协议。

12 月，肖培根主编的《茶饮与健康》被人民卫生出版社列为“十四五”重点学术专著。

12 月，广西科技厅征集中国工程科技发展战略广西研究院 2025 年度咨询选题，从广西区位及资源特色出发，肖培根提出了“广西特色精品南药健康产业发展战略规划”的前瞻性设想。

附录二　肖培根主要论著目录

论文

[1] 肖培根. 我国东北地区野生人参的初步调查 [J]. 药学学报，1962（6）：340-351.

[2] 肖培根，王文采. 毛茛科一新属——人字果属 [J]. 植物分类学报，1964，9（4）：316-333.

[3] 肖培根，夏光成. 藏医常用药物的整理研究——花类藏药 [J]. 新医药杂志，1973（6）：39-41.

[4] 肖培根，夏光成. 藏医常用药物的整理研究——种子果实类药 [J]. 新医药杂志，1973（7）：37-41.

[5] 肖培根，夏光成. 藏医常用药物的整理研究——根及根茎类 [J]. 新医药杂志，1973（8）：35-38.

[6] 肖培根，夏光成. 藏医常用药物的整理研究——全草类Ⅰ [J]. 新医药杂志，1973（9）：29-33.

[7] 肖培根，夏光成. 藏医常用药物的整理研究——全草类Ⅱ [J]. 新医药杂志，1973（10）：35-37.

[8] 肖培根，夏光成. 藏医常用药物的整理研究——皮类，木类及其它 [J]. 新医药杂志，1973（11）：39-40.

[9] 肖培根，夏光成，何丽一. 几种主要莨菪烷类生物碱在中国茄科植物中的存在[J]. 植物学报(英文版)，1973(2)：43−50.

[10] 肖培根，宋万志，刘国声，等. 中国产小檗属药用植物资源的研究——分类、分布和药用价值[J]. 植物分类学报，1974，12(4)：383−404.

[11] 肖培根. 植物亲缘关系、化学成分与疗效间的联系性[J]. 药学通报，1978，13(1)：1−5.

[12] 肖培根. 中国毛茛科植物群的亲缘关系、化学成分和疗效间相关性的初步探索[J]. 植物分类学报，1980，18(2)：143−153.

[13] Xiao PG. Traditional experience of Chinese herb medicine its application in drug research and new drug searching [J]. Natural Products As Medicinal Agents, 1981: 351−394.

[14] 杨科，赵晓林，肖培根，等. 小檗胺的升白细胞作用与临床疗效观察[J]. 药学通报，1982，17(4)：21−22.

[15] Xiao PG, He LY. Przewalskia tangutica——Tropane Alkaloid Containing Plant [J]. Planta Medica, 1982, 45: 112−115.

[16] Xiao PG. Ethnopharmacologic Investigation on Tropane−containing Drugs in Chinese Solanaceous Plants [J]. Journal of Ethnopharmacology, 1983, 8(1): 1−18.

[17] Xiao PG, He LY, Wang LW. Ethnopharmacologic Study of Chinese Rhubarb [J]. Journal of Ethnopharmacology, 1984, 10: 275−293.

[18] 于津，郎惠英，肖培根. 芍药甙类和丹皮酚类成分在芍药科植物中的存在[J]. 药学学报，1985(3)：229−234.

[19] 肖培根，王立为，吕双进，等. 中国药用植物传统疗效的计算机统计分析 I：木兰亚纲[J]. 中西医结合杂志，1986(4)：253−256+197+200.

[20] Xiao PG, Zhou YP, Chen DH, et al. Studies on utilization of sandthorn (Hippophae rhamnoides L) [J]. Proceedings of the Chinese Academy of Medical Sciences and the Peking Union Medical College, Chung−kuo

i hsüeh k'o hsüeh yüan，Chung–kuo hsieh ho i k'o ta hsüeh hsüeh pao，1986，1（3）：187–188.

[21] 于津，肖培根. 芍药科化学和系统学的初步研究［J］. 植物分类学报，1987，25（3）：172–179.

[22] Xiao PG，Fu SL. Pharmacologically Active Substances of Chinese Traditional and Herbal Medicines［J］. Herbs，Spices，and Medicinal Plants，1987，2：1–55.

[23] 肖培根，王立为，仇佳生，等. 中国药用植物传统疗效计算机统计分析Ⅱ：金缕梅亚纲及石竹亚纲［J］. 中西医结合杂志，1989（7）：429–432+390.

[24] 朱敏，肖培根. 唐松草属植物中苄基异喹啉类生物碱的高效薄层定量研究［J］. 药物分析杂志，1990，10（2）：72–77.

[25] 朱敏，肖培根. 苄基异喹啉生物碱在木兰纲等植物类群中的分布［J］. 植物分类学报，1991，29（2）：142–155.

[26] Xiao PG. The Chinese Approach to Medicinal Plants–Their Utilization and Conservation［J］. In V. Heywood and H. Synage（Edits.）.Conservation of Medicinal Plants. Cambridge University Press，1991，1–9.

[27] Xiao PG. Utilization of Medicinal Plants：Recent Developments from the Chinese Experience［J］. In R. O. B. Wijesekera（Edit.）. The Medicinal Plant Industry，1991，167–184.

[28] Liu CX，Xiao PG. Recent Advances on Ginseng Research in China［J］. Journal of Ethnopharmacology，1992，36：27–38.

[29] Xiao PG，Xing ST，Wang LW，Immunological Aspects of Chinese Medicinal Plants as Antiaging Drugs［J］. Journal of Ethnopharmacology，1993，38：167–175.

[30] Xiao PG. Ethnopharmacological investigation of Chinese Medicinal Plants.［J］. Ciba Foundation Symposium，1994，185：169.

[31] Luo CN，Lin X，Xiao PG，et al. Inhibitory Action of Berbamine on Immune Function and the Mechanism［J］. Journal of Integrated Chinese

and Western Medicine, 1995, 15 (suppl.): 217.

[32] Wu QL, Wang SP, Xiao PG, et al. Constituents of Hyperricum [J]. Phytotherapy Research, 1998, 12: S164–S168.

[33] Wu QL, Wang SP, Xiao PG, et al. Chromone Glycosides and Flavonols from *Hypericum japonicum* Thunb. ex Murray [J]. Phytochemistry, 1998, 49 (5): 1417–1420.

[34] 吕光华，王立为，肖培根，等. 小檗属植物中的生物碱成分测定及资源利用 [J]. 中草药，1999 (6): 428–430.

[35] 邓友平，林晨，肖培根，等. 三氧化二砷诱导人宫颈癌细胞凋亡及 bcl–2 高表达对其影响 [J]. 中国药理学与毒理学杂志，1999 (4): 288–293.

[36] 马小军，汪小全，肖培根，等. 野生人参 RAPD 指纹的研究 [J]. 药学学报，1999 (4): 73–77.

[37] Xiao PG, Liu CX. Immunostimulants in Traditional Chinese Medicine [J]. Birkhäuser Basel, 1999, 325–351.

[38] 肖培根，王锋鹏，高峰，等. 中国乌头属植物药用亲缘学研究 [J]. 植物分类学报，2006 (1): 1–46.

[39] Gao JC, Huang F, Xiao PG, et al. Cytotoxic cycloartane Triterpene Saponins from Actaea asiatica [J]. Journal of Natural Products, 2006, 69 (10): 1500–1502.

[40] Tian Z, Pan RL, Xiao PG, et al. Cytotoxicity of Cycloartane Triterpenoids from Aerial Part of *Cimicifuga Foetida* [J]. Fitoterapia, 2006, 77 (1): 39–42.

[41] Xu LJ, Peng Y, Xiao PG, et al. Four New Lignans from Kadsura Heteroclita [J]. Heterocycles, 2007, 71 (4): 941–947.

[42] 高璟春，彭勇，肖培根，等. 毛茛科升麻族植物药用亲缘学初探 [J]. 植物分类学报，2008 (4): 516–536.

[43] Li MH, Chen JM, Xiao PG, et al. Investigation of Danshen and Related Medicinal Plants in China [J]. Journal of Ethnopharmacoloy, 2008, 120

(3): 419–426.

[44] Hao DC, Xiao PG, Huang BL, et al. Interspecific Relationships and Origns Taxaceae and Cephalotaxaceae Revealed by Partitioned Bayesian Analyses of Chloroplast and Nuclear DNA Sequences [J]. Plant Systematics and Evolution, 2008, 276 (1–2): 89–104.

[45] Tian Z, Shen J, Xiao PG, et al. Dulxanthone A Induces Cell Cycle Arrest and Apoptosis via Up–regulation of p53 Through Mitochondrial Pathway in HepG2 cells [J]. International Journal of Cancer 2008, 122 (1): 31–38.

[46] Cao CM, Peng Y, Xiao PG, et al. Two Flavonoid Dimers from *Sarcandra Hainanensis* (Pei) Swamy et Bailey [J]. Chemical and Pharmaceutical Bulletin, 2009, 57 (7): 743–746.

[47] Li MH, Peng Y, Xiao PG. Distribution of Tanshinones in the Genus *Salvia* (family Lamiaceae) from China and its Systematic Significance [J]. Journal of Systematics and Evolution, 2010, 48 (2): 118–122.

[48] Li L, Peng Y, Xiao PG, et al. Chemical Constituents from *Ligustrum robustum* Bl [J]. Biochemical Systematics and Ecology, 2010, 38 (3): 398–401.

[49] He CN, Peng Y, Xiao PG, et al. Phytochemical and Biological Studies of *Paeoniaceae* [J]. Chemistry & Biodiversity, 2010, 7 (4): 805–838.

[50] Hao DC, Xiao PG, Chen SL. Phenotype Prediction of Nonsynonymous Single Nucleotide Polymorphisms in Human Phase II Drug/Xenobiotic Metabolizing Enzymes: Perspectives on Molecular Evolution [J]. Science China Life Sciences, 2010, 53 (10): 1252–1262.

[51] Hao DC, Chen SL, Xiao PG. Molecular Evolution and Positive Darwinian Selection of the Chloroplast Maturase matK [J]. J Plant Research, 2010, 123 (2): 241–247.

[52] 肖培根，王永炎. 做好协同创新这篇大文章 [J]. 中国中药杂志，2014，39 (1)：1.

[53] 肖伟，刘勇，肖培根，等. 茶饮与健康 [J]. 中国现代中药，2014，16（1）：1-3+8.

[54] 刘勇，肖伟，肖培根，等. 茶饮防治慢性疾患的理论依据 [J]. 中国现代中药，2014，16（4）：336-339.

[55] 肖伟，刘勇，肖培根，等. 药食互渗透健康新趋向 [J]. 中国现代中药，2014，16（6）：486-492.

[56] 郝大程，肖培根，刘明，等. 从药用亲缘学到药用基因组亲缘学：分子系统发育、进化与药物发现 [J]. 药学学报，2014，49（10）：1387-1394.

[57] Liu JS, Guo YJ, Xiao PG, et al. Systematic Chemical Analysis of Flavonoids in the Nelumbinis Stamen [J]. Phytomedicine, 2014, 21（13）: 1753-1758.

[58] 刘勇，肖伟，肖培根，等. 中药和一带一路 [J]. 中国现代中药，2015，17（2）：91-93.

[59] Hao DC, Gu XJ, Xiao PG. Medicinal Plants: Chemistry, Biology and Omics [B]. Medicinal Plants: Chemistry, Biology and Omics. 2015. 1-681.

[60] 郝大程，肖培根，刘立伟，等. 药用亲缘学论纲——知识谱系，认识论和范式转换 [J]. 中国中药杂志，2015，40（17）：3335-3342.

[61] 肖培根. 科技创新 驱动发展 [J]. 中国现代中药，2016，18（1）：3.

[62] Bi W. Gao Y, Xiao PG, et al. Traditional Uses, Phytochemistry and Pharmacology of the Genus *Acer* (maple): A review [J]. Journal of Ethnopharmacology, 2016, 189: 31-60.

[63] Xiao PG. Utilization of Medicinal Plants: Recent Developments from the Chinese Experience [J]. 2017: 167-184.

[64] 肖培根，黄璐琦. 精心打造核心期刊认真服务中药产业 [J]. 中国现代中药，2018，20（1）：3.

[65] 肖培根，黄璐琦. 伴随新时代的步伐奋力前进 [J]. 中国现代中药，2019，21（1）：7.

[66] 肖培根，何春年．世界传统医药概况［J］．中国现代中药，2019，21（7）：847-850+902.

[67] Wang ZQ，Zhu CJ，Xiao PG，et al. Comprehensive Metabolic Profile Analysis of the Root Bark of Different Species of Tree Peonies（Paeonia Sect. Moutan）［J］．Phytochemistry，2019，163：118-125.

[68] 郝大程，肖培根．药用植物亲缘学：历史、现状与愿景（英文）［J］．Journal of Chinese Pharmaceutical Sciences，2020，29（12）：831-854.

[69] 臧二欢，李沁瑜，肖培根，等．茄科含莨菪烷类生物碱类群药用植物亲缘学初探［J］．中国中药杂志，2021，46（17）：4344-4359.

[70] 刘海波，马培，肖培根，等．信息学与大数据——药用植物亲缘学发展的新阶段［J］．中国现代中药，2021，23（9）：1506-1511.

[71] 许利嘉，马培，肖培根，等．茶饮的内涵及现实意义［J］．中国现代中药，2021，23（9）：1518-1524.

[72] 肖培根，李旻辉，郝大程，等．药用植物亲缘学理论创新与应用实践［J］．中国现代中药，2021，23（9）：1499-1505+1494.

[73] Yao RY，Heinrich M，Xiao PG，et al. What's the Choice for Goji：*Lycium barbarum L.* or *L. chinense Mill.*［J］．Journal of Ethnopharmacology，2021，276：114185.

[74] Song YJ，Sun L，Xiao PG，et al. Dihydromyricetin Prevents Obesity via Regulating Bile Acid Metabolism Associated with the Farnesoid X Receptor in ob/ob mice［J］．Food Funct. 2022，13（5）：2491-2503.

[75] 黄璐琦，何春年，肖培根，等．我国药食两用物品产业发展战略思考［J］．中国工程科学，2022，24（6）：81-87.

[76] 肖培根，黄璐琦．服务产业行稳致远［J］．中国现代中药，2024，26（1）：5.

[77] Hou ZY，Sun L，Xiao PG，et al. Neuropharmacological insights into *Gardenia jasminoides* Ellis：Harnessing therapeutic potential for central nervous system disorders［J］．Phytomedicine. 2024，125：155374.

[78] Qi SY，Zeng TX，Xiao PG，et al. Widely Targeted Metabolomic Analysis

Reveals Effects of Yellowing Process Time on the Flavor of Vine Tea (*Ampelopsis grossedentata*) [J]. Food Chem X. 2024，22：101446.

[79] Zeng TX，Song YJ，Xiao PG，et al. A Comprehensive Review of Vine Tea：Origin，Research on Materia Medica，Phytochemistry and Pharmacology [J]. Journal of Ethnopharmacology，2023，317：116788.

[80] 曾铁鑫，许利嘉，肖培根，等. 蛇葡萄属药用植物亲缘学研究 [J]. 中国现代中药，2024，26（6）：978-988.

论著

[1] 中国医学科学院药物研究所等.《中药志》Ⅰ—Ⅳ卷（第一版）[M]. 北京：人民卫生出版社，1959.

[2] 肖培根等. 东北植物药图志 [M]. 北京：人民卫生出版社，1959.

[3] 藏医藏药调查组. 藏医藏药的初步调查 [M]. 拉萨：西藏日报社，1966.

[4] 周瑾，肖培根. 保加利亚药用植物概况 [M]. 北京：中国科学技术情报研究所，1966.

[5] 中国医学科学院药物研究所等.《中药志》Ⅰ—Ⅵ卷（第二版）[M]. 北京：人民卫生出版社，1979—1993.

[6] 肖培根等. 人参的研究及栽培 [M]. 北京：农业出版社，1987.

[7] 吴征镒，周太炎，肖培根.《新华本草纲要》Ⅰ—Ⅲ卷 [M]. 上海：上海科学技术出版社，1988—1991.

[8] 肖培根. 中国本草图录（Ⅰ—Ⅻ卷）[M]. 香港：商务印书馆（香港）公司和人民卫生出版社，1988—1998.

[9] 刘昌孝，肖培根. An Introduction to Chinese Materia Medica（中药概论）[M]. 北京：北京医科大学中国协和医科大学联合出版社，1993.

[10] 肖培根，连文琰. 中药植物原色图鉴 [M]. 北京：中国农业出版社，1999.

[11] Liu CX，Xiao PG. Li DP. Modern Research and Application of Chinese

Medicinal Plants [M]. Hong Kong: Hong Kong Medical Publisher, 2000.

[12] 肖培根，杨世林. 药用动植物种养加工技术（1—72册）[M]. 北京：中国中医药出版社，2000—2001.

[13] 肖培根. 新编中药志（I—V卷）[M]. 北京：化学工业出版社，2002—2007.

[14] 肖培根. 第三届生物多样性保护与利用高新科学技术国际研讨会论文集 [M]. 北京：北京科学技术出版社，2002.

[15] 肖培根，杨世林. 实用中草药原色图谱（1—4册）[M]. 北京：中国农业出版社，2002.

[16] 肖培根. 药用植物的保护及可持续利用 [M]. 北京：北京科学技术出版社，2002.

[17] 肖培根. 中草药资源开发及可持续利用研究 [M]. 北京：中国医药科技出版社，2003.

[18] 钱信忠. 中国本草彩色图鉴（草药篇，1—5卷）[M]. 北京：人民卫生出版社，2003.

[19] 陈士林，肖培根. 中药资源可持续利用导论 [M]. 北京：中国医药科技出版社，2006.

[20] 赵中振，肖培根. 当代药用植物典（1—4册）[M]. 上海：上海世界图书出版公司，2007—2008.

[21] 黄璐琦，肖培根. 分子生药学 [M]. 北京：中国中医药出版社，2008.

[22] 贺震旦，彭勇，肖培根. 苦丁茶研究与开发 [M]. 北京：科学出版社，2010.

[23] 肖培根. 绿药觅踪 [M]. 北京：中国医药科技出版社，2011.

[24] 郝大程，肖培根. 药用植物亲缘学导论 [M]. 北京：化学工业出版社，2017.

参考文献

[1] 朱祥麟. 柯逢时与武昌医馆 [J]. 中华医史杂志，2002，32（1）：14.
[2] 张楠. 清末民国时期武汉教会中小学校探析 [J]. 湖北第二师范学院学报，2009，26（6）：61-63.
[3] 钱超尘，姜燕. 国家图书馆珍藏《萧延平灵枢校勘记》启秘 [J]. 中医文献杂志，2012，6：1-3.
[4] 赵鸿云. 近代湖北中医教育史略 [J]. 中医教育杂志，1995，14（5）：55-57.
[5] 冯春. 对湖北传统医药文化资源的认识及发展研究 [J]. 湖北社会科学，2007（9）：181-183.
[6] 杨上善，王洪图.《黄帝内经太素》（修订版）[M]. 李云校注. 北京：科学技术文献出版社，2013.
[7] 王玉兴. 中日《黄帝内经太素》研究年表 [J]. 天津中医学院学报，2004，4：208-211.
[8] 陈钢. 萧延平校注整理《黄帝内经太素》的功绩 [J]. 中医文献杂志，1998，3：9-11.
[9] 施扣柱. 民国时期上海对私立学校的管理模式 [J]. 社会科学，2007，2：99-109.

[10] 肖培根. 绿药觅踪 [M]. 北京：中国医药科技出版社，2011.

[11] 中国科学技术学会编. 中国科学技术专家传略医学编药学卷 1 [M]. 北京：中国科学技术出版社，1986.

[12] 沈其震画传编撰委员会编. 沈其震画传 [M]. 北京：中国协和医科大学出版社，2006.

[13] 肖培根. 我国东北地区野生人参的初步调查 [J]. 药学学报，1962，9（6）：340-351.

[14] 肖培根主编. 中国医学院士文库 · 肖培根院士集 [M]. 北京：人民军医出版社，2014.

[15] 胡秀英. 植物学学术讲座第二讲：中药在国外的利用和研究 [J]. 华南农学院学报，1981，2（2）：93-95.

[16] 中国医学科学院药用植物研究所编. 肖培根院士八十诞辰 [M]. 内部资料，2011.

[17] 肖培根. 植物亲缘关系、化学成分和疗效间的联系性 [J]. 药学通报，1978，1（1）：1-5.

[18] 刘昌孝，刘国声，肖培根. 国内小檗胺研究的进展 [J]. 中草药，1983，14（1）：45-48.

[19] 肖培根. 中草药资源开发及可持续利用研究——肖培根院士文集 [M]. 北京：中国医药科技出版社，2003.

[20] 陈士林，肖培根. 中药资源可持续利用导论 [J]. 北京：中国医药科技出版社，2006.

[21] 郝大程，肖培根. 药用植物亲缘学导论 [M]. 北京：化学工业出版社，2017.

[22] 林玉树. 著名药用植物学家肖培根教授认为——中草药应成为积极开发和进行国际合作的重要对象. 经济效益报第 1 版，1985 年 2 月 7 日.

[23] 王溪元. 一个世界性的研究中心——记药用植物资源开发研究所. 人民日报第 5 版，1986 年 7 月 24 日.

[24] 张敏求. 中国医科院药用植物所所长肖培根建议中草药应大踏步走向国际市场. 人民日报第 3 版，1986 年 12 月 20 日.

[25] 廖先旺. 让传统医药造福人类. 人民日报第 6 版，1994 年 9 月 17 日.

[26] 彭勇，郭建新. 杏林躲耕桃李芬芳肖培根院士 14 年培养药用植物专业研究生 40 人. 中国中医药报第 1 版，1995 年 10 月 4 日.

[27] 冯树生. 中国本草彩色图鉴·常用中药篇问世. 人民日报第 5 版，1996 年 10 月 31 日.

[28] 周颖. “入世”对中药行业的影响及对策——访中国工程院院士肖培根. 中国中医药报第 1 版，2001 年 11 月 9 日.

[29] 刘燕玲. 肖培根院士建议：规范药材来源保证中药质量. 健康报第 1 版，2001 年 11 月 15 日.

[30] 丁伟. 中医药：站在现代化门槛上. 人民日报第 1 版，2002 年 1 月 25 日.

[31] 西川. 依靠中药中国医药才有前途——首席中医药科学家肖培根院士谈中药 [J]. 中国创业投资与高科技，2002，11：60–62.

[32] 周倩. 现代中医药走向世界该如何提速——访传统药物学家、中国工程院院士肖培根. 云南科技报第 15 版，2003 年 2 月 27 日.

[33] 赵润怀、周莹. 加强宏观调控促进中药产业健康发展 [J]. 中药研究与信息，2003，5（5）：5–6.

[34] 肖培根. 面向 21 世纪的中药现代化 [J]. 世界科学技术 – 中医药现代化，1999，1（3）：14–18.

[35] 徐罡. 别着枪进山的药用植物学家 [J]. 首都医药，2006：47–50.

[36] 王景. 为中药资源可持续发展而不遗余力 [J]. 科学中国人，2007，8：26–31.

[37] 李玉衡. 必须重视药用植物资源可持续发展 [J]. 首都医药，2007，11：34–36.

[38] 张东风. 中药资源保护走过 50 年. 中国中医药报第 4 版，2008 年 7 月 9 日.

[39] 秦秋. 肖培根院士在中医药发展讲坛上就中药资源问题指出保护与开并举实现可持续发展. 中国中医药报第 1 版，2008 年 9 月 19 日.

[40] 张新国. 绿药觅踪圆儿梦 [J]. 国际人才交流，2009，1：21–23.

[41] 殷华、张会龙、张鑫. 本草千金淘金苦绿药王国铸辉煌 [J]. 世界农业，2009，367（11）：74-75.

[42] 王君平. 中药研发进入基因时代. 人民日报第 13 版，2010 年 6 月 21 日.

[43] 朱梅梅. 中药资源的可持续发展——专访药用植物学、传统药物学专家肖培根院士 [J]. 创新中国，2010，14（11）：14-23.

[44] 田壮、倪玉娟. 利用现代科技挖掘中药资源 [J]. 中国现代中药，2010，12（12）：40-42.

[45] 吴潇湘，秦秋. 多种中医药学书刊获中国出版政府奖. 中国中医药报第 1 版，2011 年 3 月 30 日.

[46] 王君平. 中医可能遭遇“无药”窘境. 人民日报第 10 版，2011 年 6 月 7 日.

[47] 孙鹏云. 六十余载绿药情——记中国工程院院士肖培根校友 [J]. 厦大校友通讯，2015，49（1）：11-12.

后 记

又到金风萧瑟时，肖培根院士传记也告一个段落。抚卷长思，为今日的中国，明天的社稷，我们需要“抢救”什么？学习什么？继承什么？

像钱学森、钱钟书等大师一样，肖培根也是出身世家。北京协和医学院创始人洛克菲勒曾经说过：“三代培养一个贵族。”。法国大文豪巴尔扎克也说：“三代培养一个绅士。”我想无论是“贵族”还是“绅士”，必是精神上的极大富有者，而非“大款”也。在当今经济高速发展的中国，我们应当发挥大师们的榜样力量，相信这种力量是无穷的，而且是国之根本、人生之真谛。

肖培根坚信学无止境，虽学识博大精深，但为人谦虚谨慎、平易近人。他精通英语、德语、俄语、拉丁语，专业精湛而面广，凡植物生理学、植物分类学、生药学、植物化学、植物资源学等均有所贡献，即使在中国医学科学院这样人才济济藏龙卧虎之地也非寻常。

他胸怀祖国，大爱无疆。肖院士曾经不畏西非酷热瘟疫，深入穷乡僻壤，送去中国人民的友好情谊，为国家采集了 200 余种重要的经济和药用植物种子。这批珍贵种子，早已在祖国的广袤大地上根深叶茂、开花结果，为扩大我国热带经济和药用植物资源，作出了不可磨灭的历史性贡献；为保护祖国的资源，不让苏联“老大哥”带走一片叶子，他甘愿冒“破坏中苏友谊”的政治风险；他把在国外工作节省下来的四万美元津贴全部交给国家，在月收入仅仅几十元人民币的时代，无疑是一笔巨款。

他国事为重，勇挑重担。从 26 岁担起第一次全国中药普查大任、编写第一版《中药志》，到古稀之年的第四次中药普查、第三版《中药志》的修订，几十年，兢兢业业、一丝不苟、精益求精、有始有终。

他积极响应西部开发战略，推出了宁夏枸杞、广西天下第一园。

他心系祖国统一大业，殚精竭虑，为港澳台学界架起友谊的桥梁。

他是国家优秀的友好大使，走遍五大洲，朋友遍天下。

再过些日子，这位耄耋老人，又会操办一件雷打不动的“大事”——买贺年卡、写贺年卡、寄贺年卡。邮递到五湖四海的贺年卡，能收到贺年卡的人有老人家的朋友，学生，还有泰国朱拉蓬公主等国家重要贵宾，他用自己的一份力量，让中外友谊之花姹紫嫣红、馥郁芬芳。

我们怕给老人家增加负担，“自序”原本准备代笔捉刀，请他审阅修改，但是他坚持要自己写，并且提前交稿。拜读之后，不仅汗颜。如此之人生境界，我辈相差远矣。

这里，借用毛泽东赞誉白求恩的话，表达我们对肖院士的敬意：

他是一个高尚的人，一个纯粹的人，一个脱离了低级趣味的人，一个有益于人民的人。

肖培根院士采集工程小组

2024 年 11 月 16 日

老科学家学术成长资料采集工程丛书

已出版（170种）

《卷舒开合任天真：何泽慧传》
《从红壤到黄土：朱显谟传》
《山水人生：陈梦熊传》
《做一辈子研究生：林为干传》
《剑指苍穹：陈士橹传》

《情系山河：张光斗传》
《金霉素·牛棚·生物固氮：沈善炯传》
《胸怀大气：陶诗言传》
《本然化成：谢毓元传》
《一个共产党员的数学人生：谷超豪传》

《含章可贞：秦含章传》
《精业济群：彭司勋传》
《肝胆相照：吴孟超传》
《新青胜蓝惟所盼：陆婉珍传》
《核动力道路上的垦荒牛：彭士禄传》

《探赜索隐　止于至善：蔡启瑞传》
《碧空丹心：李敏华传》
《仁术宏愿：盛志勇传》
《踏遍青山矿业新：裴荣富传》
《求索军事医学之路：程天民传》

《一心向学：陈清如传》
《许身为国最难忘：陈能宽传》

《此生情怀寄树草：张宏达传》
《梦里麦田是金黄：庄巧生传》
《大音希声：应崇福传》
《寻找地层深处的光：田在艺传》
《举重若重：徐光宪传》

《魂牵心系原子梦：钱三强传》
《往事皆烟：朱尊权传》
《智者乐水：林秉南传》
《远望情怀：许学彦传》
《没有盲区的天空：王越传》

《行有则　知无涯：罗沛霖传》
《为了孩子的明天：张金哲传》
《梦想成真：张树政传》
《情系粱菽：卢良恕传》
《笺草释木六十年：王文采传》

《妙手生花：张涤生传》
《硅芯筑梦：王守武传》
《云卷云舒：黄士松传》
《让核技术接地气：陈子元传》
《论文写在大地上：徐锦堂传》

《钤记：张兴钤传》
《寻找沃土：赵其国传》

《钢锁苍龙　霸贯九州：方秦汉传》
《一丝一世界：郁铭芳传》
《宏才大略　科学人生：严东生传》
《虚怀若谷：黄维垣传》
《乐在图书山水间：常印佛传》
《碧水丹心：刘建康传》

《我的气象生涯：陈学溶百岁自述》
《赤子丹心　中华之光：王大珩传》
《根深方叶茂：唐有祺传》
《大爱化作田间行：余松烈传》
《格致桃李半公卿：沈克琦传》
《躬行出真知：王守觉传》
《草原之子：李博传》
《我的教育人生：申泮文百岁自述》
《阡陌舞者：曾德超传》
《妙手握奇珠：张丽珠传》
《追求卓越：郭慕孙传》
《走向奥维耶多：谢学锦传》
《绚丽多彩的光谱人生：黄本立传》

《此生只为麦穗忙：刘大钧传》
《航空报国　杏坛追梦：范绪箕传》
《聚变情怀终不改：李正武传》
《真善合美：蒋锡夔传》
《治水殆与禹同功：文伏波传》
《用生命谱写蓝色梦想：张炳炎传》
《远古生命的守望者：李星学传》
《探究河口　巡研海岸：陈吉余传》
《胰岛素探秘者：张友尚传》
《一个人与一个系科：于同隐传》
《究脑穷源探细胞：陈宜张传》
《星剑光芒射斗牛：赵伊君传》
《蓝天事业的垦荒人：屠基达传》

《善度事理的世纪师者：袁文伯传》
《“齿”生无悔：王翰章传》
《慢病毒疫苗的开拓者：沈荣显传》
《殚思求火种　深情寄木铎：黄祖洽传》
《合成之美：戴立信传》
《誓言无声铸重器：黄旭华传》
《水运人生：刘济舟传》
《在断了A弦的琴上奏出多复变最强音：陆启铿传》
《化作春泥：吴浩青传》
《低温王国拓荒人：洪朝生传》
《苍穹大业赤子心：梁思礼传》
《仁者医心：陈灏珠传》
《神乎其经：池志强传》
《种质资源总是情：董玉琛传》
《当油气遇见光明：翟光明传》
《微纳世界中国芯：李志坚传》
《至纯至强之光：高伯龙传》

《弄潮儿向涛头立：张乾二传》
《一爆惊世建荣功：王方定传》
《轮轨丹心：沈志云传》
《继承与创新：五二三任务与青蒿素研发》
《材料人生：涂铭旌传》
《寻梦衣被天下：梅自强传》
《海潮逐浪　镜水周回：童秉纲口述人生》

《淡泊致远　求真务实：郑维敏传》
《情系化学　返璞归真：徐晓白传》
《经纬乾坤：叶叔华传》
《山石磊落自成岩：王德滋传》
《但求深精新：陆熙炎传》
《聚焦星空：潘君骅传》
《采数学之美为吾美：周毓麟传》
《神经药理学王国的“夸父”：金国章传》
《情系生物膜：杨福愉传》
《敬事而信：熊远著传》

《逐梦“中国牌”心理学：周先庚传》
《情系花粉育株：胡含传》
《情系生态：孙儒泳传》
《此生惟愿济众生：韩济生传》
《谦以自牧：经福谦传》
《恬淡人生：夏培肃传》
《我的配角人生：钟世镇自述》
《大气人生：王文兴传》
《历尽磨难的闪光人生：傅依备传》
《思地虑粮六十载：朱兆良传》

《世事如棋　真心依旧：王世真传》
《大地情怀：刘更另传》
《一儒：石元春自传》
《玻璃丝通信终成真：赵梓森传》
《碧海青山：董海山传》
《心瓣探微：康振黄传》
《寄情水际砂石间：李庆忠传》
《美玉如斯　沉积人生：刘宝珺传》
《铸核控核两相宜：宋家树传》
《驯火育英才　调土绿神州：徐旭常传》

《追光：薛鸣球传》
《愿天下无甲肝：毛江森传》
《以澄净的心灵与远古对话：吴新智传》
《景行如人：徐如人传》
《通信科教　乐在其中：李乐民传》
《力学笃行：钱令希传》
《与肿瘤相识　与衰老同行：童坦君传》

《没有勋章的功臣：杨承宗传》

《科学人文总相宜：杨叔子传》

《百年耕耘：金善宝传》

《耕海踏浪谱华章：文圣常传》

《守护女性生殖健康：肖碧莲传》

《心之历程：夏求明传》

《仰望星空：陆埮传》

《拥抱海洋：王颖传》

《爆轰人生：朱建士传》

《一生情缘植物学：吴征镒传》

《一腔报国志　湿法开金石：陈家镛传》

《“卓”越人生：卓仁禧传》

《步行者：闻玉梅传》

《潜心控制的拓荒人：黄琳传》

《献身祖国大农业：戴松恩传》

《中国铁路电气化奠基人：曹建猷传》

《一生一事一方舟：顾方舟传》

《科迷烟云：胡皆汉传》

《寻找黑夜之眼：周立伟传》

《泽润大地：许厚泽传》

《一位“总总师”的航天人生：任新民传》

《扎根大地　仰望苍穹：俞鸿儒传》

《锻造国防“千里眼”：毛二可传》

《地学“金钉子”：殷鸿福传》

《锲而不舍　攀登不息：於崇文传》

《摘取皇冠上的明珠：林浩然传》

《经年铸剑垂体瘤：史轶蘩传》

《氟缘笃志：陈庆云传》

《铮铮有声：保铮传》

《领航 AI　启智润心：张钹传》

《再上一个高度：张恭庆传》

《中国光学事业的基石：王之江传》

《为水之昌明：刘昌明传》